« RÉPONSES »
Collection dirigée par Sylvie Angel et Abel Gerschenfeld

MARINA CASTAÑEDA

COMPRENDRE L'HOMOSEXUALITÉ

Des clés, des conseils pour les homosexuels, leurs familles, leurs thérapeutes

ROBERT LAFFONT

ISBN 2-221-08982-0

À Patricia

Ce que nous n'avons pas eu à déchiffrer, à éclaircir par notre effort personnel, ce qui était clair avant nous, n'est pas à nous.

MARCEL PROUST

Avant-propos

L'homosexualité ne se limite plus aux homosexuels. Elle n'est plus, comme on le pensait autrefois, une tragédie personnelle qui affligeait quelques infortunés mais qui, heureusement, n'affectait personne d'autre. Aujourd'hui, l'homosexualité concerne tout le monde, parce qu'elle nous oblige à confronter des questions qui sont devenues centrales pour nous tous.

Il n'y a aucun doute que les institutions traditionnelles du mariage et de la famille sont en crise, ainsi que les relations entre les sexes et la définition même de l'amour. Nous sommes nombreux à chercher des modèles alternatifs pour le couple. Beaucoup d'entre nous ont exploré des formes différentes de communication et d'engagement, qui puissent nous offrir des relations plus intimes et plus égalitaires, tout en préservant notre liberté individuelle.

Quelles formes peut prendre le couple, lorsque le mariage n'est plus le seul modèle possible ? Pouvons-nous envisager d'autres choix pour l'amour, l'amitié et le sexe entre deux personnes ? De la même façon, nous nous sommes tous posé des questions sur la nature de la masculinité et de la féminité à notre époque. Comment sont les hommes, lorsqu'il n'y a pas de femmes à leurs côtés ? Comment sont les femmes, lorsqu'elles vivent sans hommes ? Dans les deux cas, comment évolue la relation de couple, quand elle n'est plus déterminée par les exigences de l'hétérosexualité ?

L'homosexualité actuelle nous offre quelques réponses. Elle nous montre des modèles alternatifs de couple, de communication et de sexualité. Elle nous révèle quelques caractéristiques profondes des femmes et des hommes lorsqu'ils deviennent indépendants de l'autre sexe. Les homosexuels illustrent des traits, des conduites et des formes de relation qui vont au-delà des rôles traditionnels dictés par la société.

Mais l'homosexualité n'est pas seulement une orientation sexuelle ni une façon d'être purement intime. Elle représente aussi une position face à la vie et à la société. Les homosexuels sont encore, presque partout, une minorité discriminée et marginalisée. En même temps, ils font partie de la société hétérosexuelle : ils appartiennent à toutes les races, toutes les classes sociales, toutes les religions et professions, tous les pays. Que signifie, aujourd'hui, faire partie de la société tout en rejetant ses normes les plus essentielles ? Si nous réfléchissons aux grands débats de notre époque portant sur l'intégration et la marginalisation, sur les droits civiques des minorités, sur la possibilité d'un pluralisme inclusif, nous verrons que les questions posées par l'homosexualité nous concernent tous.

J'essaierai dans ce livre de présenter les recherches actuelles sur le sujet en les complétant par ma propre expérience, personnelle et clinique. J'ai tenté avant tout d'exposer la dimension psychologique de l'homosexualité et de décrire l'expérience subjective des homosexuels. Je ne prétends pas présenter une étude sociologique, littéraire ou historique — ces thèmes ont été et continueront d'être traités en profondeur par des experts en ces matières. Je n'ai pas voulu écrire non plus un traité sur le mouvement de libération gay. Cela a déjà été fait par des personnes bien mieux placées que moi, ayant participé directement à ce grand mouvement social. Enfin, le lecteur ne trouvera que peu de références au sida, malgré ses effets indubitables sur l'homosexualité contemporaine — mais le virus ne fait pas partie, après tout, de l'identité homosexuelle.

Mon sujet est plutôt la psychologie de l'homosexualité en tant que telle — un champ de connaissances qui s'est développé grâce justement à l'évolution sociale et culturelle des trente dernières années. J'ai essayé aussi de transcender les frontières dans la mesure du possible : assurément, ce n'est pas la même chose que d'être homosexuel aux États-Unis, au Mexique ou en France, mais certains aspects de la subjectivité homosexuelle sont néanmoins généralisables, et c'est ceux-là que j'ai essayé d'isoler. Finalement, je ne prétends pas présenter un traité pour spécialistes, mais plutôt un texte abordable et utile destiné aux homosexuels, à leurs familles et à leurs thérapeutes. Le lecteur y trouvera donc des exemples et des récits tirés de l'expérience vécue des personnes interviewées, ainsi que de nombreuses recommandations pratiques pour les thérapeutes et des thèmes de réflexion pour les homosexuels eux-mêmes.

Ainsi, j'examinerai les différentes définitions et explications de l'homosexualité, et la manière dont se construit l'identité homosexuelle du point de vue subjectif et social. J'étudierai l'enfance, l'adolescence et l'âge adulte chez l'homosexuel, et le rôle particulier qu'il joue dans sa famille d'origine, en tant que seul enfant à ne pas se marier et à ne pas avoir d'enfants. J'analyserai les vicissitudes de la clandestinité (ou du « placard », selon le terme consacré) avec ses avantages et désavantages, et je présenterai des stratégies pour en sortir. Je passerai ensuite aux nombreuses manifestations de l'homophobie intériorisée, qui affecte à tant de niveaux le fonctionnement psychologique et social des homosexuels et donne à leur expérience subjective une tonalité tout à fait spécifique. J'aborderai aussi les dynamiques particulières du couple homosexuel, tant masculin que féminin, en soulignant les profondes différences qui les distinguent l'un de l'autre. Je me pencherai également sur le rôle central de l'amitié dans la vie homosexuelle. J'analyserai les interprétations actuelles de la bisexualité et me demanderai dans quelle mesure celle-ci peut constituer une orientation sexuelle proprement dite. Finalement, je présenterai quelques réflexions sur le rôle que joue l'homosexualité dans la culture et la société contemporaines, sur les avantages et désavantages d'être homosexuel à l'époque actuelle, et sur les perspectives pour le futur.

Ce livre n'est pas, et ne saurait être, le fruit d'un effort purement personnel. Il repose sur le travail de générations de chercheurs, de créateurs et de militants qui ont lutté contre l'ignorance et le préjugé pour libérer non seulement les homosexuels, mais tout le monde. C'est à eux que je dédie cette contribution.

1

Une identité changeante

Commençons avec un paradoxe : l'homosexuel n'est pas toujours homosexuel. L'hétérosexuel, oui. Dans tous ses échanges sociaux, professionnels et familiaux, son orientation sexuelle est toujours une partie de son identité essentielle. L'homme hétérosexuel entre en relation avec les hommes et les femmes d'une certaine façon, qui exprime ouvertement son orientation et qui est globalement invariable. La femme hétérosexuelle a des gestes, des conduites et des façons de parler qui reflètent non seulement sa féminité, mais aussi son hétérosexualité. Dans les deux cas, sexe biologique, orientation sexuelle et rôles sociaux tendent à converger, et à former une identité plus ou moins stable.

Par contre, l'homosexuel ne se déplace pas dans le monde avec une identité constante. Ses attitudes, ses gestes, sa façon d'entrer en relation avec autrui changent selon les circonstances. Il peut paraître hétérosexuel au bureau, asexué dans sa famille, et exprimer son orientation sexuelle seulement en présence de quelques amis. Ou bien, pendant de longues périodes de sa vie, il peut nier complètement son homosexualité et paraître exactement le contraire : un don Juan, ou bien une femme fatale toujours à la recherche de nouvelles conquêtes.

De plus, l'hétérosexuel a été éduqué pour l'être ; depuis sa plus tendre enfance il a été formé pour un rôle, et une place, dans le monde hétérosexuel. Cela n'est pas le cas pour l'homosexuel, qui très souvent ne prend conscience de son orientation qu'au cours de l'adolescence ou de l'âge adulte. Donc, il n'a pas grandi dans son rôle ; il n'a pas été éduqué pour être homosexuel. Il lui manque toutes sortes d'habiletés et de codes sociaux dont il aura besoin dans le monde homosexuel qui sera le sien. Quand il découvre enfin son orientation sexuelle, il doit réapprendre toutes les règles de l'amour, de l'amitié et de la convivialité. Il n'est pas étonnant qu'on puisse lire, dans la littérature psychologique traditionnelle, que les homosexuels sont « peu mûrs » dans leurs relations sociales et de couple. Cependant, il ne s'agit pas d'un manque de maturité, mais d'apprentissage.

L'identité homosexuelle n'est pas donnée. Elle se construit peu à peu et ne s'exprime pas toujours de la même façon : elle change selon le contexte immédiat et les moments de la vie. L'homosexuel n'est donc pas homosexuel de la même façon que l'hétérosexuel est hétérosexuel. Ses relations avec les autres et avec lui-même sont très différentes ; dans ce sens, on pourrait dire que l'homosexuel vit dans un univers intérieur très différent, qui la plupart du temps ne se voit pas du dehors. Beaucoup d'homosexuels essaient, en effet, de se rendre invisibles et de passer pour hétérosexuels face à la société, à leur famille et à leurs amis.

Cela affecte inévitablement leur façon d'être au monde. Habitués à cacher une partie essentielle de leurs désirs et de leurs besoins affectifs, ils ne montrent souvent qu'un aspect superficiel d'eux-mêmes. Beaucoup d'entre eux ont du mal à exprimer, voire à identifier, leurs sentiments ; ils peuvent paraître superficiels ou peu intéressés par les autres. Ils cachent parfois leur réalité quotidienne : on entend ainsi des homosexuels qui vivent depuis des années avec quelqu'un parler comme s'ils étaient seuls. On peut facilement conclure que ce sont des gens solitaires, peu sociables ou sincères. Et cette impression peut leur causer des difficultés, tant dans la vie sociale que dans la sphère intime. Cependant, le problème n'est pas qu'ils rejettent la société, mais que la société les rejette.

Depuis la révolution sexuelle et le mouvement de libération gay des années 70 et 80, il existe dans les pays « développés » une attitude beaucoup plus ouverte et tolérante envers l'homosexualité. Celle-ci n'est plus considérée comme un crime ni une maladie, et de plus en plus d'homosexuels « sortent du placard », aussi bien dans la vie publique que privée. Il n'y a pas de doute que cette évolution a été positive pour les homosexuels et leurs familles. Mais elle a aussi donné lieu à une série de malentendus.

En particulier, l'idée s'est répandue que l'homosexuel et le couple homosexuel sont « normaux » et donc essentiellement « pareils » aux hétérosexuels, et on tend à les percevoir et à les juger selon les critères sociaux appliqués à ces derniers. Or, l'individu homosexuel n'est pas comme l'hétérosexuel, et le couple gay ou lesbien n'est pas comme le couple hétérosexuel : ils présentent des dynamiques, des étapes, des problèmes et des ressources spécifiques. Un thérapeute ne doit pas traiter ses patients gay comme s'ils étaient hétérosexuels, ni appliquer les mêmes critères diagnostiques. L'homosexualité — dans ses pratiques et ses dynamiques — n'est pas une copie ratée d'un original qui serait l'hétérosexualité ; et elle n'est pas non plus un phénomène équivalent. Le fait de « normaliser » l'homosexualité l'a réduite, en fait, à ses aspects les plus simples, et constitue par là même une distorsion. Ce livre n'essaiera donc pas de « blanchir » l'homosexualité ni de démontrer que c'est un mode de vie « normal » semblable à l'hétérosexualité. Au contraire, il s'efforcera de détecter, d'expliciter et d'expliquer ses particularités : la différence, et non la similitude.

Un autre malentendu que nous essaierons de dissiper est la tendance, de la part d'un grand nombre d'hétérosexuels, à amalgamer l'expérience des femmes et des hommes homosexuels. Quoiqu'ils partagent une marginalisation sociale similaire, leurs formes de vie et de couple sont essentiellement différentes. Historiquement parlant, la relation entre la population homosexuelle masculine et féminine a toujours été problématique. Depuis les premières associations homophiles dans l'Angleterre du XIXe siècle, qui n'acceptaient pas les femmes, jusqu'aux secteurs les plus radicaux du féminisme actuel, qui rejettent toute coopération avec les hommes gay, les relations entre femmes et hommes homosexuels ont été marquées par une certaine méfiance.

Ce n'est que pendant une vingtaine d'années (à l'époque de la libération gay) que les deux communautés ont forgé une alliance en faveur des droits civiques des homosexuels. Mais cette convergence stratégique a été minée par le sida, qui a décimé la population masculine, et non celle des femmes. Malgré l'implication de la communauté lesbienne dans la lutte contre le sida, beaucoup de femmes ont pris leurs distances face à un phénomène qu'elles percevaient comme le résultat d'une promiscuité typiquement masculine. Nous pourrions donc dire, d'un point de vue historique, sociologique, politique et psychologique, que l'expérience homosexuelle est profondément différente pour les hommes et les femmes. Là encore, ce livre cherchera à préciser les différences, au-delà des similitudes.

Ces malentendus, assez généralisés, produisent aujourd'hui leurs fruits. Alors que la recherche et l'organisation sociale, politique et juridique avancent rapidement dans les communautés gay et lesbiennes des pays industrialisés, le grand public est toujours prisonnier de certains stéréotypes — aussi bien nouveaux qu'anciens. Malgré les grands progrès de la connaissance et des droits civiques, l'homosexuel reste une figure mystérieuse : risible pour les uns, menaçante pour les autres. Bien qu'il soit de plus en plus visible dans la culture, de plus en plus présent dans la société, il demeure néanmoins un personnage radicalement inconnu.

Le prix de cette marginalisation est de plus en plus élevé. Quand l'homosexualité était un phénomène isolé et caché, il était facile de la mettre de côté. Elle ne posait pas trop de problèmes pour les familles, ni pour les institutions, ni pour les autorités. On n'en parlait pratiquement pas, et il était raisonnable de penser qu'elle n'existait pas — en tout cas, pas entre les honnêtes gens. Nos parents et grands-parents pouvaient dire, en toute franchise, qu'ils n'avaient jamais connu d'homosexuels. Cette méconnaissance, parfois tragique pour les homosexuels, ne posait pas de problèmes pour la société en général. Cela n'est plus le cas. Aujourd'hui, les homosexuels sont de plus en plus visibles dans les familles, les lieux de travail et la société en général. Les hétérosexuels sont obligés de faire face aux problèmes que peut leur poser l'homosexualité dans tous les domaines : il ne peuvent plus se donner le luxe de l'ignorer.

En plus, si l'homosexualité se définit par rapport à l'hétérosexualité, l'inverse est aussi vrai. L'homosexualité nous oblige à remettre en question nos préjugés concernant l'amour, les rapports entre hommes et femmes, et la nature de l'amitié. Les homosexuels présentent un nouveau type de couple, d'autres règles du jeu, qui peuvent aider les hétérosexuels à renouveler leurs relations humaines. En un mot, les hétérosexuels seront mieux à même de connaître et de développer leur propre sexualité dans la mesure où ils comprendront l'orientation homosexuelle, se libérant ainsi de préjugés et de stéréotypes qui les affectent tout autant.

Plusieurs auteurs, dont Michel Foucault dans son *Histoire de la sexualité*, ont observé que l'identité homosexuelle est un phénomène relativement récent. Avant le XIXe siècle, il y avait des actes homosexuels (plus ou moins tolérés dans différentes sociétés), mais non des personnes homosexuelles. Ceux qui pratiquaient des actes homosexuels n'étaient considérés ni par eux-mêmes ni par la société comme des êtres à part : on ne concevait pas l'existence d'une identité fondamentalement différente. Cela a changé à l'ère moderne, avec la pénalisation de l'homosexualité par les États et sa pathologisation par les médecins. Ainsi est apparue pour la première fois la figure de l'homosexuel, dont l'identité essentielle est définie par son comportement sexuel. Cette catégorisation a donné lieu, à son tour, à la naissance d'une communauté — et donc une culture — spécifiquement homosexuelle dans les grandes villes. On peut donc dire qu'historiquement aussi l'identité homosexuelle se construit peu à peu : les processus sociaux et individuels, sociologiques et psychologiques, sont parallèles et se nourrissent réciproquement.

La question « qui est homosexuel ? » suscite toujours de grands débats. Le mouvement de libération gay, dans les années 70 et 80, a proposé la libération non seulement d'une population spécifique, mais de l'homosexuel en chacun de nous. Il a stipulé l'existence d'une bisexualité naturelle et inhérente à tous les êtres humains, bisexualité qui est ensuite circonscrite et réprimée par la socialisation hétérosexuelle. Le but était donc de libérer non seulement les homosexuels, mais la société dans son ensemble. Ce programme a été modifié au cours des années 90. Les associations gay dans les pays développés se sont fixé un objectif beaucoup plus restreint, adoptant un modèle ethnique de l'homosexualité : dans cette perspective, les homosexuels constituent une communauté qui, comme toute minorité opprimée, doit avoir les mêmes droits que la majorité tout en maintenant une identité culturelle propre. Plus récemment, le mouvement *queer* a proposé l'abolition de toutes ces catégories, arguant que toute classification fondée sur la sexualité ou même le genre dérive d'un discours social essentiellement répressif.

La question « qu'est-ce qui définit l'homosexualité ? » n'a toujours pas de réponse certaine. Un grand nombre de personnes pratiquent des actes homosexuels, sans pour autant se considérer comme homosexuelles ; d'autres se croient homosexuelles sans avoir jamais eu de relations avec quelqu'un de leur sexe. Il y a des hommes pour qui l'acte sexuel en lui-même ne compte pas — mais qui refuseraient absolument d'embrasser un homme sur la bouche, parce que ce serait là une preuve d'homosexualité. Dans certains pays du tiers-monde, l'homme qui pénètre un autre homme ne se considère pas comme un homosexuel : s'il joue un rôle actif (que ce soit avec des hommes ou des femmes), c'est qu'il est un homme à part entière et certainement pas un homosexuel. Dans cette optique, seul est homosexuel celui qui est pénétré. Et comment définir les personnes qui ont des relations hétérosexuelles mais des fantaisies homoérotiques ? Ou vice versa ? Que dire des personnes qui, vivant depuis des années avec quelqu'un du même sexe, nient catégoriquement être homosexuelles ? Doit-on conclure qu'elles mentent, ou bien qu'elles se mentent à elles-mêmes ?

Pour compliquer les choses, qu'arrive-t-il quand une lesbienne a une relation avec un homme ? Est-elle toujours lesbienne ? L'identité sexuelle est-elle un attribut fixe des personnes, ou bien change-t-elle selon la relation du moment ? Si un homme homosexuel et une lesbienne font l'amour, est-ce un acte homo — ou hétérosexuel ? Et que dira-t-on si, pendant qu'ils font l'amour, les deux nourrissent des fantaisies homoérotiques ? Certains théoriciens diraient qu'il s'agit d'une relation essentiellement homosexuelle, même si physiquement elle implique un homme et une femme. La question devient alors : est-ce que l'homosexualité se réfère au domaine physique ou affectif ? Aux actes ou à la pensée ? Aux réactions physiologiques ou aux émotions ? Et qu'advient-il si les deux niveaux ne coïncident pas, ce qui arrive assez souvent tant chez les hétérosexuels que chez les homosexuels ?

À ces questions il faut en ajouter d'autres qui peuvent paraître plus simples, voire absurdes, mais qui ont été longuement débattues et continuent de poser des problèmes à un vaste public. Un homme qui a des relations homoérotiques est-il toujours un homme ? Une femme qui couche avec une autre femme est-elle réellement une femme ? Beaucoup d'hétérosexuels diraient que non — mais la grande majorité des homosexuels n'hésiterait pas à affirmer le contraire. Cela reflète en partie un problème de définition : au moins dans la culture populaire, être homosexuel signifie être « moins homme » ou « moins femme ». Il s'agit là d'une confusion assez répandue entre genre et sexualité — qui, comme nous le verrons plus loin, sont deux choses très différentes.

Dans certaines sociétés, on considère que l'homosexualité « féminise » l'homme : elle le rend comme les femmes, et donc le rabaisse. Mais, dans d'autres cultures, on pense que l'homosexualité « masculinise » l'homme. Ainsi, certains peuples des îles du Pacifique croient que les garçons doivent ingérer du sperme pour devenir hommes ; et que, même mariés, les hommes doivent maintenir des relations avec d'autres hommes pour leur donner force et courage. Ces exemples montrent qu'il n'y a pas de relation stable entre homosexualité, masculinité et féminité : les significations changent selon le contexte social et culturel.

Même dans le monde occidental, la relation exacte entre genre et orientation sexuelle est devenue de plus en plus complexe. Avant, il était facile de penser (et beaucoup le pensent encore) que l'homosexuel était un homme efféminé, et la lesbienne une femme masculine — du point de vue de l'anatomie, des hormones, de la personnalité ou même de l'« âme ». Dans cette perspective, l'homosexualité était un problème de genre : l'homosexuel n'était pas un homme « vrai », ni la lesbienne une « vraie » femme. Il leur manquait quelque chose. En fait, pendant très longtemps, une école de pensée psychanalytique a affirmé que l'homosexualité était due à une série de manques, de creux dans le développement. Par exemple, chez l'homme elle pouvait s'expliquer par une relation déficiente avec le père, par l'absence d'un modèle masculin avec qui s'identifier.

On sait maintenant que les choses ne sont pas si simples. D'une part, on n'a pas réussi à mettre en évidence des différences sensibles entre l'enfance ou la dynamique familiale chez les homosexuels et les hétérosexuels : des enfants qui auraient « dû » devenir homosexuels ne le sont pas, et nombre d'homosexuels ont eu, en revanche, une enfance et une vie familiale ennuyeusement « normales ». D'autre part, il existe beaucoup d'hommes très masculins, et de femmes très féminines, qui sont homosexuels. Et les années 80 et 90 ont vu surgir une sensibilité et un mode de vie que l'on pourrait qualifier d'androgynes. Les différences qui permettaient autrefois de parler de comportements ou de tempéraments proprement masculins ou féminins se sont estompées. Le temps n'est plus où un éminent psychiatre pouvait écrire : « On peut toujours soupçonner l'homosexualité chez les femmes qui portent les cheveux courts, s'habillent selon la mode masculine, ou qui cultivent les sports et les passe-temps des hommes [1]. »

Les limites entre homosexualité et hétérosexualité sont aussi devenues de moins en moins claires. Depuis la révolution sexuelle des années 70, on a beaucoup parlé de la bisexualité comme étant une caractéristique innée, un état naturel, de l'être humain. Dans cette optique, l'orientation sexuelle n'est pas donnée par la biologie, mais construite à travers l'histoire sociale et personnelle. Cette

1. Richard von Krafft-Ebbing, *Psychopathia Sexualis*, cité dans Francis Mark Mondimore, *A Natural History of Homosexuality,* Baltimore, The Johns Hopkins University Press, 1996, p. 62. Toutes les citations dans le texte et dans les notes ont été traduites en français par l'auteur.

idée, quoique séduisante, a aussi donné lieu à toute une série de malentendus. Car si nous avons tous la possibilité ou le potentiel d'être hétéro — ou homosexuels, cela n'explique pas pourquoi quelques personnes seulement deviennent homosexuelles, ni comment l'orientation sexuelle peut changer à un moment donné. En d'autres termes, si nous sommes tous bisexuels, nous ne le sommes certainement pas de la même façon. En un sens, le concept de la bisexualité (qui est extrêmement complexe, comme nous le verrons plus loin) est devenu une formule facile, une explication passe-partout, permettant de faire face à des phénomènes qui vont bien au-delà des étiquettes que nous pouvons leur appliquer.

Parallèlement, notre époque a vu une prolifération d'explications plus ou moins simplistes de l'homosexualité. Au cours des dernières années, les savants ont cherché des caractéristiques hormonales ou génétiques propres à l'homosexualité. Ils ont trouvé, par exemple, que, si un homme homosexuel a un vrai jumeau, il y a de fortes chances pour que son frère soit aussi homosexuel, — bien plus que s'il s'agit d'un faux jumeau ou d'un frère non jumeau. Il existe donc des indices (ni très précis ni très concluants) en faveur d'une dimension génétique de l'homosexualité. Les chercheurs ont aussi trouvé quelques différences au niveau hormonal et même cérébral entre homo — et hétérosexuels — mais elles ne sont pas toujours présentes. Quelques-unes d'entre elles sont applicables aux hommes, mais pas aux femmes. D'autres, détectées dans certains niveaux hormonaux prénataux, ne sont pas concluantes : si elles semblent avoir joué un rôle dans certains cas, elles ne sont pas présentes dans tous les cas étudiés. Et on n'a encore découvert aucun trait génétique « homosexuel » qui soit commun aux lesbiennes et aux homosexuels issus d'une même famille.

Aucune des théories de l'homosexualité apparues jusqu'ici — qu'elles soient d'ordre psychanalytique ou hormonal — ne suffit pour expliquer pourquoi certaines personnes sont homosexuelles et d'autres non. Tout cela suggère qu'il n'y a pas une seule explication mais plusieurs, qui agissent conjointement : biologiques, sociales, culturelles, familiales et personnelles. La question reste cruciale, cependant, pour bon nombre d'homosexuels et leurs familles.

Nous devons néanmoins nous demander pourquoi il est si important de connaître les raisons de l'homosexualité. Après tout, les hétérosexuels ne se demandent jamais pourquoi ils sont hétérosexuels. Et aucun psychologue ou psychanalyste, en explorant l'histoire d'un patient, n'aura l'idée de chercher les raisons historiques de son hétérosexualité. Cette question devient pertinente seulement quand l'orientation sexuelle est perçue comme anormale, ou comme un déficit. Une personne saine ne se demande pas pourquoi elle se porte bien ; une personne souffrante s'interroge sans cesse sur les raisons de sa maladie. C'est dire que la question elle-même pose problème : elle est chargée de présupposés sur l'homosexualité qui doivent être explicités et examinés pour savoir si elle est, ou non, légitime en ces termes. Il n'est pas étonnant que Freud lui-même ait écrit : « On montrera aussi [...] jusqu'à quel point cette question [si l'homosexualité est congénitale ou acquise] est stérile et déplacée [1]. »

Même le vocabulaire associé à l'homosexualité est lourd de controverses. Il est utile de rappeler que, pendant le Moyen Âge, le mot « sodomie » se référait à toute une série d'actes sexuels considérés comme des péchés, qui comprenaient la masturbation, la fellation, le coït anal, la bestialité et le coït interrompu — en un mot, toutes les pratiques sexuelles qui n'avaient pas comme but la procréation. Quelques théologiens considéraient aussi comme sodomie le fait pour un chrétien d'avoir des relations avec un juif ou un musulman : ces derniers étant vus comme des animaux, tout contact sexuel avec eux relevait de la bestialité.

Dans l'ère moderne, les États ont pris la relève de l'Église pour réglementer, juger et pénaliser le comportement sexuel. L'homosexualité masculine est restée punissable de castration, d'exil ou de mort dans la plus grande partie de l'Europe longtemps après que les autres pratiques sexuelles ont été décriminalisées. C'est au XIXe siècle que sont apparus les premiers appels à dépénaliser les actes homosexuels — ce qui n'a nullement empêché Oscar Wilde d'être condamné à deux ans de travaux forcés en 1895, pour sa relation avec Lord Alfred Douglas. Les associations homophiles d'Angleterre et d'Allemagne ont cherché à redéfinir l'homosexualité comme un phénomène « naturel » (et donc pas « contre nature »), mais pas encore « normal ». La psychiatrie naissante a considéré l'homosexualité comme un symptôme de « dégénérescence » (parfois aggravée par la masturbation), sur le même plan que des maladies comme l'alcoolisme ou l'aliénation mentale — une idée encore courante de nos jours, dans certains milieux particulièrement conservateurs.

Freud a eu l'énorme mérite de rejeter la théorie de la dégénéres-

1. Sigmund Freud, « Psychogenèse d'un cas d'homosexualité féminine » (1920). Passage traduit de l'espagnol par l'auteur.

cence, dans ce domaine comme dans d'autres. S'il voyait l'homosexualité comme un déficit dans la maturation psychosexuelle, elle ne constituait pas pour lui une maladie. Comme il l'a écrit dans *Trois essais sur la théorie de la sexualité* : « Plusieurs faits nous montrent que les invertis ne peuvent être considérés comme des dégénérés : 1) parce que l'on trouve l'inversion chez des personnes qui ne présentent pas d'autres anormalités graves ; 2) parce qu'elle apparaît également chez des personnes dont la capacité fonctionnelle ne se trouve pas perturbée, et même chez quelques-unes qui se distinguent par un grand développement intellectuel et une culture éthique élevée... L'on doit tenir en compte que l'inversion fut une manifestation très répandue, et même une institution chargée de fonctions importantes, chez les peuples antiques au zénith de leur civilisation[1]. »

Au cours du XXe siècle, le mouvement homophile a trouvé d'importants alliés parmi les intellectuels. Dans des pays comme la France et l'Angleterre, des penseurs, écrivains et artistes renommés étaient homosexuels, et des personnalités aussi éminentes que Jean-Paul Sartre et Simone de Beauvoir ont donné leur soutien au mouvement en faveur des droits civiques pour les homosexuels. Ce mouvement s'est par ailleurs développé parallèlement aux grandes campagnes contre le racisme et l'antisémitisme. On estime que des dizaines de milliers d'homosexuels et de lesbiennes ont été arrêtés à l'époque de Hitler ; beaucoup d'entre eux sont morts dans les camps. (En fait, la loi allemande contre l'homosexualité qui a permis cette persécution n'a été abrogée qu'en 1969[2].)

Jusqu'à il y a une vingtaine d'années, la psychiatrie a aussi violé les droits civiques des homosexuels, en leur infligeant (avec ou sans leur consentement) divers traitements pour les « guérir ». La méthode la plus aberrante, utilisée pendant les années 50 et 60, était basée sur le conditionnement aversif : on montrait à l'homosexuel des images d'hommes nus, en lui appliquant un choc électrique chaque fois qu'apparaissait une image susceptible d'éveiller son désir. Mais on a aussi essayé la castration, l'hystérectomie, la lobotomie, et diverses drogues[3]. Les « traitements » de ce genre ont bien entendu échoué, et ne sont plus pratiqués de nos jours.

1. Freud, *Trois essais sur la théorie de la sexualité* (1905). Passage traduit de l'espagnol par l'auteur.
2. Mondimore, p. 218.
3. Voir John D'Emilio, *Sexual Politics, Sexual Communities : The Making of a Homosexual Minority in the United States, 1940-1970,* Chicago, University of Chicago Press, 1983.

Toutes les recherches récentes montrent qu'il est presque impossible de changer l'orientation sexuelle, même quand une personne le demande. En plus, les tentatives de ce genre peuvent avoir des conséquences graves : l'homosexuel qui cherche à « être guéri » et n'y arrive pas finit par se sentir encore plus malade et coupable qu'auparavant. Comme l'a expliqué l'Association psychiatrique des États-Unis à la fin de 1998, en condamnant formellement toute thérapie visant à « guérir » l'homosexualité, « la thérapie réparatrice peut faire du mal aux patients en provoquant de la dépression, de l'anxiété et des conduites autodestructrices [1] ».

Le grand saut en avant pour la libération homosexuelle a eu lieu à partir des années 60, essentiellement aux États-Unis et sur le fond des manifestations contre la guerre du Vietnam. Le catalyseur a été une confrontation d'homosexuels avec la police à Christopher Street dans Greenwich Village, à New York, en juin 1969. C'est à partir de ce moment qu'a commencé à se répandre l'usage du terme « gay » (qui au Moyen Âge signifiait comédien, et au XIXe prostitué) au lieu d' « homosexuel. » L'adoption de ce terme a représenté un effort pour s'éloigner du modèle médical, et pour constituer une identité basée sur l'orgueil de la différence (le mot « gay » en anglais signifie « joyeux »).

Aujourd'hui, beaucoup d'auteurs font une distinction entre personnes homosexuelles et gay : les premières ont des conduites homosexuelles mais ne s'assument pas comme telles, alors que les dernières assument pleinement et fièrement leur orientation. En d'autres termes, si tous les gays sont homosexuels, tous les homosexuels ne sont pas gay. La distinction est intéressante parce qu'elle éclaire une phase dans la construction de l'identité homosexuelle, au niveau individuel aussi bien que social. Elle a donc d'importantes résonances psychologiques, sociologiques et historiques.

Le débat sur l'homosexualité reste ouvert. Il n'est pas d'un intérêt purement théorique : la lutte pour les droits civiques de la population gay, les alliances qui peuvent surgir entre celle-ci et d'autres causes, l'évolution du sida et d'autres questions sociales dépendent de la définition donnée à l'homosexualité. Beaucoup d'aspects de la vie personnelle sont aussi en jeu : comment nous tous — homo — et hétérosexuels — construisons notre identité sexuelle et sociale, comment nous établissons nos rapports amoureux et

1. Décision de l'American Psychiatric Association, rapportée par Reuters, 15 décembre 1998.

érotiques, comment nous vivons l'amitié, comment nous comprenons le monde actuel, tout cela peut varier selon la perception que chacun d'entre nous a de l'homosexualité.

Cette perception ne devrait plus reposer sur des préjugés ni sur l'expérience personnelle que tout un chacun peut avoir, mais sur la connaissance. Il existe de nos jours une vaste littérature psychologique et sociologique en la matière — ce qui n'était pas le cas il y seulement vingt ans. Autrefois, ce que l'on pouvait « savoir » sur l'homosexualité dérivait principalement de romans ou de confessions personnelles plus ou moins scabreuses, ou bien de la théorie psychanalytique. Et celle-ci se basait à son tour sur des cas isolés, ou sur de la pure spéculation.

La connaissance de l'homosexualité, comme celle de la sexualité en général, a été révolutionnée par les travaux d'Alfred Kinsey dans les années 40 et 50. En étudiant les pratiques sexuelles de la population américaine à partir d'enquêtes et de méthodes statistiques, il a inauguré une nouvelle ère dans les recherches sur la sexualité. Pour la première fois, on a pu savoir ce que les gens faisaient dans la vie réelle, grâce à des questionnaires précis et non plus à des interprétations ou à des suppositions. Comme Kinsey lui-même l'a noté dans l'introduction à son ouvrage *Sexual Behavior in the Human Male* (1948), « avant de pouvoir penser scientifiquement à n'importe lequel des thèmes [associés à la sexualité], il est nécessaire d'en savoir plus sur le comportement réel des gens [1] ».

Pour étudier l'homosexualité, Kinsey a développé la fameuse échelle qui porte son nom. Celle-ci comprend sept catégories, allant de « exclusivement hétérosexuel » à « exclusivement homosexuel » avec cinq catégories intermédiaires, pour mesurer l'expérience vécue des sujets. Entre autres choses, les recherches de Kinsey ont montré que, s'il y a relativement peu de personnes aux deux extrêmes, il y en a beaucoup, par contre, dans les valeurs intermédiaires. Kinsey a établi que les conduites homosexuelles ne sont nullement limitées aux personnes exclusivement homosexuelles, et qu'elles ne peuvent donc être considérées comme « anormales ». Dans cette logique, il n'existe pas d' « homosexuel » comme type particulier de personne, mais seulement des pratiques homosexuelles que l'on trouve aussi bien chez les hétérosexuels que chez les homosexuels.

1. Alfred Kinsey, Wardell Pomeroy et Clyde Martin, *Sexual Behavior in the Human Male,* Philadelphia, W. B. Saunders, 1948, p. 9.

Grâce à son échelle, Kinsey a démontré que les pratiques homosexuelles sont, en effet, beaucoup plus répandues qu'on ne le pensait. Ses recherches ont révélé que 37 % des hommes américains et 13 % des femmes avaient eu au moins une expérience homosexuelle allant jusqu'à l'orgasme. Ces chiffres ont enterré l'ancienne conception de l'homosexualité selon laquelle seuls des individus pervers, malades ou criminels pouvaient avoir des relations érotiques avec des personnes du même sexe. D'autres études américaines, plus récentes, aboutissent à des chiffres qui vont de 6 % de la population jusqu'à 17 % des femmes et 22 % des hommes, pour le pourcentage de la population ayant eu des rapports homosexuels à l'âge adulte [1]. Par exemple, une enquête de 1994 sur les mœurs sexuelles des Américains a établi que 7,1 % des hommes étudiés et 3,8 % des femmes avaient eu au moins une expérience homosexuelle depuis la puberté. Mais seulement 2,7 % des hommes et 1,3 % des femmes avaient eu de tels contacts au cours de l'année précédente — c'est-à-dire dans des relations homosexuelles plus ou moins actuelles ou stables. Ces chiffres coïncident avec le nombre de personnes se définissant explicitement comme homosexuelles : 2,8 % des hommes et 1,4 % des femmes [2]. Ce sont les pourcentages généralement acceptés à présent sur l'incidence de l'homosexualité aux États-Unis. Mais les données varient selon le pays : en France, par exemple, uniquement 1,1 % des hommes et 0,3 % des femmes ont eu des rapports sexuels avec des personnes du même sexe au cours des douze derniers mois [3]. Et seulement 4,1 % des hommes et 2,6 % des femmes rapportent au moins un contact sexuel avec quelqu'un de leur sexe au cours de leur vie [4].

Les trois dernières décennies ont vu proliférer ce genre d'études quantitatives, de plus en plus précises. Les chercheurs en la matière ont étudié de vastes échantillons d'homosexuels pour savoir comment ils vivent et comment évoluent leurs couples, aussi bien dans leurs rapports quotidiens que dans les différentes étapes de la vie.

1. Voir Edward O. Lauman, John H. Gagnon, Robert T. Michael et Stuart Michaels, *The Social Organization of Sexuality : Sexual Practices in the United States,* Chicago, University of Chicago Press, 1994, et Samuel S. Janus et Cynthia L. Janus, *The Janus Report on Sexual Behavior,* New York, John Wiley and Sons, 1993.

2. Voir Lauman *et al.*, *op. cit.*

3. Alfred Spira et Nathalie Bajos, *Les Comportements sexuels en France,* Paris, La Documentation française, 1993, p. 138.

4. *Ibid.*, p. 136.

Il y a maintenant des livres sur l'enfance, l'adolescence, la vie adulte et la vieillesse des homosexuels ; sur les couples qu'ils forment ; sur leurs conditions socio-économiques et leur santé ; sur leurs familles d'origine, et même sur leurs préférences électorales. Les chercheurs ont également transcrit et assemblé des milliers de récits de vie, dans lesquels les homosexuels parlent de leur expérience personnelle, familiale et sociale. Tout ce corpus de recherches nous offre actuellement une connaissance de l'homosexualité à la fois vaste, précise et fiable.

Un volet de ces recherches a confirmé une idée d'abord surgie au XIXe siècle, adoptée par Freud et reprise par diverses associations médicales, psychologiques et psychiatriques de notre époque, à savoir que l'homosexualité n'est pas une pathologie. Cette idée a d'abord été démontrée par une psychologue américaine, Evelyn Hooker, en 1958. Elle a appliqué une batterie de tests psychologiques à deux échantillons d'hommes homosexuels et hétérosexuels, et a envoyé les résultats à plusieurs experts pour qu'ils évaluent la santé mentale de chaque individu et le classent ensuite comme homo — ou hétérosexuel. Les résultats ont été surprenants. Les experts se sont montrés incapables de différencier les homo — des hétérosexuels, et n'ont trouvé aucune pathologie qui puisse indiquer l'homosexualité. En plus, le niveau de santé mentale est presque identique chez les deux groupes, avec un léger avantage pour les homosexuels. Hooker a conclu, entre autres, que les homosexuels étaient aussi « normaux » que les hétérosexuels, et que l'homosexualité ne pouvait donc être considérée comme une catégorie clinique.

C'est grâce à des études de ce genre, aboutissant toujours à la même conclusion, et aux efforts d'un nombre croissant de psychiatres et de psychologues homosexuels, que l'Association psychiatrique des États-Unis a rayé l'homosexualité de sa liste des pathologies mentales en 1973. Elle a été suivie par l'Association psychologique du même pays en 1975, et par l'Organisation mondiale de la santé en 1993. Cependant, ces groupements ont reconnu, dans leurs manuels diagnostiques respectifs, que la personne qui n'accepte pas son homosexualité peut souffrir de dépression, d'anxiété et d'autres troubles psychologiques — mais que ceux-ci dérivent de pressions familiales et sociales, et des connotations négatives généralement associées à l'homosexualité.

L'homosexualité n'est donc plus considérée comme une maladie. Mais cela ne veut pas dire que les homosexuels ne présentent pas des problèmes psychologiques particuliers. Plusieurs études ont révélé (au moins aux États-Unis) un taux de suicide élevé chez les homosexuels, comparé à celui de la population hétérosexuelle. On estime que le tiers des adolescents qui se suicident sont de jeunes homosexuels. Et un adolescent homosexuel sur trois rapporte avoir essayé de se faire du mal [1]. Il est important de préciser, cependant, que presque toutes ces tentatives ont lieu entre l'âge de seize et vingt et un ans.

Cela indique clairement que l'adolescence est une période particulièrement dangereuse pour les homosexuels : il n'est pas facile d'admettre qu'on est différent à cet âge, surtout si cette différence est condamnée par la société. Mais cela ne signifie pas que l'homosexualité soit pathologique en elle-même : le problème réside dans la difficulté de l'assumer devant soi-même et les autres. On pourrait donc dire que l'homosexualité entraîne, dans certaines conditions, des conflits psychologiques — un peu comme il peut être difficile d'être noir ou juif, ou d'appartenir à une religion minoritaire, dans certains pays.

En ce qui concerne l'alcoolisme chez les homosexuels, on parvient à des conclusions semblables. S'il y a bien une incidence plus élevée d'alcoolisme parmi la population homosexuelle en général, des études récentes montrent que les homosexuels de moins de trente ans présentent des taux semblables à ceux des hétérosexuels de leur âge [2]. C'est dire que les jeunes homosexuels boivent moins que leurs aînés, ce qui ne serait pas le cas si l'alcoolisme était de quelque façon inhérent à l'homosexualité. Une explication possible est que les homosexuels qui ont grandi avant la libération gay ont souffert beaucoup plus des pressions familiales et sociales. Donc, ceux qui ont plus de trente ans aujourd'hui ont eu une jeunesse plus difficile. En plus, pendant très longtemps les seuls endroits où les homosexuels pouvaient se rencontrer étaient les bars — ce qui n'est plus le cas aujourd'hui, au moins dans les pays industrialisés. À l'heure actuelle, il existe aux États-Unis et en Europe des associations gay dans presque toutes les grandes villes. Nous constatons à nouveau l'énorme importance du contexte social quand nous

1. P. Gibson, « Gay male and lesbian youth suicide », dans U.S. Department of Health and Human Services, *Report of the Secretary's Task Force on Youth Suicide,* Washington, D.C., U.S. Government Printing Office, 1989.

2. D. J. McKirnan et P. L. Peterson, « Alcohol and drug use among homosexual men and women : epidemiology and population characteristics », dans *Addictive Behaviors,* 14, 545 (1989).

analysons des comportements problématiques parmi la population homosexuelle.

Il est intéressant de voir aussi comment le champ sémantique de l'homosexualité (et la sexualité tout court) s'est déplacé au cours de l'ère moderne. Avant le XVIIIe siècle, la sexualité était examinée et jugée presque exclusivement par l'Église. Mais le débat s'est peu à peu étendu pour inclure les philosophes, les scientifiques, les médecins et, bien sûr, l'État. L'homosexualité, qui était encore au début du siècle dernier une question purement morale et judiciaire, est devenue un objet d'étude pour la médecine, l'anthropologie, la sociologie, l'histoire, la psychanalyse, la psychologie et enfin la sexologie. Aujourd'hui, elle a également acquis une signification politique — et pas seulement pour les homosexuels.

L'homosexualité a été discutée aux Nations unies pour la première fois lors de la Conférence sur la femme, à Pékin, en 1995. Au cours d'un débat passionné qui a duré jusqu'à quatre heures du matin, les déléguées du monde industrialisé ont défendu le libre choix des femmes quant à leur orientation sexuelle, les représentants des pays islamiques et catholiques conservateurs adoptant la position opposée. Ces derniers ont soutenu, entre autres, qu'il était ridicule de perdre du temps à discuter une affaire qui ne pouvait intéresser qu'une infime minorité de femmes. Les déléguées des États-Unis et de l'Union européenne ont rétorqué que la possibilité d'exercer librement leur orientation sexuelle était cruciale pour tous les droits de la femme. Sans le droit au lesbianisme (c'est-à-dire à une sexualité indépendante des hommes et de la procréation), les femmes n'auraient en réalité aucun contrôle sur leur sexualité, et donc sur leur propre corps.

Cette discussion — finalement gagnée par le camp conservateur — a démontré très clairement le rôle que peut jouer l'homosexualité dans le débat politique et social de notre temps. De nos jours, presque toutes les discussions sérieuses sur les droits civiques, la liberté individuelle, la tolérance ou le pluralisme passent, à un moment ou à un autre, par le débat sur l'homosexualité. Celle-ci n'est plus seulement une affaire de théologiens ou de prêtres, de juges ou de médecins : elle est matière à réflexion pour chacun d'entre nous.

On peut légitimement se demander pourquoi l'immense majorité des études sur l'homosexualité se réfère presque exclusivement aux hommes. Il y a plusieurs explications possibles. D'abord, presque tous les textes qui mentionnent la sodomie ou l'homosexualité — qu'ils soient littéraires, philosophiques, historiques ou scientifiques —, depuis le Moyen Âge en passant par la Renaissance jusqu'à l'ère moderne, ont été écrits par des hommes. N'oublions pas que la parole écrite a été depuis toujours (et continue de l'être, dans beaucoup de sociétés) le domaine exclusif des hommes. Historiquement, ce sont eux qui ont eu accès à la sphère publique et politique, au monde ecclésiastique et, bien sûr, à l'éducation.

En deuxième lieu, presque toutes les prohibitions ecclésiastiques et les lois pénales contre l'homosexualité ont eu pour objet les hommes. Pourquoi ? Jusqu'à une époque récente (certainement jusqu'au temps de Freud), les femmes n'étaient pas censées avoir une sexualité propre — c'est-à-dire indépendante des hommes. Avant les études sexologiques de Masters et Johnson dans les années 60, on pensait que l'orgasme chez la femme était exclusivement vaginal — et qu'il dépendait donc de la pénétration. Ce n'est que très récemment que l'on a reconnu la réalité de l'orgasme clitoridien, et donc d'un plaisir sexuel féminin sans pénétration. Cela a aidé a ouvrir un immense champ de recherches sur la sexualité spécifiquement féminine, et donc sur le lesbianisme en tant que catégorie à part entière — et non plus comme un pauvre substitut du plaisir « véritable ». Bien entendu, beaucoup de personnes voient toujours le lesbianisme comme quelque chose que font les femmes quand elles n'ont pas d'autre alternative, ou lorsqu'elles n'ont pas encore trouvé un « vrai homme » qui puisse leur enseigner la sexualité « adulte ».

Même la reine Victoria d'Angleterre (une femme extrêmement passionnée, comme le montrent sa correspondance et ses journaux privés, publiés il y a peu) a refusé, dit-on, de signer un décret de loi contre le lesbianisme, arguant qu'il ne pouvait y avoir de relation sexuelle entre deux femmes et qu'il n'était donc pas nécessaire de l'interdire. Elle n'a pas hésité, par contre, à signer une loi punissant durement l'homosexualité masculine. Donc, si l'homosexualité a toujours été plus condamnée chez les hommes que chez les femmes, c'est en bonne partie parce que l'on considérait que la sexualité dans son ensemble était une affaire d'hommes.

En troisième lieu, pendant tout le XIXe et une bonne partie du XXe siècle (quand commence l'étude scientifique de l'homosexualité), l'amitié entre femmes a été vue comme une forme de relation normale entre des êtres fragiles et innocents possédant une grande sensibilité, mais dépourvus de sexualité. Personne ne s'étonnait des relations amoureuses entre femmes, car personne n'imaginait qu'elles puissent être sexuelles. Donc, même passionnées, ces amitiés n'étaient pas perçues comme charnelles — et elles ne l'étaient peut-être pas. Après tout, bien des femmes se croyaient elles-mêmes incapables d'une sexualité propre. Et pendant une bonne partie du XXe siècle, alors que la société avait accepté la possibilité de relations sexuelles entre femmes, on a supposé que la lesbienne n'était qu'une femme « masculine ». Toujours et encore, la sexualité restait une prérogative de l'homme.

En quatrième lieu, le féminisme (qui a promu tant de recherches sur la femme en psychologie, en sociologie et en histoire) a gardé ses distances avec le lesbianisme pendant très longtemps. Quelques figures centrales du féminisme modéré, jusqu'à nos jours, ont considéré (peut-être à raison) que leur cause serait disqualifiée si on l'identifiait avec le lesbianisme. En fait, malgré cette distance souvent marquée, la société dans son ensemble a répudié le féminisme pendant de longues années, en considérant qu'il partait d'un rejet de l'homme et donc d'un lesbianisme plus ou moins camouflé. Cela explique que les auteurs féministes hétérosexuelles aient peu écrit sur l'homosexualité féminine.

Enfin, la crise du sida a conduit beaucoup de chercheurs en matière d'homosexualité à donner la priorité aux hommes et à la dynamique du couple masculin, aux dépens de la femme et de la relation lesbienne. La nécessité impérieuse de mieux comprendre les comportements et la psychologie de l'homosexuel masculin à des fins épidémiologiques a relégué au second plan les études sur le lesbianisme. C'était d'ailleurs naturel. Les lesbiennes constituent la population la moins affectée par le sida : en effet, la nature de la relation physique entre deux femmes rend plus difficile la transmission du virus par voie sexuelle.

Tout cela explique pourquoi il existe une énorme disproportion entre les recherches sur l'homosexualité masculine et féminine. Ce déséquilibre a commencé à s'atténuer, cependant, au cours des dernières années. Au moins aux États-Unis, il existe aujourd'hui une vaste bibliographie sur la femme et la relation lesbienne. Ce corpus d'observations et de recherches a révélé, entre autres, que l'expérience et la signification de l'homosexualité varient considérablement entre hommes et femmes. La dynamique du couple est aussi très différente selon le sexe. Tout discours ou étude portant sur l'homosexualité doit donc inclure une analyse de genre, et faire les distinctions nécessaires entre homosexualité masculine et féminine.

Il est très important que les homosexuels eux-mêmes, leurs familles et leurs thérapeutes s'informent de ce vaste champ de connaissances. En partie à cause du sida, en partie grâce à l'évolution culturelle de notre époque, les homosexuels deviennent de plus en plus visibles dans nos sociétés. Ils sortent davantage de la clandestinité et sont plus présents dans la vie familiale, culturelle et sociale. Aussi, ils sont chaque fois plus nombreux à chercher une aide psychothérapeutique, au lieu de souffrir en silence.

Malheureusement, même dans les pays industrialisés, il y a peu de psychiatres, psychologues ou psychanalystes connaissant bien le sujet. Cela s'explique, en partie, par le fait que de nombreux livres écrits en anglais ne sont pas traduits. Mais il faut dire aussi que tous les textes seraient loin d'être pertinents ou applicables à tous les pays. Car l'homosexualité est vécue et perçue de façon radicalement différente en Asie, en Europe, en Amérique latine… Les structures et les relations familiales, les concepts de masculinité et de féminité, même les définitions de l'homosexualité, varient énormément. Les études sur l'homosexualité ne sont donc pas nécessairement exportables, et il incombe aux psychologues, sociologues et penseurs de chaque pays de mener plus loin les observations et les recherches dans ce domaine. Entre-temps, l'homosexualité continuera d'être beaucoup plus étudiée aux États-Unis qu'ailleurs : ce pays a été le lieu de naissance de la libération gay, et il reste le centre de ce genre d'études. C'est pourquoi beaucoup des références de ce livre sont issues de la bibliographie américaine — une limitation certaine, mais dont j'espère qu'elle encouragera les psychologues et les sociologues d'autres pays à se poser des questions similaires et à faire avancer les recherches dans leurs propres sociétés.

Cet effort dans la connaissance devra être mené parallèlement à la lutte pour les droits civiques des homosexuels. Le travail politique des militants gay devra s'accompagner d'une vaste labeur de recherche et de divulgation. Il reste beaucoup à faire. J'espère que ce livre contribuera à la tâche, en aidant les homosexuels, leurs familles et leurs thérapeutes à mieux comprendre la vie quotidienne et la psychologie des homosexuels. Le pas suivant sera de constituer davantage de réseaux de soutien, des centres de recherche et d'enseignement et des annuaires spécialisés pour que les homosexuels puissent avoir accès à des professionnels compétents et respectueux, dans des champs comme la médecine, le droit et la psychologie.

Comme toute population particulière, les homosexuels devraient pouvoir consulter des professionnels connaissant à fond leurs problèmes et leurs besoins. Exactement comme les enfants, les adolescents, les femmes ou les personnes du troisième âge, les homosexuels présentent toute une série de traits et de dynamiques spécifiques qui méritent toute l'attention, la connaissance et le respect de ceux qui travaillent avec eux. Les homosexuels diffèrent des hétérosexuels en bien des points, et ils ont le droit d'être reconnus dans leur différence.

2

Devenir homosexuel : aspects biologiques et sociaux

« Suis-je homosexuel ? »

C'est une question que l'on se pose presque toujours avec angoisse. Elle a d'énormes implications dans tous les domaines de la vie, et pour toujours. Suivant la réponse, une personne se mariera et aura des enfants, ou non ; gardera de bonnes relations avec sa famille, ou non ; vivra dans son lieu d'origine, ou non. La vie de celui qui y répond par l'affirmative ne sera plus jamais la même. Et c'est une question qui n'a pas d'équivalent dans le monde de l'hétérosexualité.

Quand une personne découvre ou accepte en elle-même une identité minoritaire, elle le fait généralement dans un esprit d'appartenance : quand un Juif, un Noir, un Arabe s'assument (selon le pays) comme membres d'une minorité, ils connaissent sans doute le prix de cette identité — mais aussi ses bénéfices. Il peuvent se sentir marginalisés, incompris, ou même exclus de la société dans son ensemble — mais ils s'intègrent également à une collectivité et acquièrent un sentiment d'appartenance. L'identité minoritaire implique, la plupart du temps, un sens de la communauté ; elle est souvent, même, motif de fierté.

Jusqu'à maintenant, cela n'est pas le cas pour les homosexuels. Quand une personne se reconnaît comme homosexuelle, il n'y a pas de bénéfices visibles. Au contraire : s'ouvre devant elle un avenir isolé et marginalisé, qui apportera probablement des conflits avec la famille et la société. S'assumer comme homosexuel ne ressemble pas à un retour au foyer, mais plutôt à un exil.

En plus, l'identité homosexuelle ne correspond à aucune expérience antérieure. Le Noir a toujours été noir, et a fait partie d'une communauté noire ; le Juif a été juif, et l'Arménien arménien. Ils ont un passé familial et social qui leur a enseigné ce qu'appartenir à une minorité veut dire, et quelles en sont les règles du jeu. Il existe chez eux une certaine loyauté envers leur collectivité, parce qu'ils en font partie depuis toujours. Par contre, l'homosexuel qui s'assume comme tel n'a ni modèles, ni expérience, ni apprentissage antérieurs ; il ne connaît pas les règles, et ne parle pas la langue. Il découvre qu'il s'engage tout à coup dans un pays inconnu, sans carte ni indications, dans lequel il lui faudra vivre. Même si cela n'est plus aussi vrai que dans le passé, les homosexuels qui ont aujourd'hui plus de trente ans ont probablement vécu de cette façon la découverte de leur homosexualité.

Une lesbienne de quarante-trois ans se souvient :

« Quand j'avais seize ans, je cherchais désespérément à connaître des gens comme moi. Je me demandais : "Comment est-ce qu'ils font pour se reconnaître entre eux ?" J'étais sûre qu'il devait y avoir des signes ou des mots, comme des codes, ou des coins de rue particuliers, pour qu'ils puissent se retrouver. Alors, j'essayais de trouver des indices dans des livres ou des films, comme si j'apprenais une langue étrangère. Et ensuite j'ai mis longtemps à apprendre comment fonctionnait le monde homosexuel, quelles étaient les règles pour draguer et former des relations. »

Actes, désirs et sentiments

Comment arrive-t-on à se poser cette question, et à quel moment ? Elle surgit généralement pendant l'adolescence, et parfois à l'âge adulte. Mais ce n'est pas une question simple. Beaucoup de garçons adolescents ont des conduites homoérotiques, sans jamais se demander s'ils sont homosexuels. D'autres jeunes, des deux sexes, n'en ont pas mais se posent constamment la question. Finalement, il y a des adultes qui n'ont jamais douté de leur orientation sexuelle, jusqu'au jour où ils se retrouvent dans une relation homosexuelle qui leur paraît littéralement inexplicable. Voilà pourquoi les recherches contemporaines font une distinction entre les actes, le désir, l'amour, et finalement l'identité ou l'autodéfinition gay. Nous examinerons successivement ces différents éléments de l'homosexualité.

Les actes

En ce qui concerne les actes, il est difficile de préciser lesquels sont, ou ne sont pas, caractéristiques de l'homosexualité. Ainsi, on a pensé pendant très longtemps que la sodomie (c'est-à-dire le coït anal) était l'acte homosexuel par excellence. Mais les homosexuels ne la pratiquent pas toujours, et par contre elle est assez fréquente chez les hétérosexuels. Par exemple, en France 30 % des hommes et 24 % des femmes disent avoir pratiqué au moins une fois le coït anal, et 15 % des hommes et 13 % des femmes le pratiquent régulièrement [1].

En plus, un homme qui sodomise un autre homme ne se considère pas nécessairement comme homosexuel. Dans les pays latins, seul l'homme qui se laisse pénétrer est homosexuel ; celui qui le sodomise ne se voit pas, et n'est pas considéré, comme tel. Les choses se compliquent encore : pour beaucoup d'hommes, sodomiser un autre homme n'est pas un acte homosexuel — mais l'embrasser sur la bouche, oui. Dans cette vision des choses, seul est homosexuel l'homme qui ressemble à une femme (soit parce qu'il se laisse pénétrer, soit parce qu'il forme un lien amoureux). Cependant, ce genre de distinction n'a pas d'importance dans d'autres régions du monde.

C'est à cause de cette variété de critères que certains sociologues distinguent deux façons de définir l'homosexualité. Partant d'une différence établie par Freud dans *Trois essais sur la théorie de la sexualité*, ils font une distinction entre objet sexuel et fin sexuelle. Le premier terme se réfère au partenaire, qui peut être un homme ou une femme. Le second se réfère à l'activité sexuelle que l'on pratique, indépendamment du sexe du partenaire.

Si, par exemple, c'est l'acte de la pénétration qui compte, il importe peu qu'on le fasse avec un homme ou avec une femme. C'est le cas en Amérique latine, où l'acte sexuel propre de la masculinité est de pénétrer, et où le sexe de l'autre personne est secondaire. Par contre, l'acte caractéristique de la féminité est d'être pénétré ; donc, tout homme qui se laisse sodomiser s'assimile (ou se rabaisse) automatiquement au statut de la femme. Comme en plus, dans ce système, l'homosexuel est un homme féminin par définition, l'homme pénétré est logiquement homosexuel, tandis que celui qui pénètre reste hétérosexuel. Dans cette approche, ce qui définit l'orientation sexuelle est la nature de l'acte sexuel, et non pas le sexe du partenaire.

Par contre, aux États-Unis et en Europe, c'est le sexe biologique de l'autre personne qui compte, indépendamment de l'acte. Toute personne qui a des relations érotiques avec quelqu'un de son sexe

1. Maryse Jaspard, *La Sexualité en France*, Paris, éditions La Découverte, 1997, p. 99.

est considérée comme homosexuelle ; peu importe ce qu'elle fait. De la même façon, si on a des relations avec des personnes de l'autre sexe, on est hétérosexuel ; et si on les a avec les deux sexes, on est bisexuel. Ce qui compte, c'est avec qui on a des relations, et non pas ce que l'on fait [1].

Amour et désir

Nous voyons donc que les actes ne sont pas, en eux-mêmes, un critère d'homosexualité, puisqu'ils n'ont pas partout la même signification. Examinons maintenant d'autres critères, comme l'amour et le désir.

Ceux-ci posent aussi de nombreux problèmes. En premier lieu, on n'est pas toujours conscient de ses sentiments. Est-il possible de désirer ou d'aimer quelqu'un sans s'en rendre compte ? Cela semble incroyable, mais beaucoup de personnes (surtout des femmes) ne découvrent qu'au moment de leur première relation homosexuelle qu'elles avaient toujours eu ce désir — mais ne le savaient pas. Écoutons l'une d'elles, une femme qui, après deux mariages, a entamé sa première relation lesbienne à l'âge de quarante-trois ans :

« La première fois que nous avons fait l'amour, j'ai su que j'avais toujours désiré ça. Mais je n'y avais jamais pensé. C'est seulement la première fois que je me suis dit : "Alors, c'était ça que je cherchais." Et après, cela m'a semblé si naturel, si authentique, que je n'ai jamais eu aucun doute. »

Cette description, apparemment simple, cache cependant une énigme profonde. Nous pourrions nous demander si cette femme avait toujours eu des désirs homosexuels sans s'en rendre compte, ou s'ils ont surgi en elle tout à coup. Ou peut-être avait-elle une prédisposition envers l'homosexualité qui ne s'était jamais manifestée, jusqu'au moment où la personne indiquée est apparue ? Ou bien est-ce l'occasion qui avait manqué ? Nous pourrions également nous demander si cette histoire n'est pas tout simplement fictive, une façon inconsciente de contourner une vérité douloureuse…

1. Voir Tomás Almaguer, « Chicano men : A cartography of homosexual identity and behavior », dans *Differences*, vol. 3, n° 2 (été 1991) ; Joseph Carrier, « Gay liberation and coming out in Mexico », dans Gilbert Herdt, éditeur, *Gay and Lesbian Youth*, New York, Haworth Press, 1989 ; et Annick Prieur, *Mema's House, Mexico City : on Transvestites, Queens, and Machos*, Chicago, University of Chicago Press, 1998.

En un mot, nous n'avons pas toujours conscience de nos désirs ou de nos sentiments ; incapables parfois de les reconnaître, nous ne savons pas nécessairement à quel moment ils sont apparus. Une personne peut se sentir fortement attirée par une autre, sans en avoir conscience. Et cette attraction peut prendre beaucoup de formes ; sa nature sexuelle peut se cacher sous d'autres noms. Par exemple, le contact physique entre hommes peut se « justifier » dans certains contextes permis, comme dans certains sports. Ainsi, les membres d'une équipe de football peuvent se regarder et se toucher d'une façon qui serait absolument interdite, voire inconcevable, dans d'autres situations.

Il peut surgir entre deux femmes un lien affectif intense, qui les pousse à se voir ou à se parler tous les jours, dans une intimité bien plus grande que celle qu'elles ont avec leurs maris. Mais si on leur demande pourquoi elles se cherchent si souvent, elles mentionneront quelque circonstance extérieure comme le fait d'être voisines ou camarades de cours... Deux personnes du même sexe peuvent tout partager et devenir indispensables l'une pour l'autre, sans jamais soupçonner (et encore moins assumer) que leur relation ressemble étrangement à l'amour. L'élément qui manque, et qui semble être décisif pour la majorité des personnes, est la présence ou non de l'attraction sexuelle. C'est elle qui marque la différence entre l'amitié et l'amour érotique — du moins en théorie. Mais comment peut-on savoir s'il y a, ou non, attraction sexuelle ?

Une composante essentielle de l'attraction sexuelle est, bien sûr, l'excitation spécifiquement génitale. Et celle-ci n'est pas aussi évidente pour les femmes que pour les hommes, chez qui le désir est généralement plus localisé dans les organes génitaux ; chez les femmes, il est plus diffus et s'assimile parfois avec d'autres émotions. Il est plus facile pour les hommes de reconnaître que leur désir de contact physique est d'ordre sexuel ; les femmes peuvent le confondre avec d'autres choses. À cause de la passivité et de la pudeur qui leur ont été inculquées depuis toujours, beaucoup de femmes trouvent difficile d'identifier en elles-mêmes le désir sexuel, surtout si celui-ci est interdit. Il est plus probable qu'elles prendront pour de la tendresse, ou même pour un sentiment maternel, leur attirance physique pour une autre femme.

Il est donc possible qu'une personne soit amoureuse d'une autre, ou sente le besoin de la toucher, sans percevoir une excitation génitale. Elle peut même n'avoir aucune conscience de la nature de ses sentiments, qui apparaîtront sous d'autres formes. L'amour peut se manifester comme dépendance, pensées obsessionnelles, jalousie, ou même comme irritation ou haine. C'est pourquoi les psychologues parlent de la négation ou de la répression des sentiments interdits : par exemple, l'amour homosexuel. Il est parfaitement possible qu'une personne en aime une autre, même pendant longtemps, sans s'en rendre compte.

En fait, c'est ce qui arrive généralement avec les attirances interdites, comme le désir homosexuel, incestueux ou adultère. Freud a écrit, dans un de ses textes les plus importants sur l'homosexualité :

« Je ne veux laisser passer l'occasion d'exprimer mon étonnement devant le fait que les hommes puissent vivre des fragments aussi vastes et importants de leur vie érotique sans en avoir grande conscience et même sans les soupçonner du tout, ou qu'ils se trompent si profondément en les jugeant quand ils surgissent dans leur conscience… Nous sommes ainsi forcés de donner raison aux poètes qui nous décrivent de préférence des personnes qui aiment sans le savoir, qui ne savent si elles aiment ou haïssent ceux qu'en réalité elles adorent. Il semblerait que les nouvelles que reçoit notre conscience de notre vie érotique soient particulièrement susceptibles d'être mutilées ou falsifiées [1]. »

Il semble donc que la perception que nous pouvons avoir de nos propres sentiments ou désirs n'est pas nécessairement fiable. Ainsi, ni les actes, ni les sentiments, ni les désirs ne suffisent pour juger si on est homosexuel ou pas. En plus, il peut y avoir des actes homosexuels sans sentiments, ou des actes sans désir, ou des sentiments sans désir, ou du désir sans actes…

L'identité homosexuelle

Dans tous ces cas, il manque quelque chose. Ce quelque chose est l'identité homosexuelle, qui comprend la conscience et l'acceptation de tous les éléments déjà décrits. L'identité implique donc une convergence de désirs, de sentiments, d'actes et de conscience, qui culminent dans une définition et une acceptation de soi comme homosexuel. Or, tous ces éléments ne se manifestent pas en même temps, mais généralement à des époques différentes de la vie. Et ils n'apparaissent pas dans le même ordre : chez une personne peuvent surgir d'abord les actes, puis le désir, puis

1. Sigmund Freud, « Psychogenèse d'un cas d'homosexualité féminine » (1920). Passage traduit de l'espagnol par l'auteur.

l'amour ; chez une autre, l'ordre peut être inversé. Il n'y a pas une suite ni une progression dans le temps qui soit commune à tous les homosexuels. Peut-être devrions-nous parler, plutôt, de différentes phases ou degrés dans l'homosexualité, allant depuis des expériences ou des désirs isolés (tels que les vivent beaucoup de gens), jusqu'à une relation amoureuse et un style de vie ouvertement homosexuels. Ce n'est que lorsque tous les éléments se rejoignent que nous pouvons parler d'une identité homosexuelle : on ne « devient » vraiment homosexuel que lorsqu'on a atteint cette congruence interne.

Aujourd'hui, le terme « gay » se réfère justement à cette cohérence et à cette acceptation de l'homosexualité [1]. Mais cela n'arrive pas du jour au lendemain ; c'est le résultat d'un long parcours. C'est pour cela que nous pouvons dire, en toute certitude, que les gens ne naissent pas homosexuels. L'identité gay se construit peu à peu ; l'homosexualité n'est pas un état, mais un processus. Tout cela veut dire que la question « suis-je homosexuel ? » n'aura pas nécessairement de réponse claire ni immédiate. Certaines personnes ont besoin de nombreuses années pour être sûres de leur orientation sexuelle ; d'autres la connaissent depuis le début de leur vie érotique. L'évolution psychologique a ses propres rythmes, qui varient selon l'individu. Le monde de la subjectivité est difficile à comprendre et à exprimer, surtout en ce qui concerne le continent obscur de la sexualité.

Qui est homosexuel ?

D'où les difficultés méthodologiques de toute recherche sur l'homosexualité. Si l'on veut, par exemple, faire une enquête sur ce sujet, qui interrogera-t-on ? Ceux qui se disent homosexuels, même s'ils n'ont pas eu d'expériences réelles ? Ceux qui pratiquent des actes homosexuels, même s'ils ne les considèrent pas comme tels ? Ceux qui ont des fantasmes homosexuels ? Ceux qui sont actuellement dans une relation homosexuelle ? Ou seulement ceux qui présentent tous ces éléments à la fois ? Qui peut dire avec certitude qu'une personne est homosexuelle ?

La question peut sembler simpliste, mais elle est d'une importance capitale. Qu'une personne se dise homosexuelle ou qu'elle

1. Dans cette optique, un homosexuel qui vit dans le secret n'est pas gay, parce que sa vie publique et sa vie privée ne coïncident pas.

soit appelée ainsi par les autres, ce n'est pas du tout la même chose et cela a des implications très différentes. Quand il s'agit d'homosexualité, tout ce qu'une personne peut dire d'elle-même est suspect, et tout ce que l'on peut dire d'elle l'est tout autant [1].

Il n'est donc pas surprenant que la science ait essayé, depuis longtemps, de déceler des signes externes ou « objectifs » de l'homosexualité. Après tout, la question « suis-je homosexuel ? » recouvre seulement l'expérience interne d'une personne. Elle ne suffit pas pour établir un fait objectif. Alors, le discours scientifique a posé une autre question, qui serait : « Qui est homosexuel ? » Mais celle-ci suscite également des difficultés énormes. En effet, est-il possible de savoir objectivement si une personne est homosexuelle, indépendamment de ce qu'elle en dit elle-même ?

La question peut sembler secondaire : après tout, qu'importe ce que l'on peut observer du dehors ? L'important, de nos jours, c'est de savoir comment une personne se définit elle-même. Mais cette question a été, et continue d'être, cruciale pour certaines institutions comme l'État, l'establishment médical et psychiatrique, les compagnies d'assurances, les écoles, l'armée — et bien sûr pour les parents d'éventuels homosexuels. À une autre époque, il importait de détecter les Juifs par des signes externes — avec les conséquences que l'on sait. Aujourd'hui, il y a beaucoup de raisons économiques et politiques pour chercher des signes vérifiables de l'homosexualité, s'ils existent — par exemple, un « gène de l'homosexualité ». Et il y a énormément d'argent investi dans ce genre de recherche, surtout aux États-Unis. Il n'est pas absurde d'imaginer que les compagnies d'assurances pourraient refuser, dans un avenir proche, de couvrir le sida, arguant que celui-ci dérive d'une « condition préexistante » objective — qui serait, tout simplement, l'homosexualité.

En plus, nous ne devons pas oublier qu'il y a encore beaucoup

1. Dans le champ de l'homosexualité, comme dans tous ceux qui sont condamnés par la société, le « qui le dit » est crucial. Les experts en alcoolisme, par exemple, savent parfaitement qu'il y a une différence énorme entre se reconnaître comme alcoolique et le fait d'être décrit comme tel par autrui. Il arrive souvent qu'une épouse considère son mari comme alcoolique alors qu'il estime qu'il boit peu ou « normalement ». Ce n'est pas pour rien que le traitement de l'alcoolisme exige, avant tout, que l'individu lui-même se reconnaisse comme tel — qu'il assume son « identité » comme telle. Dans cette perspective, il n'y a aucun doute que le concept d'homosexualité a également une dimension idéologique. C'est dire que les questions « qui le dit ? et pourquoi ? » sont d'une importance capitale.

d'endroits où l'homosexualité est sévèrement punie : elle est illégale dans la plupart des pays islamiques, les anciens pays communistes et les anciennes colonies britanniques [1]. Dans ces sociétés, on identifie les homosexuels par des critères « objectifs » comme leur apparence ou leurs conduites, et non par leur autodéfinition. Même dans les pays plus libéraux, nous pouvons encore observer que les garçons « féminins » ou les filles « masculines » sont parfois stigmatisés par leurs amis ou leurs familles, et même soumis à des traitements médicaux ou psychiatriques. Dans ces cas, ce qui est en jeu n'est certainement pas l'autodéfinition, mais plutôt des signes considérés comme indicateurs de l'homosexualité.

Finalement, ces signes « objectifs » peuvent être d'un grand intérêt pour les homosexuels qui essaient de cacher leur orientation. Tout homosexuel s'est posé la question, à un moment ou autre de sa vie : « Est-ce que ça se voit ? »

Différentes conceptions de l'homosexualité

La question « qui est homosexuel ? » a donc d'énormes implications économiques, politiques, juridiques, médicales et psychologiques. La réponse dépend de la conception que l'on a de l'homosexualité — et il y en a eu beaucoup, depuis qu'a commencé l'étude scientifique de la sexualité, dans la seconde moitié du siècle dernier. En termes généraux, nous pouvons distinguer historiquement deux grandes conceptions de l'homosexualité.

Dans l'approche essentialiste, l'homosexualité est biologique, congénitale et naturelle ; dans la perspective sociale, elle est acquise et se développe dans l'individu selon son contexte familial et social. Nous examinerons maintenant la signification et les implications de chacun de ces deux points de vue.

Dans l'optique essentialiste, l'homosexualité est un trait biologique qui apparaît dans toutes les sociétés et à toutes les époques. On naît homosexuel et on le reste, que l'on agisse en conséquence ou pas selon les circonstances de la vie. Mais personne ne choisit l'homosexualité. Dans cette optique, qui a largement prédominé au cours de ce siècle, l'homosexualité est une condition ou une pathologie congénitale, mais certainement pas un crime. L'homosexuel n'est pas responsable de son orientation ; il peut être sujet à traitement, mais non puni.

1. Colin Spencer, *Histoire de l'homosexualité*, Paris, Le Pré aux Clercs, 1998, p. 442.

L'idée que l'on naît homosexuel a été adoptée par de nombreux professionnels de la santé depuis un siècle, et prédomine toujours dans la culture populaire. Historiquement, elle est apparue dans le contexte du modèle médical, tout simplement parce qu'elle a été développée par des médecins et par des chercheurs scientifiques. Ce n'est pas pour rien que l'on trouve dans cette approche des termes comme « maladie », « prédisposition » et « guérir ». L'homosexuel est considéré comme un malade, comme une victime de la biologie qui ne peut changer sa nature parce qu'il est né comme ça. Il mérite donc notre compréhension et notre sympathie — tant qu'il n'essaie pas de propager sa pathologie.

L'homosexuel comme victime du destin a eu une longue histoire dans les marges de la culture moderne. Condamné soit au vice, soit à la solitude, il apparaît toujours dans les ténèbres ; il regrette de n'être pas normal, pour pouvoir s'intégrer à la société. Cette image de l'homosexuel a en fait prédominé dans le cinéma et la littérature jusqu'à une époque récente ; et elle est toujours valable pour nombre de personnes qui acceptent les homosexuels, mais qui voient toujours leur orientation comme une pathologie.

La position essentialiste a aussi été adoptée, à différentes époques, par divers mouvements homophiles. Si l'homosexualité est un phénomène biologique, elle est naturelle — comme le fait d'être gaucher ou d'appartenir à un certain groupe sanguin. Alors elle n'est pas « contre nature », comme elle a l'été pendant si longtemps aux yeux de l'État, de l'Église et de la science. En fait, la position essentialiste a été le premier argument brandi en faveur des droits civiques des homosexuels. Comme l'a écrit Magnus Hirschfeld, un médecin allemand qui a lutté pour la dépénalisation de l'homosexualité : « L'homosexualité n'est ni une maladie ni une dégénérescence… elle représente plutôt une partie de l'ordre naturel, une variation sexuelle, ainsi qu'il y a de nombreuses modifications analogues dans les règnes animal et végétal[1]. » Donc, elle n'attente pas à l'ordre naturel.

Cette optique biologique a été reprise ces dernières années par le mouvement gay, en particulier aux États-Unis. On ne peut pas « guérir » ni changer l'homosexualité, et on ne doit pas essayer de

1. Magnus Hirschfeld, *Die Homosexualität des Mannes und des Weibes*, Berlin, Louis Marcus, 1914. Cité dans James D. Steakley, « Per scientiam ad justitiam : Magnus Hirschfeld and the sexual politics of innate homosexuality », dans Vernon A. Rosario (éd.), *Science and Homosexualities*, New York, Routledge, 1997, p. 142.

le faire, précisément parce qu'il s'agit d'un phénomène biologique aussi naturel qu'inévitable. L'homosexualité est une partie essentielle de la personne, exactement comme n'importe quel autre trait biologique ; les homosexuels, bien qu'ils constituent une population particulière, ont les mêmes droits que quiconque. Cela constitue une vision non plus médicale mais ethnique de la « naturalité » de l'homosexualité. Ainsi, l'argument essentialiste peut être utilisé tant en faveur des homosexuels qu'à leur encontre. Cela illustre, une fois de plus, comment tout débat sur l'homosexualité a un fond idéologique qui change selon le contexte, et selon qui en parle.

Est-ce que ça se voit ?

La position essentialiste s'est toujours basée sur le postulat de traits biologiques spécifiques et détectables — sur l'existence de signes objectifs de l'homosexualité, d'ordre anatomique, hormonal ou génétique. La seule chose qui manque, c'est de les trouver. Ainsi, depuis le milieu du siècle dernier, les chercheurs ont essayé de prouver que les homosexuels ont des organes génitaux anormaux (soit hypertrophiés, hypotrophiés ou déformés, comme un pénis pointu chez les « pédérastes actifs [1] »), ou bien une morphologie corporelle particulière (une distribution de graisse féminine chez les homosexuels masculins, ou un anus en forme d'entonnoir chez les « pédérastes passifs [2] »), ou bien des anomalies dans la dentition, le larynx, les pieds, la croissance des cheveux...

Mais les savants n'ont jamais pu vérifier ce genre d'hypothèses. La seule chose qu'ils aient réussi à prouver, c'est qu'il n'existe pas une morphologie typique des homosexuels (ni des lesbiennes). Jusqu'à présent, on n'a trouvé aucune façon « objective » ni mesurable de différencier physiquement un homosexuel d'un hétérosexuel. L'homosexualité ne se « voit » pas. Mais l'idée a subsisté, surtout dans la culture populaire, exactement comme certains mythes associés à d'autres minorités (par exemple, que les Noirs ont des pénis énormes). Les clichés selon lesquels l'homosexuel est un homme efféminé, ou la lesbienne une femme masculine, sont aujourd'hui tout aussi répandus dans l'imaginaire social qu'il y a cinquante ans. Or, ces stéréotypes n'affectent pas seulement les homosexuels : ils

1. Magnus Hirschfeld [1922-1923], 1986, *Von einst bis jetzt. Geschichte einer homosexuellen Bewegung 1897-1922*, éd. Manfred Herzer, Berlin, Verlag Rosa Winkel, p. 162-163. Cité dans Steakley, p. 136.
2. *Idem.*

font également du tort aux hétérosexuels qui ne respectent pas les apparences et les rôles dictés par la société. Aujourd'hui encore, dans beaucoup de pays, les hommes aux cheveux longs, ou les hommes et les femmes dans certaines professions, sont automatiquement soupçonnés d'être homosexuels.

Une question d'hormones ?

Une autre variation sur le thème de l'homosexualité biologique est le facteur hormonal. Depuis le début de ce siècle, de nombreux savants ont cherché des combinaisons anormales d'hormones masculines et féminines chez les homosexuels. Cette recherche s'est accentuée après 1927, quand on a découvert (à la consternation de beaucoup de gens) que les hommes et les femmes produisent des hormones des deux sortes — à la fois masculines et féminines. Alors a surgi l'idée d'une bisexualité hormonale, dans laquelle c'est la proportion d'hormones masculines et féminines qui déterminerait l'orientation sexuelle, ainsi que certaines conduites et certains traits de personnalité. Comme l'a expliqué un éminent endocrinologue américain, Clifford Wright :

« La pulsion sexuelle, une des influences les plus puissantes de la vie... dépend sans doute beaucoup, sinon entièrement, des hormones sexuelles et de l'attraction hormonale. L'attraction sexuelle habituelle entre un mâle normal et une femelle normale est sans doute provoquée par la prédominance de l'hormone masculine chez le premier, et de l'hormone féminine chez la dernière [1]. »

Dans cette optique, il était logique de penser que les hommes homosexuels avaient un excès d'hormones féminines, et les lesbiennes un excès d'hormones masculines. Cette idée, séduisante par sa simplicité, présentait d'autres avantages encore : en particulier, elle pouvait servir à prouver l'homosexualité chez une personne, indépendamment de sa propre opinion. Ainsi, le même Clifford Wright écrivait en 1939 :

« ... Les examens hormonaux de l'urine sont importants pour écarter [l'hypothèse de] l'homosexualité chez un individu normal,

1. Clifford Wright, 1935. « Endocrine aspects of homosexuality : A preliminary report », dans *Medical Record*, 154, 60-61. Cité dans Stephanie H. Kenen, « Who counts when you're counting homosexuals ? Hormones and homosexuality in mid-twentieth century America », dans Rosario, p. 201.

quand celui-ci a été détenu pour un acte indécent ou autre raison importante [1]. »

Un autre avantage de la théorie hormonale est qu'elle offrait enfin un traitement de l'homosexualité. On pouvait désormais guérir celle-ci, avec ou sans le consentement des gens : il suffisait d'ajuster leurs niveaux d'hormones. (Il y a eu nombre de variations sur ce thème. Ainsi, un médecin viennois, Eugen Steinach, a essayé de guérir l'homosexualité en remplaçant les testicules des homosexuels par des testicules d'hétérosexuels [2].)

Cette théorie, qui n'a jamais été démontrée de façon convaincante, s'est incrustée, elle aussi, dans la culture populaire : l'homosexualité est une affaire d'hormones. Cette approche s'inscrit dans une autre idée, également très répandue, selon laquelle toute la sexualité est une affaire d'hormones. Mais celles-ci ne peuvent, à elles seules, produire ni le désir, ni les fantasmes, ni les conduites, ni le plaisir sexuels. L'élément psychologique joue un rôle central dans la sexualité : comme le disent les sexologues, l'organe sexuel le plus important chez l'être humain, c'est la tête.

Dans une extrapolation quelque peu extravagante de la théorie hormonale, on a également postulé que les homosexuels souffrent d'un « hermaphrodisme psychique », ou bien qu'ils forment partie d'un supposé « troisième sexe » qui n'est ni masculin ni féminin. Des savants ont également suggéré qu'un homosexuel peut présenter un corps normal, mais avoir des « pulsions féminines » qui lui font désirer d'autres hommes (étant donné que le propre de la femme est de désirer l'homme). Toutes ces formulations se sont révélées être de la pure spéculation.

À la recherche du gène perdu

Il est important de souligner, cependant, que l'échec de ces théories ne signifie pas que l'on ne puisse trouver un jour une composante biologique dans l'homosexualité. En effet, au cours des quinze dernières années sont apparues plusieurs études sur des possibles aspects génétiques de l'homosexualité. On a démontré, par exemple, que les homosexuels ont beaucoup plus de chances d'avoir un frère homosexuel que les hétérosexuels. Les lesbiennes aussi tendent à

1. Clifford Wright, 1939, « The sex offender's endocrines », dans *Medical Record*, 149, 399-402. Cité dans Erin G. Carlston, « Female homosexuality and the American medical community », dans Rosario, p. 187.
2. Steakley, p. 147.

avoir plus de sœurs lesbiennes ; mais on n'a pas encore trouvé une corrélation entre les hommes gay et leurs sœurs lesbiennes [1].

Bien sûr, le fait que des frères ou des sœurs partagent la même orientation sexuelle ne prouve pas l'existence d'un trait génétique commun ; après tout, ils ont aussi grandi ensemble au sein de la même famille, et cela suffirait à expliquer certaines ressemblances. C'est pourquoi la preuve la plus concluante pour rechercher des traits génétiques partagés réside dans l'étude des jumeaux. Si deux « vrais » jumeaux, qui ont été élevés par des parents différents dans des lieux différents sont tous les deux homosexuels, alors il y a de fortes probabilités pour que cela dérive d'un héritage génétique commun, et non pas de leur environnement.

Les recherches récentes suggèrent que l'homosexualité peut, en effet, avoir des éléments génétiques importants. Selon une étude de 1991 [2] comparant 56 paires de « vrais » jumeaux (monozygotes) avec 54 paires de « faux » jumeaux (dizygotes) et 57 paires de frères adoptifs, si un homme est homosexuel et a un jumeau identique, il y a 52 % de chances pour que ce jumeau soit également homosexuel ; s'il a un « faux » jumeau, il y a 22 % de chances. Et s'il a un frère adoptif (avec qui il partage des parents, mais pas de gènes), la concordance tombe à 11 %. Par contre, un hétérosexuel n'a que 4 % de chances d'avoir un frère homosexuel [3]. La corrélation entre jumeaux est donc très élevée, et semble indiquer qu'il existe une composante génétique dans l'homosexualité.

Cependant, l'interprétation est capitale dans ce genre d'études. Par exemple : si dans la moitié des cas le jumeau identique d'un homosexuel est lui aussi homosexuel, dans l'autre moitié ce n'est pas le cas. Si l'homosexualité était un trait entièrement génétique, tous les vrais jumeaux de tous les hommes gay seraient gay — et cela n'est pas du tout le cas, loin de là. Entre des frères partageant des gènes identiques, seule la moitié développe la même orientation sexuelle. Il est important aussi de noter que, jusqu'à présent, on n'a établi aucune concordance génétique pour le lesbianisme, dans le cas de sœurs jumelles. Bien sûr, il est possible que l'homosexualité masculine soit essentiellement différente de la féminine — mais jusqu'ici, cela n'a pas été prouvé non plus.

1. Richard C. Pillard, « The search for a genetic influence on sexual orientation », dans Rosario, p. 233-237.

2. J. Michael Bailey et Richard C. Pillard, 1991, « A genetic study of male sexual orientation », dans *Archives of General Psychiatry*, 48, 1089-1096.

3. Garland E. Allen, « The politics of genetic determinism », dans Rosario, p. 251-252.

Il existe également des problèmes d'interprétation ou de méthodologie dans les études récentes qui ont recherché des traits génétiques ou anatomiques propres aux individus homosexuels, indépendamment de leurs familles. Ainsi, le chercheur américain Dean Hamer a trouvé en 1993 une corrélation entre un certain repère sur le chromosome X et l'homosexualité masculine[1]. Cependant, comme le souligne un critique de l'étude, Hamer a commis plusieurs erreurs méthodologiques qui font douter de ses conclusions : par exemple, il a trouvé le repère génétique chez des paires de frères homosexuels, mais n'a pas contrôlé s'il existait également chez leurs frères hétérosexuels. Il est donc possible que tous les frères l'aient eu, et pas seulement les homosexuels. De plus, Hamer a choisi des hommes qui se sont caractérisés eux-mêmes comme homosexuels, ce qui rend difficile de savoir exactement ce qui était mesuré par l'étude : désirs, conduites, autodéfinition[2] ?

Dans une autre étude qui a fait beaucoup de bruit, le chercheur américain Simon LeVay a trouvé chez des hommes supposés homosexuels et hétérosexuels une différence dans le volume d'une partie de l'hypothalamus (qui gouverne certains aspects de la sexualité). Quand il a publié ses conclusions en 1991[3], la presse américaine a annoncé la découverte d'un « cerveau gay », dans une description simpliste et sensationnaliste.

Mais LeVay lui-même, ainsi que d'autres chercheurs, a exprimé des réserves tant sur les méthodes que sur les conclusions de son étude. Par exemple, la majorité de ses sujets (tous les homosexuels et quelques hétérosexuels) était morte du sida. Ceux qui avaient été contaminés lors d'une rencontre sexuelle avec un autre homme ont été classés comme homosexuels. Les autres, qui avaient attrapé le virus par d'autres moyens (par transfusion sanguine, par exemple), ou qui étaient morts pour d'autres raisons, ont été considérés comme hétérosexuels, dans une simplification assez risquée[4]. De nouveau, il manque un critère clair et validé pour distinguer les deux populations. De la même façon, il est possible que le virus

1. Dean Hamer, Stella Hu, Victoria L. Manguson, Nan Hu, et Angela M. L. Pattatucci, « A linkage between DNA markers on the X chromosome and male sexual orientation », dans *Science,* 261, 1993, 321-327.

2. Allen, p. 254-259.

3. Simon LeVay, « A difference in hypothalamic structure between heterosexual and homosexual men », dans *Science,* 253, 1991, 1034-1037.

4. Jennifer Terry, « The seductive power of science in the making of deviant subjectivity », dans Rosario, p. 284.

lui-même ait affecté la neuroanatomie des sujets. Enfin, LeVay n'a pas pu étudier les tissus correspondants chez des lesbiennes. Nous pourrions donc dire, comme LeVay l'a fait lui-même, que ses travaux n'ont pas apporté de conclusions définitives ; ils soulèvent plutôt de nouvelles questions et ouvrent d'autres possibilités d'investigation. Une fois de plus, la recherche d'une différence physique entre homosexuels et hétérosexuels s'est révélée illusoire.

En somme, il faut interpréter toutes ces études avec une grande prudence. Les recherches en génétique ont été popularisées d'une façon extrêmement simpliste, alors qu'il s'agit d'une science très complexe qui, même si elle peut expliquer ou prédire des traits comme la couleur des yeux ou le type sanguin, ne peut s'appliquer à un phénomène aussi multidimensionnel que l'orientation sexuelle. La biologie ne suffit pas pour expliquer ni pour prédire l'homosexualité. Les facteurs sociaux, familiaux et psychologiques ont un poids certainement égal, sinon supérieur, à toute composante physique trouvée jusqu'à présent.

Il faut également se rappeler le rôle qu'ont joué dans l'histoire les recherches génétiques de ce genre, et à quelles populations elles ont été appliquées. Ce n'est pas un hasard que les premiers efforts, au XIXe siècle, pour trouver des explications génétiques de la conduite aient eu pour objet la criminalité. En effet, le psychiatre italien Cesare Lombroso (1836-1909) a consacré sa vie aux attributs physiques supposés exister chez les délinquants, cherchant en eux des malformations du crâne ou du squelette, ou bien des problèmes d'ordre neurologique. La science moderne a entièrement réfuté cette théorie : il n'y a aucun moyen de faire une distinction physique entre un tueur en série et le voisin d'en face.

Mais l'idée qu'il existe des caractéristiques biologiques propres de la criminalité (ou de l'homosexualité) est encore très répandue. En ce moment, elle se nourrit en plus d'un grand nombre d'investigations qui cherchent les causes génétiques de toutes sortes de traits et de conduites. Il est très important de se rappeler que ce genre de recherches a été utilisé, en trop d'occasions, pour identifier, classer et, si possible, éradiquer des personnes et des conduites « indésirables ». Nous devons donc aborder avec beaucoup de précaution toute étude qui postule l'existence d'une homosexualité biologiquement donnée [1].

1. Nous pourrions, bien sûr, dire la même chose de l'hétérosexualité. En effet, quelques auteurs ont postulé que la notion d'une sexualité « naturelle » entre hommes et femmes

La théorie essentialiste n'est pas la seule façon d'expliquer l'homosexualité, loin s'en faut. Mais elle est importante (qu'elle soit vraie ou fausse) parce qu'elle fait partie de notre imaginaire social. L'idée que l'on naît homosexuel, et que l'homosexualité est un attribut essentiel et permanent de la personne, s'est généralisée bien au-delà de ses mérites scientifiques à ce jour. Elle est devenue une croyance implicite non seulement dans la société en général mais chez les homosexuels eux-mêmes. En effet, beaucoup d'homosexuels le pensent, et il n'est pas du tout sûr que cette idée leur soit bénéfique.

D'une certaine façon, le fait de dire : « Je suis né comme ça, et je ne peux rien y faire », simplifie et limite trop un phénomène qui est sans doute bien plus compliqué. Comme nous l'avons vu, le processus de construction d'une identité homosexuelle est long et difficile ; dire en fin de compte que l'on est né comme ça dévalorise le travail que cela implique. C'est comme si on disait, après des années d'études universitaires : « C'est que je suis né intelligent. »

Le fait que cette position ait été adoptée par beaucoup d'homosexuels aux États-Unis, au cours des dernières années, est peut-être à mettre en relation avec l'idéologie de la victimisation qui a connu un tel essor dans ce pays. Dans cette optique, qui comprend une croyance profonde dans l'héritage génétique, les personnes sont largement déterminées par des forces qui sont hors de leur contrôle : les gènes, les parents, les traumatismes... dans une continuelle emprise du passé sur le présent. Inclure l'homosexualité dans ce schéma, et expliquer celle-ci par la biologie, ne fait que prolonger cette idéologie fataliste et réductionniste.

Par ailleurs, la découverte d'un « gène de l'homosexualité » serait extrêmement rassurante pour les hétérosexuels homophobiques du monde entier. Elle confirmerait l'idée que les homosexuels sont essentiellement différents d'eux, et que la société est en effet divisée en deux groupes distincts : les hétérosexuels, « normaux », et puis les homosexuels, « anormaux ». Et il est beaucoup plus rassurant d'enfermer l'homosexualité dans un gène que d'envisager un potentiel homosexuel chez tous les êtres humains.

---

n'a rien de naturel, ni d'universel, ni d'automatique. Le premier auteur qui ait remis en question le « naturel » de l'hétérosexualité a été Freud lui-même, comme nous le verrons dans le chapitre sur la bisexualité. Voir également Jonathan Ned Katz, *The Invention of Heterosexuality*, New York, Penguin Books USA, 1995.

Enfin, la théorie essentialiste ne saurait expliquer pourquoi tant de personnes changent d'orientation sexuelle au cours de leur vie. Si on naît hétérosexuel, comment peut-on « devenir » homosexuel à l'âge de quarante ans ? Et si on est « naturellement » homosexuel, comment peut-on basculer vers l'hétérosexualité, comme il arrive dans bien des cas ?

En conclusion, la théorie essentialiste de l'homosexualité a des implications très importantes, indépendamment de son exactitude scientifique. Mais, vraie ou pas, elle ne concerne qu'une couche dans l'archéologie de l'homosexualité. Il y a d'autres couches, que nous devons également prendre en considération. Celles-ci ne se réfèrent plus au corps, mais aux facteurs sociaux, familiaux et psychologiques qui peuvent affecter l'orientation sexuelle.

La théorie sociale de l'homosexualité

Cela nous amène à la théorie sociale de l'homosexualité. Dans cette perspective, l'homosexualité est un phénomène historique, aussi bien sur le plan personnel que sur le plan social. Elle ne constitue pas seulement un fait, mais une idée qui a son fond idéologique comme toute autre idée ; et elle n'apparaît que dans certains contextes. Pour des auteurs comme Michel Foucault, s'il y a toujours eu des actes homosexuels, le concept d'homosexualité apparaît seulement dans l'ère moderne et dans le monde occidental. Ce n'est qu'à partir du XIXe siècle que des individus s'identifient, et sont identifiés par la société, comme des êtres essentiellement différents de par leurs conduites sexuelles. Comme l'a écrit Foucault : « Le sodomite était un relaps, l'homosexuel est maintenant une espèce [1]. »

Surgit ainsi une homosexualité qui n'est plus donnée par la biologie, mais qui se construit et s'exprime à travers un discours, un style de vie, une sensibilité et une communauté qui est de plus en plus consciente d'elle-même. Exactement comme l'individu reconnaît et assume peu à peu son orientation, la culture occidentale a reconnu peu à peu et a enfin assumé l'existence d'une homosexualité qui n'est pas une simple préférence personnelle mais aussi une identité sociale : pas un individu, mais une communauté. C'est ainsi que s'est développée une identité gay qui se traduit non seulement par une orientation sexuelle, mais par une série de goûts,

1. Michel Foucault, *Histoire de la sexualité*, tome I, Paris, Gallimard, 1976, p. 59.

de modes, de façons de penser et de vivre — en un mot, par une culture — qui sont aujourd'hui parfaitement reconnaissables dans le monde occidental.

Dans cette perspective, l'homosexualité n'est pas donnée, mais construite, et n'a pas une forme unique, mais change selon la société et l'individu. Elle est déterminée par le contexte historique, mais aussi par le développement personnel, comme nous le verrons dans le chapitre suivant. Elle est façonnée peu à peu par les relations et les rôles dans la famille, à travers l'enfance et l'adolescence ; et par l'image et la conscience que l'on a de soi-même comme homme ou comme femme.

La dimension subjective

De ce point de vue, ce qui compte dans l'identité, c'est le facteur subjectif : pas les actes ni les gènes, mais le désir et l'acceptation de ce désir — en un mot, l'orientation sexuelle proprement dite. L'homosexuel n'obéit pas aveuglément à sa biologie ; il existe également en lui une liberté d'action et une recherche affective. Nous entrons ici dans un langage qui est radicalement différent du discours scientifique. Ici, il n'y a ni preuves objectives, ni signes extérieurs, ni explications biologiques qui vaillent : ce qui compte, c'est l'autodéfinition de chaque individu selon les critères qui correspondent à son histoire, aussi bien personnelle que sociale.

À ce niveau, ce qui entre en jeu n'est pas l'anatomie ni les hormones, mais des choses aussi intangibles que le désir, les fantasmes, et l'amour — tout ce fond psychique de la sexualité humaine qui ne sera probablement jamais explicable par la science. Dans cet univers subjectif (qui est, dirait Proust, le seul monde que nous habitions vraiment), l'homosexualité n'est pas seulement une question de conduites. Elle engage toute la personne, dans toute la profondeur de son être : elle se traduit par des sentiments, des façons de penser et de voir le monde, des goûts, des réflexes et des attitudes. Et, bien sûr, par des rêves : il y a des personnes qui ont « découvert » leur orientation sexuelle à travers un rêve.

Dans cette perspective, l'homosexualité n'est pas seulement ce qu'on fait au lit ; c'est une expérience totale, qui englobe tous les aspects de la vie. C'est pour cela que l'orientation sexuelle est si difficile à définir et à étudier. Même chez un seul individu, les critères peuvent varier selon l'époque de sa vie, ou à la suite d'un événement imprévu. C'est dans ce sens qu'une personne peut se considérer comme homosexuelle sans jamais avoir eu de relation homoérotique. Et c'est dans ce sens aussi qu'on ne naît pas homosexuel : on le devient. Nous verrons comment se déroule cette évolution personnelle dans le chapitre suivant.

Choisir l'homosexualité ?

Cette approche, qui postule une homosexualité « cultivée » en quelque sorte, est extrêmement séduisante pour notre société, qui donne tant d'importance à la subjectivité. Dans tous les domaines de la vie, les gens rejettent de plus en plus toute étiquette qui leur soit imposée du dehors. Cela n'est pas, évidemment, un hasard. Nous avons vu les horreurs qui peuvent découler de toute catégorisation « scientifique » des gens selon leur ascendance génétique, raciale ou religieuse, ou selon leurs conduites sexuelles. Toutes les minorités ont subi les conséquences de la classification « objective ». Il était inévitable que les homosexuels, aussi bien que les Noirs, les Juifs et d'autres minorités, aient fini par refuser d'être classés selon des critères imposés par la majorité. Il est en effet plus digne et plus juste que les personnes s'identifient elles-mêmes selon leurs propres critères. Aujourd'hui, du moins dans les sociétés libérales, l'idée (ou l'illusion) que chacun a le droit de choisir son étiquette (personnelle, professionnelle, religieuse et même raciale) est de plus en plus répandue.

Mais l'orientation sexuelle n'est pas quelque chose que l'on puisse choisir librement — même si, pendant un certain temps, beaucoup d'homosexuels ont parlé d' « élection » ou de « préférence » sexuelle. Si c'était possible, il n'y a aucun doute que beaucoup d'homosexuels cesseraient de l'être. (Il existe aussi des hétérosexuels qui aimeraient pouvoir « devenir » homosexuels. J'ai entendu des femmes dire qu'elles auraient préféré être lesbiennes, pour pouvoir se passer des hommes — comme si cela pouvait résoudre tous leurs problèmes !)

Mais on sait que les possibilités de changer d'orientation sexuelle sont pratiquement nulles, même quand les homosexuels se soumettent volontairement à des traitements médicaux ou psychologiques. Il y a peu de choses aussi fortement ancrées dans la vie que l'orientation sexuelle. Beaucoup de personnes ont essayé pendant des années ou des décennies entières de nier ou d'extirper leur homosexualité, sans jamais arriver à éteindre le désir physique et le besoin affectif d'une personne de leur sexe.

Cette résistance au changement nous dit qu'il y a dans l'homosexualité quelque chose de plus puissant qu'une simple préférence. La conception sociale de l'homosexualité donne probablement trop de poids aux facteurs subjectifs et à l'idée d'une identité choisie ou construite. Entre autres, nous devons prendre en considération un fait inéluctable. La proportion d'homosexuels dans la population est étonnamment constante à travers différentes époques et différents pays. Les taux d'environ 4 % pour les hommes et 2 % pour les femmes ayant des relations et des conduites exclusivement homosexuelles n'ont pratiquement pas changé depuis l'époque de Kinsey, il y a cinquante ans. Cependant, ce même demi-siècle a vu des fluctuations énormes dans tous les autres indicateurs sociologiques, comme les taux de mariages et de divorces, de fertilité, etc. Malgré les vastes transformations sociales, démographiques et culturelles qui ont eu lieu en Occident depuis la Seconde Guerre mondiale, les chiffres de l'homosexualité sont restés à peu près les mêmes. Cela suggère qu'il y a dans l'orientation sexuelle quelque chose d'irréductible qui est indépendant du contexte historique et social.

Le plus prudent serait peut-être d'envisager que l'on trouvera un jour une composante génétique ou biologique dans l'homosexualité, en sachant cependant qu'elle ne pourrait suffire à expliquer celle-ci. De la même façon, il semble que certaines aptitudes musicales soient héréditaires — mais tous ceux qui naissent avec elles ne deviennent pas nécessairement des musiciens (et encore moins de bons musiciens). C'est dire que la prédisposition ne suffit pas, ne garantit rien et ne signifie pas grand-chose, si elle n'est pas consciemment développée et cultivée.

L'identité gay

Cette idée, de cultiver l'homosexualité, est au cœur même de l'identité gay contemporaine. Elle implique bien, en quelque sorte, le fait de choisir jour après jour un style de vie ; de vivre publiquement ce qui avant était caché ; d'affronter la discrimination sociale, au lieu de la subir passivement. Elle implique également une certaine fierté, la « gay pride », qui est quelque chose de totalement nouveau dans l'histoire. Jamais, en effet, les homosexuels n'avaient assumé leur orientation avec orgueil ; jamais ils n'avaient exigé d'être respectés, au lieu d'être tolérés ou pris en pitié.

Pour vivre ainsi l'homosexualité, chaque personne doit

développer une identité gay en passant par toutes les étapes, depuis la première prise de conscience, la première expérience sexuelle et la première relation amoureuse, jusqu'à pouvoir vivre son orientation avec plénitude et dignité. Le but n'est pas d'entrer dans l'homosexualité comme dans un pays étranger, mais de la faire sienne ; non pas d'adopter, mais d'inventer sa propre homosexualité.

RECOMMANDATIONS POUR LE TRAVAIL THÉRAPEUTIQUE

Quand on travaille l'identité homosexuelle, il est très important d'explorer les raisons que chaque personne donne de son orientation. Celles-ci peuvent être basées sur des connaissances, des préjugés, ou des fantasmes ; elles peuvent être vraies ou fausses. Cela n'a pas d'importance : il ne s'agit pas de rechercher des causes réelles, ce qui serait de toute façon illusoire, prendrait beaucoup de temps et ne servirait pas à grand-chose. Le but est d'aider la personne à développer sa propre explication et l'histoire singulière de son homosexualité, dans une approche qui n'est pas scientifique, mais proprement narrative.

Cette exploration sert aussi à rendre explicites les croyances, les peurs et les doutes, les fantasmes et les désirs que la personne peut avoir à propos de l'homosexualité, aussi bien en général que dans son cas particulier. Elle permet également d'approcher peu à peu les grands thèmes de la responsabilité et de la culpabilité, que nous examinerons plus profondément au chapitre 4. Ce processus permet également au thérapeute de corriger les erreurs dans la connaissance, de rendre explicites les préjugés et d'explorer les fantasmes. Par exemple, il arrive souvent que les homosexuels pensent qu'un de leurs parents était en réalité homosexuel. J'ai entendu des choses comme : « Je crois qu'au fond mon père était homosexuel, mais il ne l'a jamais assumé. » Ou bien : « Si ma mère avait vécu à une autre époque, elle aurait été lesbienne. » Que ces appréciations soient vraies ou fausses, il est évident qu'elles ont une énorme incidence sur la manière que peut avoir une personne de penser et de vivre son homosexualité.

En un mot, il ne faut jamais en rester au fait qu'une personne se dise homosexuelle. Il faut lui demander pourquoi, depuis quand, comment elle le sait… Soulignons de nouveau qu'il ne s'agit pas de découvrir la vérité, mais de construire une narration personnelle. Le but n'est pas la connaissance, mais l'appropriation de l'homosexualité pour soi.

3

Devenir homosexuel : aspects familiaux et individuels

Nous avons vu que la sexualité a beaucoup de strates, allant du biologique au social, avant d'arriver aux niveaux plus personnels de l'expérience familiale et individuelle. Il est possible que l'homosexualité ait des composantes biologiques, même si on ne les a pas encore trouvées ; il est certain qu'elle a des aspects sociaux et culturels ; et il ne fait aucun doute qu'elle comprend des éléments psychologiques, tant familiaux qu'individuels. Au niveau psychologique, donc, comment devient-on homosexuel ?

Tout d'abord, il est important de faire une distinction entre l'orientation sexuelle (le sexe envers lequel on ressent de l'amour et du désir) et l'identité sexuelle (le fait d'assumer pleinement cette orientation). Il peut y avoir orientation sexuelle, mais pas identité ; c'est, en fait, une situation assez fréquente. La première apparaît généralement pendant l'enfance ; la seconde ne peut prendre forme avant l'adolescence (car on n'a pas la conscience de soi nécessaire avant cette étape), et ne peut se développer pleinement qu'à l'âge adulte — c'est-à-dire, après l'âge de vingt ans environ.

Genre et orientation sexuelle

Mais bien avant que puissent se développer l'orientation et l'identité sexuelles, il y a d'abord la conscience du genre [1] : l'enfant sait, depuis sa deuxième année, qu'il est d'un sexe et pas de l'autre, et que cela implique une série de conduites. À l'âge de trois

1. Dans l'acception actuelle, on utilise le terme « sexe » pour signifier les caractéristiques innées biologiques, anatomiques des personnes mâles et femelles, et « genre » pour signifier les rôles masculin et féminin que la société attribue (et impose) à chaque sexe. Le premier est naturel, le second est appris.

ans au plus tard, l'enfant s'identifie soit comme un garçon, soit comme une fille, et apprend à se conduire en tant que tel. Cela peut paraître évident — mais les choses ne se passent pas toujours comme cela. Il y a des garçons qui depuis leur plus petite enfance se sentent plus identifiés avec les filles, et qui préfèrent jouer avec elles à la poupée qu'avec leurs camarades au football. Ces garçons peuvent développer des conduites, des attitudes et des goûts qui sont généralement associés à l'autre sexe. Alors, on les appelle des garçons « efféminés ». Ils ont une apparence et des conduites qui ne sont pas celles de leurs camarades — et ceux-ci les identifient comme différents, et leur infligent souvent toutes sortes de moqueries et d'agressions.

Cette confusion de genre n'est pas, en elle-même, un signe précurseur d'homosexualité. Mais beaucoup d'homosexuels rapportent qu'ils se sont sentis identifiés très tôt à l'autre sexe[1]. Comme l'écrit le psychiatre américain Richard Isay : « Tous les homosexuels que j'ai vus rapportent qu'ils se sont sentis "différents" de leurs pairs à partir de l'âge de trois ou quatre ans. Ils décrivent cette sensation comme le fait d'avoir été plus sensibles, plus prêts à pleurer, de s'être sentis blessés plus facilement, d'avoir eu des intérêts esthétiques et d'avoir été moins agressifs que les autres garçons de leur âge. Ces différences font que ces enfants se sont sentis comme des "étrangers" vis-à-vis de leurs pairs et souvent de leur famille[2]. »

Dans notre société, ces conduites et attitudes sont considérées comme plutôt « féminines », et nous pourrions donc dire qu'il y a eu une certaine confusion de genre chez les homosexuels que décrit Isay. Mais peut-on dire que cette confusion est une caractéristique, ou même une cause, de l'homosexualité ? Est-il vrai que les homosexuels ne sont que des hommes efféminés ? Voyons l'état actuel des recherches dans ce domaine.

Une enfance typique des homosexuels ?

Une équipe de chercheurs américains a suivi l'évolution psychosexuelle de deux groupes de garçons pendant une quinzaine

1. Richard C. Pillard, « The search for a genetic influence on sexual orientation », dans Rosario, Vernon A. (éd.), *Science and Homosexualities*, New York, Routledge, 1997, p. 231-232.

2. Richard Isay, « Psychoanalytic theory and the therapy of gay men », dans David McWhirter, Stephanie Sanders et June Reinisch, éds., *Homosexuality/Heterosexuality : Concepts of Sexual Orientation*, New York, Oxford University Press, 1990, p. 283.

d'années, à partir de l'âge de sept ans en moyenne. Le premier groupe comprenait 44 garçons que leurs parents avaient amenés en consultation parce qu'ils présentaient des conduites « féminines », comme jouer à la poupée, préférer la compagnie des filles et s'habiller comme elles. L'équipe a également suivi un groupe de 56 garçons considérés « normaux », afin de le comparer au premier. Au bout de quinze ans, presque tous les garçons du deuxième groupe se sont révélés être presque exclusivement ou exclusivement hétérosexuels (0 ou 1 sur l'échelle de Kinsey). Par contre, presque la moitié des garçons efféminés étaient devenus presque exclusivement ou exclusivement homosexuels (5 ou 6 sur l'échelle de Kinsey [1]). Il semblerait ainsi que les garçons efféminés aient plus de chances de devenir homosexuels. Nous pourrions donc dire, au moins dans certains cas, qu'il peut y avoir dans l'homosexualité une certaine confusion de genre.

Cependant, il faut nuancer ces conclusions. D'abord, si presque la moitié des garçons efféminés sont devenus homosexuels, plus de la moitié sont devenus hétérosexuels. En deuxième lieu, la thèse de l'homosexuel efféminé serait applicable à quelques hommes seulement : ceux qui, étant adultes, présentent des attitudes ou des conduites efféminées — et cela n'est certainement pas le cas pour tous les homosexuels. Il y a, après tout, une vaste proportion d'homosexuels qui ont une apparence et des conduites entièrement « masculines ». Finalement, cette confusion de genre pendant l'enfance ne semble pas s'appliquer aux femmes : aucune étude n'a, pour l'instant, montré que les « garçons manqués » aient plus de chances de devenir des lesbiennes.

Il y a également un autre élément à prendre en considération. Dans notre société, le garçon efféminé est beaucoup plus un objet de dérision que la fille « masculine », et cela renforce en lui un sentiment de différence. Il souffre sans doute davantage pendant son enfance et son adolescence : en effet, le garçon efféminé se rabaisse de par sa ressemblance avec le sexe « faible », tandis que la fille masculine gagne en pouvoir et en prestige par son assimilation au sexe « fort ». Elle acquiert souvent une position d'autorité et de prédominance vis-à-vis de ses camarades, alors que le garçon efféminé subit le mépris des siens. En plus, la fille peut jouer avec filles et garçons sans distinction, étant acceptée des deux côtés, alors que

1. Richard Green, « Gender identity in childhood and later sexual orientation », dans *American Journal of Psychiatry*, 142, 1985, 339-341.

le garçon est accepté seulement par les filles — ce qui ne peut que renforcer, une fois de plus, sa confusion et son sentiment d'être « bizarre ».

Il est important de noter, en effet, que les filles sont en général plus libres d'adopter des conduites des deux genres. Du moins actuellement, les filles peuvent aussi bien jouer au football qu'à la poupée. Elles peuvent prendre des cours de danse, mais aussi de karaté. Par contre, il n'est pas aussi bien vu que les garçons jouent à la poupée ou qu'ils prennent des cours de danse. Comme l'a dit succinctement un garçon de sept ans :

« Ce n'est vraiment pas juste. Les filles peuvent s'habiller soit en robe, soit en pantalon, et moi je peux seulement m'habiller en pantalon. »

Ce phénomène social et culturel a des implications intéressantes. Le garçon efféminé est stigmatisé depuis sa petite enfance comme un être à part : ses camarades se moquent de lui et le rejettent. Ses parents aussi le traitent d'une façon particulière : la mère tend à le surprotéger, et le père à s'éloigner de lui. Ces attitudes affecteront probablement le développement psychosexuel de l'enfant ; ne pourraient-elles pas contribuer à son éventuelle homosexualité ? Ne serait-il pas naturel qu'un garçon qui ne peut jouer qu'avec les filles, et qui est exclu des activités de ses camarades, finisse par s'identifier davantage aux filles ?

Si cela était vrai, nous verrions comment un attribut probablement inné (le fait d'avoir, par exemple, un tempérament plus timide ou sensible) se transforme, pour des raisons strictement culturelles, en un facteur influant sur l'orientation sexuelle. Et cela non pas à cause d'une homosexualité innée, mais à cause de la classification (et la division) sociale des genres. Peut-être y aurait-il moins d'homosexualité si les rôles masculin et féminin étaient moins rigides et tranchés pour les enfants et les adolescents. Il est possible que le fait d'encourager ces rôles chez les enfants — poussant les garçons à être « masculins » et les filles à être « féminines » — précisément pour qu'ils ne deviennent pas homosexuels développe en eux des tendances homosexuelles.

Curieusement, cette approche « culturelle » (et sans doute partielle) de l'homosexualité masculine ressemble à une des explications psychanalytiques de l'homosexualité. Selon celle-ci, l'homosexuel n'aurait pas eu de modèle masculin auquel s'identifier, parce qu'il aurait eu un père distant et une mère surprotectrice. Dans le schéma que nous venons de décrire, le garçon efféminé est en effet isolé et éloigné de la compagnie masculine, y compris celle de son père et de ses frères. En fait, certains théoriciens de l'homosexualité pensent que cet éloignement a lieu précisément parce que l'enfant est « différent » dès le début ; le père tend à prendre ses distances justement parce que son garçon n'a pas les conduites ou le tempérament masculin qu'il aurait souhaités.

La théorie psychanalytique

La théorie originellement postulée par Freud est, bien sûr, beaucoup plus complexe. Selon le fondateur de la psychanalyse, l'homosexualité dérive d'un complexe d'Œdipe mal résolu, et donc d'une suspension du développement psychosexuel normal. Dans cette optique, tous les enfants passent par une phase dans laquelle ils sont amoureux de leur parent du sexe opposé. Le garçon, amoureux de sa mère et jaloux de son père, désire (inconsciemment) tuer celui-ci afin d'avoir sa mère pour lui seul. Mais sa peur d'être puni (châtré) est telle qu'il finit par renoncer à la mère et oriente son désir vers d'autres femmes. Dans quelques cas, les choses ne se passent pas ainsi et le garçon reste enfermé dans son désir pour la mère. Mais, comme ce désir est impossible à accomplir (à cause du tabou de l'inceste et de sa peur du père), il finit par renoncer à toutes les femmes et se retranche dans l'homosexualité.

Mais, pour Freud, tous les homosexuels n'entrent pas dans ce schéma. En premier lieu, il distingue trois types d'homosexuels ou d'« invertis » : les « absolus » (qui peuvent seulement entrer en relation avec des personnes de leur sexe), les « hermaphrodites psychosexuels » (qui peuvent avoir des relations indistinctement avec les deux sexes), et les « occasionnels » (qui établissent des relations avec des personnes de leur sexe pour des raisons circonstancielles, comme l'absence d'objets hétérosexuels [1]). C'est dire que Freud ne croit pas en une seule sorte d'homosexualité ni en une cause unique ; sa pensée est trop sophistiquée pour s'enfermer dans une théorie absolue, et il formule différentes approches. Ainsi, dans divers textes, Freud a développé d'autres théories partielles, parlant, par exemple, d'une fixation du garçon sur sa mère et d'une ultérieure identification avec elle (choisissant donc des objets sexuels masculins) ; d'un père distant et castrateur ; du narcissisme

1. Sigmund Freud, *Trois essais sur la théorie de la sexualité* (1905). Passage traduit de l'espagnol par l'auteur.

qui fait qu'une personne cherche des objets sexuels identiques à elle ; et d'une peur envers les personnes de l'autre sexe.

L'expérience clinique et la réflexion théorique ont montré depuis lors qu'aucun de ces facteurs (pour convaincants qu'ils puissent paraître) n'apparaît systématiquement chez tous les homosexuels. En plus, ils se sont avérés pratiquement sans utilité pour comprendre ou expliquer le lesbianisme, comme l'ont noté à maintes reprises les critiques féministes de la psychanalyse. Cependant, les théories psychanalytiques de l'homosexualité ont eu une énorme influence ; elles ont donné naissance à une conception de l'homosexualité qui a prédominé dans la culture occidentale pendant plus d'un demi-siècle.

Mais il est important de souligner ici qu'une grande partie de cette conception a très peu — ou rien — à voir avec la vision originelle de Freud. Après sa mort en 1939, d'autres auteurs ont repris les idées formulées par Freud pour assembler une théorie pathologique de l'homosexualité, postulant que celle-ci est une maladie mentale tellement grave qu'elle affecte inévitablement tous les domaines de la personnalité et du fonctionnement mental. Comme l'a écrit succinctement un psychanalyste éminent en 1956, « Il n'y a pas d'homosexuels sains [1]. » Nous pourrions également citer un autre psychanalyste américain, Irving Bieber, qui fut considéré pendant longtemps comme un expert en la matière : « L'homosexualité adulte est un état psychopathologique. [...] L'hétérosexualité est la norme biologique et, [...] s'il n'y a pas d'interférences, tous les individus sont hétérosexuels [2]. »

Cette vision forme un contraste remarquable avec l'opinion de Freud, qui n'a jamais pensé que l'hétérosexualité fût « naturelle ». Comme il l'a écrit en 1915, « dans un sens psychanalytique, l'intérêt sexuel exclusif de l'homme pour la femme constitue également un problème et non pas quelque chose de naturel, basé en fin de compte sur une attraction chimique [3]. » Il ajoute : « Notre libido

1. Edmund Bergler, *Homosexuality : Disease or Way of Life ?* , New York, Hill and Wang, 1956, p. 9. Cité dans Francis Mark Mondimore, *A Natural History of Homosexuality*, Baltimore, The Johns Hopkins University Press, 1996, p. 77.

2. I. Bieber, H. Dain, P. Dince, M. G. Drellich, H. G. Grand, R. H. Grundlach, M. W. Kremer, A. H. Rifkin, C. B. Wilbur, et T. B. Bieber, *Homosexuality : A Psychoanalytic Study of Male Homosexuals*, New York, Basic Books, 1962. Cité dans Pillard, Richard C., « The search for a genetic influence on sexual orientation », dans Rosario, Vernon A. (éd.), *Science and Homosexualities*, New York, Routledge, 1997.

3. Sigmund Freud, *Trois essais sur la théorie de la sexualité*, 1905. Passage traduit de l'espagnol par l'auteur.

oscille normalement pendant toute la vie entre l'objet masculin et féminin... La psychanalyse s'érige sur le même terrain que la biologie en acceptant comme prémisse une bisexualité originelle de l'individu humain (ou animal[1]). »

Non pas une, mais beaucoup de causes possibles

Il semblerait donc qu'il n'y a pas d'enfance « typique » des homosexuels. Quelques homosexuels ont eu des conduites ou des attitudes propres à un autre genre, et beaucoup d'autres non. Quelques-uns ont eu des pères distants, et d'autres non ; ou une relation proche avec leur mère, et d'autres non ; ou des expériences traumatisantes avec des personnes de l'autre sexe, et d'autres non. C'est dire qu'il ne semble pas y avoir d'explication qui soit valable dans tous les cas.

Un éclaircissement important : cela ne veut pas dire qu'il n'existe pas de causes psychologiques de l'homosexualité. Et cela ne signifie pas non plus que l'on ne puisse pas en trouver chez un individu donné : chacun pourra découvrir, dans son histoire personnelle, un ou plusieurs des facteurs décrits par Freud et ses disciples. Ce que nous voulons souligner ici, c'est que ces causes éventuelles ne sont pas généralisables — c'est-à-dire qu'elles ne sont pas universelles.

Par ailleurs, la recherche d'une cause de l'homosexualité s'inscrit, historiquement, dans le modèle médical. Dans la médecine, toute maladie a *une* explication et *une* évolution. Si l'homosexualité est une pathologie, elle doit donc bien avoir *une* cause. Mais, à partir du moment où nous cessons de voir l'homosexualité comme une maladie, il n'est plus nécessaire de chercher une cause pathogène unique. S'ouvre alors la possibilité théorique d'une grande variété de causes et de modalités, qui ne dépendent plus d'une évolution pathologique déterminée, mais de la psychologie personnelle, de la famille et du contexte social et culturel.

Dans ce modèle alternatif, chaque individu construit son orientation sexuelle : il n'y a pas une cause ni une forme unique de l'homosexualité. Et il n'y en a pas non plus de l'hétérosexualité. Si nous pensons à l'infinité de formes que peuvent prendre les relations entre hommes et femmes, et à la manière dont elles varient

1. Freud, « Psychogenèse d'un cas d'homosexualité féminine » 1920. Passage traduit de l'espagnol par l'auteur.

selon les lieux et les époques historiques, il semble difficile d'imaginer une seule théorie de l'hétérosexualité. Si on met de côté la procréation (qui n'est pas la seule raison pour faire l'amour, et qui a lieu peu de fois dans la vie), on s'aperçoit que la relation entre hommes et femmes est infiniment complexe; elle n'a pas un seul objectif, ni une forme typique, ni une raison d'être universelle. La relation sexuelle entre un homme et une femme peut avoir comme fin la procréation — mais peut (et certainement le plus souvent) relever d'autres choses comme l'amour, la solitude, le pouvoir, ou tout simplement le plaisir. Cependant, on a voulu que l'homosexualité ait une seule cause, une seule forme et une seule théorie. Il semble de plus en plus clair, toutefois, qu'elle a mille formes, mille causes, et qu'elle peut difficilement être comprise à travers une seule théorie.

La construction de l'homosexualité

Dans cette optique, chaque personne construit son homosexualité, et le fait en suivant une séquence plus ou moins prévisible. Il semble y avoir, en gros, deux types d'évolution. Dans la première, nous pourrions dire que l'homosexualité se développe à partir d'expériences objectives : il y a d'abord des actes sexuels, et puis une conscience de l'homosexualité. Cette séquence est plus fréquente chez les hommes, qui sont souvent « initiés » à l'homosexualité à travers des actes sexuels qui leur sont plus ou moins imposés pendant leur enfance ou leur adolescence. Les femmes, par contre, tendent à « s'initier » à travers la subjectivité et les sentiments. Dans cette seconde évolution (qui peut évidemment avoir lieu chez les hommes aussi), la personne connaît d'abord les sentiments et le désir, et passe ensuite aux actes.

Dans les deux cas, la personne intègre peu à peu les dimensions externe et interne, jusqu'à accepter son orientation sexuelle. Ici aussi il y a généralement deux phases : d'abord l'homosexuel s'assume face à lui-même, en prenant conscience de son désir, et puis face à la société quand il se donne à connaître comme tel. Pour résumer, il y a d'abord une intégration d'actes, de sentiments, de désirs et de pensées; puis un processus dans lequel la personne accepte son homosexualité en elle-même, et ensuite face à la société. À la fin de cette évolution (sur laquelle nous reviendrons), il y a une expérience, une affectivité, une sexualité et une identité homosexuelles qui vont depuis la vie intime jusqu'à la sphère sociale.

Les temps de l'homosexualité

Combien de temps dure le processus ? Selon une étude américaine réalisée il y a vingt ans mais qui reste révélatrice, les hommes homosexuels prennent conscience de leurs désirs homoérotiques vers treize ans en moyenne, ont leur première expérience homosexuelle autour de quinze ans, leur première relation de couple vers vingt-deux ans, et finissent de développer une identité gay positive vers l'âge de vingt-huit ans. Les lesbiennes prennent conscience de leurs désirs quand elles ont quatorze ans, ont leur première expérience vers vingt ans, leur première relation de couple vers vingt-trois ans, et n'acquièrent une identité lesbienne positive que vers trente ans [1].

La construction de l'identité gay dure donc une quinzaine d'années en moyenne. Cela implique une longue période de confusion et d'incertitude qui a, bien évidemment, un coût affectif très élevé. Les années que passent beaucoup d'homosexuels à se poser des questions et à explorer leur sexualité pourraient bien expliquer leur isolement et leur immaturité dans certains domaines. Dans de nombreux cas, ils ont passé une bonne partie de leur jeunesse dans des conflits intérieurs ou dans des relations problématiques, engagés dans la difficile tâche de démêler leur identité sexuelle.

Par contre, si l'on considère qu'un hétérosexuel commence (par exemple) à sentir des désirs sexuels à l'âge de douze ans, a une première expérience sexuelle à dix-sept ou dix-huit ans et une première relation amoureuse vers les dix-huit ans — dans un processus qui dure six ans en moyenne —, on voit immédiatement l'énorme différence entre le développement psychosexuel des homosexuels et des hétérosexuels. Les temps de la vie sont en effet très différents pour les deux populations.

Une autre différence tient au fait que, dans la vie des hétérosexuels, la séquence dans les relations amoureuses progresse en complexité et en profondeur, des flirts de l'adolescence aux amours de la jeunesse, puis à la cohabitation ou au mariage et à la paternité, et ainsi de suite. Les étapes de la vie se succèdent d'une façon plus ou moins prévisible ; et chacune prépare en quelque sorte la suivante.

1. J. D. Kooden, S. F. Morin, D. I. Riddle, M. Rogers, B. E. Sand, et F. Strassburger, « Removing the stigma : Final report, task force on the status of lesbian and gay male psychologists », American Psychological Association, *APA Monitor*, 1979.

C'est rarement le cas pour les homosexuels. Un garçon peut être amoureux d'un autre sans jamais exprimer, partager ni consumer ses sentiments, passant ainsi à côté de l'expérience si nécessaire des amours adolescentes. Une personne peut vivre sa première passion homoérotique à l'âge de cinquante ans sans avoir l'expérience qui lui permettrait de la situer et de la comprendre. Deux femmes peuvent commencer à cohabiter après quelques semaines, sans être passées par les étapes antérieures qui les auraient préparées pour un tel engagement. C'est dire que les étapes du développement hétérosexuel ne se suivent pas nécessairement dans le même ordre, ni de la même façon, chez les homosexuels.

Théories du développement homosexuel

C'est pourquoi les théoriciens de l'homosexualité ont cherché des modèles alternatifs pour comprendre le développement de l'identité homosexuelle [1]. Je présenterai l'essentiel de ces modèles, en leur ajoutant quelques éléments qui me semblent indispensables dans la tâche de constituer une identité homosexuelle saine.

Une première étape dans le développement de l'identité homosexuelle a lieu pendant l'adolescence, qui est très différente chez les hétérosexuels et les homosexuels. Théoriquement, cette phase (qui va généralement de douze à vingt ans) est une étape de transition entre l'enfance et l'âge adulte, à laquelle correspondent certaines tâches du développement. L'adolescence sert à apprendre plusieurs choses qui sont indispensables pour la vie adulte. Ainsi, pendant cette période, on doit théoriquement établir une identité sexuelle stable, apprendre à maîtriser et à canaliser ses pulsions sexuelles et à entrer en relation avec l'autre sexe, développer une identité sociale indépendante de la famille à travers l'appartenance à un groupe de pairs, et commencer à assimiler les règles des relations sociales et amoureuses.

Ce développement, qui n'est ni facile ni automatique pour les jeunes hétérosexuels, est cependant facilité par la société. L'école, les activités extrascolaires, les fêtes et la culture en général poussent l'adolescent à développer les capacités et à accumuler les expériences requises pour son avenir hétérosexuel. Il ne lui manque

1. Voir surtout Vivienne Cass, « Homosexual identity formation : A theoretical model », dans *Journal of Homosexuality*, 1979, 4, 219-235 ; et Eli Coleman, « Developmental stages of the coming out process », dans John C. Gonsiorek (éd.), *A Guide to Psychotherapy with Gay and Lesbian Clients*, New York, Harrington Park Press, Inc., 1985, p. 31-43.

ni les opportunités, ni les exemples à suivre, ni le contexte social, ni les ami (e) s avec qui partager cette étape cruciale.

Tout est différent pour le jeune homosexuel. En premier lieu, il découvre peu à peu que ses désirs sexuels ne ressemblent pas à ceux de ses camarades. Il peut observer, par exemple, qu'il ne partage pas l'intérêt intense de ses pairs pour l'autre sexe. Il peut songer constamment à son meilleur ami, et se rendre compte que son obsession ne semble pas être partagée. Ou il peut découvrir, à travers ses rêves et fantasmes érotiques, que sa sexualité est en train de prendre une direction qui n'a rien à voir avec les livres qu'il lit, les films qu'il voit, ou les chansons qu'il écoute.

Quand l'adolescent commence à découvrir ces contrastes, plusieurs choses se produisent qui peuvent déterminer le cours de sa vie entière. Tout d'abord, il se sent différent — et d'une façon qu'il sait illicite, de par les commentaires et les plaisanteries qu'il entend à propos des homosexuels. (Ces propos sont d'ailleurs fréquents : 97 % des lycéens américains rapportent qu'ils entendent régulièrement des propos homophobiques [1].) De ce fait, l'adolescent s'identifie de moins en moins à ses camarades et cesse d'appartenir véritablement au groupe. Il sait qu'il n'est pas comme les autres. Il va aux fêtes et prend conscience qu'il ne ressent pas les mêmes choses et n'a pas les mêmes réactions que ses amis. Au cinéma, il se sent plus attiré par les acteurs de son sexe. En cours de gymnastique, il apprend à détourner le regard des corps autour de lui.

Il sait aussi qu'il ne peut rien partager de tout cela ; très tôt, il se rend compte que ses désirs et sentiments ne sont pas permis. Il commence à se sentir seul et incompris, peut-être même exclu de la société. La honte s'infiltre peu à peu dans son esprit, affectant inévitablement son estime de soi et sa relation avec le monde. Il s'isole peu à peu, se retire des activités sociales avec ses pairs, et prend l'habitude de cacher ses sentiments. Et il s'éloigne progressivement de sa famille. Il s'exprime moins, et montre moins de lui-même, que les jeunes hétérosexuels. Ainsi, 80 % des adolescents homosexuels rapportent qu'ils vivent dans une « isolation sociale extrême [2] ». C'est à cause de toute cette dynamique que l'adolescence est une étape particulièrement difficile pour les homosexuels.

1. « Making schools safe for gay and lesbian youth : Report of the Massachusetts Governor's Commission on gay and lesbian youth », 1993.

2. Hetrick, Emery et Martin, A. Damien, « Developmental issues and their resolution for gay and lesbian adolescents », dans *Journal of Homosexuality*, 1987.

Pendant cette phase, il est possible que le jeune homosexuel tombe amoureux de quelqu'un de son sexe et qu'il souffre pour la première fois une des situations les plus difficiles pour un homosexuel : aimer un hétérosexuel. Il y a peu de choses aussi douloureuses, frustrantes et humiliantes que de désirer quelqu'un qui n'a pas les mêmes sentiments, qui domine la relation et qui peut la rompre à tout moment. Alors que le jeune homosexuel se défait en attentions pour l'autre et souffre en silence de son indifférence, pour ce dernier il n'est au mieux qu'un ami, au pis un personnage ridicule. Et même quand il y a une réciprocité dans l'amitié, celle-ci ne suffit pas pour le jeune homosexuel, qui doit contenir son désir, taire ses sentiments et cacher sa jalousie le jour où l'autre tombe amoureux, à son tour, d'une personne de l'autre sexe.

Il est aussi possible que le jeune homosexuel adopte des conduites et des attitudes hétérosexuelles outrancières, pour montrer aux autres (et se convaincre lui-même) qu'il est « normal ». Pendant cette phase de déni, le jeune homosexuel peut s'engager dans des relations hétérosexuelles superficielles et irréfléchies, avec tous les risques que cela implique pour sa santé physique et psychologique. Ces expériences peu satisfaisantes serviront, entre autres, à confirmer qu'il ne ressent rien pour l'autre sexe.

Dans la culture populaire, l'homosexuel est quelqu'un qui n'a pas eu de relations avec l'autre sexe ; s'il les avait eues, il ne serait pas homosexuel. Ou bien on croit que les homosexuels ont horreur de l'autre sexe. En réalité, beaucoup d'homosexuels, hommes et femmes, ont fait un effort pour avoir des expériences hétérosexuelles — soit pour en faire l'essai, soit pour nier leur homosexualité. Ce genre d'exploration est plus commune qu'on ne le pense, et elle fait partie de la construction de l'identité homosexuelle.

Cette prise de conscience de son homosexualité n'est pas simple ; et elle est compliquée encore davantage par la difficulté qu'ont tous les adolescents à comprendre et à exprimer clairement leurs sentiments. La verbalisation n'est jamais un point fort chez les jeunes, encore moins quand la culture ambiante ne leur offre pas le vocabulaire nécessaire et que la société censure l'expression de certains désirs et sentiments. Comme l'a écrit Oscar Wilde, l'homosexualité est l'amour qui n'ose pas dire son nom : il est immensément difficile de verbaliser et de partager des sentiments interdits. Cette première étape dans la construction de l'identité homosexuelle est donc imprégnée de confusion, de doutes, de solitude et, très souvent, de honte.

Dans une seconde étape, le jeune homosexuel parvient enfin à nommer ce qu'il ressent ; il commence à reconnaître la possibilité que ses désirs, fantasmes et sentiments soient homosexuels. Il commence à explorer cette idée, et la partage peut-être avec un confident. L'homosexualité peut devenir pour lui une obsession, un éternel dilemme à résoudre ou le thème principal de l'existence. Il est possible qu'il cherche de façon compulsive des contacts sexuels avec des personnes du même sexe, pour se faire une idée et sortir enfin de l'incertitude. Souvent, ces personnes seront plus âgées que lui et seront déjà connues comme homosexuelles. (On pense généralement que les homosexuels adultes cherchent à séduire les adolescents ; et on oublie que c'est souvent les jeunes qui cherchent désespérément à être initiés à l'homosexualité par des adultes, pour apprendre « comment ça se fait ».) Ou le jeune homosexuel peut entamer des relations avec n'importe quel inconnu, avec tous les dangers que cela implique. (On estime, par exemple, aux États-Unis, qu'un séropositif sur cinq a été infecté pendant son adolescence [1].) Cette phase d'exploration peut être très chaotique ; la plupart du temps, elle est traversée de sentiments contradictoires, de désirs incontrôlables, de réactions impulsives, de relations courtes et instables, de promiscuité, de moments d'extase suivis de confusion et de honte.

Les risques de l'adolescence

Cette phase d'exploration pendant l'adolescence et la jeunesse est associée à certains risques. Les premiers contacts sociaux et sexuels avec d'autres homosexuels ont souvent lieu dans un contexte qui encourage la consommation de drogues et d'alcool. Le jeune homosexuel est particulièrement vulnérable à l'abus de ces substances, étant donné l'intensité émotionnelle, la confusion et l'angoisse qu'il ressent. L'alcool et les drogues peuvent se transformer en habitudes, dues à la fréquentation de bars et de discothèques gay d'un côté, et à l'évasion qu'ils offrent, de l'autre. Aux États-Unis, on estime que 83 % des adolescentes lesbiennes consomment régulièrement de l'alcool, et 56 % d'autres drogues ; pour les garçons, les chiffres sont de 68 % et de 44 %, respectivement [2].

1. Chiffres des Centers for Disease Control, 1995.
2. Hunter, Joyce, *et* al., Projet de recherche inédite du Columbia University HIV Center for Clinical and Behavior Studies, 1992.

Il existe des risques importants de dépression pendant cette phase. En fait, de nombreuses études montrent que le taux de suicides est extrêmement élevé chez l'adolescent homosexuel. Aux États-Unis, les jeunes homosexuels (des deux sexes) représentent le tiers de tous les suicides juvéniles (alors que les homosexuels ne constituent tout au plus que 5 ou 6 % de la population). Un homosexuel sur trois a essayé de se suicider au moins une fois [1]. Il est possible que nombre de problèmes observés chez les adolescents (alcoolisme, abus de drogues, conduite délinquante, dépression) comportent un élément de confusion à propos de leur orientation sexuelle.

Il ne faut pas oublier qu'il n'est pas facile d'être adolescent aujourd'hui. Les jeunes n'ont plus aussi clairement présents les modèles ou les rôles masculin et féminin qu'ont connus leurs parents. Au moins dans les sociétés industrialisées, il n'existe plus de consensus sur les conduites attendues des hommes et des femmes. Quoique cette évolution sociale vers une plus grande flexibilité dans les rôles soit positive à bien des égards, elle rend aussi plus difficile le passage par l'adolescence (aussi bien pour les hétérosexuels que pour les homosexuels). Mais cette étape est toujours plus difficile encore pour l'adolescent homosexuel, car il sait que sa sexualité est radicalement différente de celle de ses camarades. Il est donc indispensable que les enseignants et les professionnels de la santé mentale soient conscients de ces problèmes, et qu'ils sachent les aborder. Je proposerai à la fin de ce chapitre quelques idées à cet égard.

Une adolescence différente chez les hommes et les femmes

Il est important de noter ici une différence essentielle entre hommes et femmes. Les jeux sexuels sont très fréquents chez les jeunes garçons : regarder, comparer, toucher les organes génitaux sont des activités communes chez les garçons et ne sont pas considérées comme des signes d'homosexualité. Au contraire, elles font

1. P. Gibson, « Gay male and lesbian youth suicide », dans U.S. Department of Health and Human Services, *Report of the Secretary's Task Force on Youth Suicide,* Washington, D.C., U.S. Government Printing Office, 1989. Voir aussi Andi O'Conor, « Breaking the silence », dans Gerald Unks (éd.), *The Gay Teen*, New York, Routledge, 1995, p. 13 ; Remafedi, Gary, *et* al., « Risk factors for attempted suicide in gay and bisexual youth », dans *Pediatrics*, 1991 ; et Remafedi, Gary, *Death by Denial : Studies of Gay and Lesbian Youth Suicide*, Boston, Alyson Publications, 1995.

partie de leur initiation à la masculinité. Il est donc permis de se regarder, de se toucher et même de se masturber réciproquement, dans certains pays — mais il est interdit d'exprimer des sentiments et, bien sûr, de tomber amoureux, ce qui frôlerait dangereusement l'homosexualité. Il est également interdit de se caresser avec tendresse ou de s'embrasser sur la bouche, toute marque d'amour entre garçons étant considéré comme un signe d'homosexualité.

C'est tout le contraire pour les jeunes filles. Pendant leur adolescence, il est très fréquent qu'elles développent des liens affectifs proches de l'amour. Deux filles peuvent passer tout leur temps ensemble, dormir ensemble, et se téléphoner ou s'écrire de façon obsessionnelle quand elles sont séparées. Mais elles, et leurs pairs, considèrent cet attachement comme normal : le fait d'être meilleures amies n'a rien de bizarre, et n'est certainement pas un signe d'homosexualité. Elles peuvent s'enlacer et s'embrasser ouvertement, et même se faire des déclarations d'amour. Par contre, tout contact sexuel (c'est-à-dire génital) entre elles est rigoureusement interdit.

Cette différence cruciale entre l'adolescence des hommes et celle des femmes a des conséquences importantes pour leur vie amoureuse et érotique ultérieure. C'est une des raisons pour lesquelles les hommes (tant hétérosexuels qu'homosexuels) cherchent davantage la relation sexuelle, et les femmes la relation affective. Et dans la population homosexuelle, les hommes tendent davantage au contact sexuel, souvent anonyme ; tandis que les femmes ont plus tendance à tomber amoureuses. Bien sûr, dans les deux cas il y a une scission entre le sexuel et l'affectif. L'effort pour contourner l'interdit et éloigner l'homosexualité coûte que coûte a ce prix (entre autres). Et, en fait, comme nous le verrons plus loin, les couples homosexuels masculins présentent souvent un manque d'intimité, alors que les couples féminins présentent des problèmes dans le domaine de la sexualité.

Le deuil de l'hétérosexualité

C'est donc à travers tout un processus d'exploration que le jeune homosexuel commence à s'identifier comme tel. Mais cela implique aussi un deuil de l'identité hétérosexuelle qui lui a été inculquée depuis toujours. En effet, tous les enfants grandissent avec l'idée qu'un jour ils se marieront et fonderont une famille : c'est ce que leur répètent inlassablement leurs parents, l'école, la culture et la société en général. Se rendre compte que cela n'arrivera probablement pas, et qu'il faudra renoncer à un projet de vie longuement préparé, est un processus extrêmement lent et douloureux. Il s'agit d'une perte importante ; et, comme dans toutes les pertes, il y a un travail de deuil à faire.

Ce deuil comprend toutes les phases décrites par Elizabeth Kübler-Ross dans *On Death and Dying*[1]. Selon ce livre, le deuil comprend nécessairement une série de réactions qui sont normales quand nous souffrons une grande perte affective. Ainsi, nous passons par le déni (« ce n'est pas vrai, je ne peux pas le croire »), la colère (« comment ont-ils pu me faire cela ? »), le marchandage magique (« je pourrais peut-être faire quelque chose pour l'éviter »), la dépression (« ma vie n'a plus de sens »), la culpabilité (« j'aurais dû agir autrement »), et enfin l'acceptation (« j'ai fait de mon mieux, et il n'y a plus rien à faire »). Chez la personne qui prend conscience de son homosexualité, nous trouverons donc le déni (« ce n'est peut-être pas vrai »), la colère (« pourquoi moi ? »), le marchandage (« je ferai tout pour l'éviter »), la dépression (« je ne serai jamais heureux »), et enfin, si tout marche bien, l'acceptation.

Combien de temps dure ce processus ? Pour certaines personnes, il n'a jamais de fin — et c'est peut-être la différence la plus importante entre les homosexuels heureux et ceux qui ne finissent jamais de faire leur deuil du mariage, des enfants qu'ils auraient pu avoir, et de l'approbation familiale et sociale qu'ils n'auront jamais. Bien sûr, entre ces deux extrêmes, il y a beaucoup d'homosexuels pour qui ces choses ne sont pas importantes, et qui n'ont aucun regret pour la vie hétérosexuelle — apparemment. Mais la plupart des homosexuels passent par un deuil de l'hétérosexualité, même s'il n'est pas tout à fait conscient.

Ce deuil se développe généralement par étapes, et débouche sur une acceptation de l'homosexualité — mais cette acceptation est rarement totale ou définitive. Un certain regret surgit à nouveau dans les moments importants de la vie, et l'homosexuel doit alors réexaminer et accepter en des termes nouveaux son orientation sexuelle. Ainsi, une lesbienne peut vivre son homosexualité sans problème pendant longtemps, et vers quarante ou cinquante ans sentir un regret intense pour les enfants qu'elle aurait eus si elle

1. Elizabeth Kübler-Ross, *On Death and Dying*, New York, Macmillan Publishing Company, 1969.

avait été hétérosexuelle. (Ce deuil des enfants peut aussi avoir lieu, bien sûr, chez les hommes.) Il peut y avoir une recrudescence du deuil chaque fois qu'un ami ou un frère se marie, ou à la naissance des neveux, ou à la mort des parents. Même les événements les plus joyeux de la vie (comme les anniversaires, le réveillon, les vacances, les succès professionnels) peuvent avoir un fond de mélancolie, parce que l'homosexuel ne peut les partager avec sa famille. Même s'il est profondément heureux dans sa vie personnelle, il se sentira parfois triste au milieu des célébrations les plus joyeuses — et souvent sans savoir pourquoi.

Il est donc important de prendre conscience de ce deuil, qui peut durer indéfiniment ou resurgir sous des formes différentes. Cela changera probablement au fur et à mesure que les droits civiques de cette population s'étendront : si les homosexuels pouvaient se marier et adopter des enfants, s'ils jouissaient de tous les droits qui sont actuellement réservés aux hétérosexuels, la sensation de perte ne serait évidemment pas la même. En attendant, il est très important que chaque homosexuel assume et comprenne ce deuil, comme une partie de son identité et de son histoire.

La reconstruction de l'histoire personnelle

Un autre aspect important de cette phase est la reconstruction de l'histoire personnelle. Les adolescents qui découvrent en eux-mêmes des désirs, des fantasmes ou des sentiments homosexuels peuvent se demander, très logiquement, d'où ils viennent. Et même s'il n'existe pas d'explications définitives de l'homosexualité, il est salutaire de se poser la question. En effet, la notion d'identité (qui implique, après tout, une connaissance de soi) exige que l'on se demande pourquoi, et depuis quand, on est homosexuel — même s'il est impossible de le déterminer avec précision. Ce qui importe, ce n'est pas la vérité, mais la révision de l'histoire personnelle. Ce réexamen du passé est particulièrement difficile pour les homosexuels, parce qu'ils doivent chercher des origines, des explications et des connexions là où les hétérosexuels n'auraient pas idée de porter leur attention. Ceux-ci n'ont aucune question à se poser sur leur orientation sexuelle, qui leur semble naturelle et donnée depuis toujours.

Au contraire, pour les homosexuels, les jeux de l'enfance, l'école, les relations de famille, le premier amour peuvent avoir eu des significations très différentes. Une amitié passée inaperçue pour un autre a peut-être représenté un chagrin d'amour. Une simple partie de football a peut-être marqué le jour où ils ont pris conscience de leur différence pour la première fois. Une fête familiale dont ils se sont sentis exclus peut représenter un souvenir triste et non joyeux. Et le premier amour a pour les homosexuels une valeur particulière, car il a été, pour nombre d'entre eux, la première révélation de leur orientation sexuelle. Il est capital d'identifier ces étapes, de faire les connexions et d'établir la chronologie dans cette recherche de soi-même.

Surgit ainsi une reconstruction de l'histoire personnelle, une archéologie du désir, qui est très différente de celle des hétérosexuels — et qui est un élément indispensable dans la formation d'une identité gay pleinement assumée. Tout le monde a besoin de se faire un récit de sa propre vie, qui lui donne un sens et une cohérence interne. Cela est particulièrement important dans le cas des minorités, pour qui le passé est le ciment même de la communauté. Comme l'ont bien compris toutes les minorités persécutées, pour avoir une identité il faut avoir une histoire.

Identité et communauté

L'identité se construit aussi en faisant connaissance avec ses semblables, et dans cette étape d'exploration il est essentiel de connaître d'autres homosexuels. On apprend ainsi qu'on n'est pas seul, qu'il y a de nombreuses façons de vivre l'homosexualité, et qu'il existe beaucoup de partenaires possibles. On comprend aussi qu'on appartient à une communauté, et cela est indispensable lorsqu'on fait le deuil de l'identité hétérosexuelle. Finalement, le fait de partager avec d'autres ses premières expériences homosexuelles est le premier pas dans le long travail de sortie du placard, que nous analyserons en détail dans le chapitre suivant.

Après la phase d'exploration, le jeune homosexuel essaie généralement d'établir une relation de couple. Comme toutes les premières relations, celle-ci se caractérise par des sentiments confus, des rêves d'amour éternel, des séries interminables de malentendus, une énorme dépendance et beaucoup d'idéalisation. Mais les choses sont encore plus compliquées pour les homosexuels. Comme il n'y a pas de modèles de couples gay dans la culture ni de règles du jeu applicables, beaucoup de personnes (surtout si elles ont eu auparavant des relations hétérosexuelles) entrent dans leur première relation homosexuelle avec des attentes et des illusions totalement éloignées de la réalité. Elles peuvent penser, par exemple, que le fait d'être avec quelqu'un du même sexe fera disparaître comme par magie les difficultés rencontrées dans les relations antérieures ; ou que cela permettra de résoudre tous les problèmes et de satisfaire tous les besoins. Si les deux personnes sont néophytes, il est probable qu'elles vivront la relation dans le désarroi le plus complet, s'interrogeant constamment sur les règles du jeu : est-il « normal » de faire ceci ou de ressentir cela ? Nos problèmes sont-ils typiques des couples homosexuels, ou bien communs à toute relation amoureuse ?

Dans certains cas, si cette première relation est trop douloureuse ou difficile, les personnes renonceront pour toujours à l'homosexualité, considérant que les problèmes qui ont amené la séparation sont inhérents à l'homosexualité. Pour toutes ces raisons, la première relation homosexuelle présente beaucoup de risques et de difficultés, et dure généralement peu de temps. (La plupart des premières relations hétérosexuelles sont également éphémères ; mais cela n'amène pas les jeunes hétérosexuels à renoncer à leur orientation sexuelle ni à se dire que l'hétérosexualité est vouée à l'échec.)

Positive ou non, la première relation fera avancer la construction de l'identité homosexuelle. Après la confusion, le doute et les illusions, la personne qui entame enfin une relation homosexuelle *dans les faits* arrive à une meilleure compréhension de ses désirs et de ses besoins, et (surtout si l'expérience sexuelle a été positive) sait qu'elle y retournera. S'ouvre ainsi la possibilité d'un avenir homosexuel dans la réalité, et non plus seulement dans l'imagination. L'homosexualité interdite devient réalisable — et cela implique déjà une certaine acceptation. L'image de soi commence à changer, et on se découvre des sentiments et des sensations inconnus jusqu'alors. La vie sociale avec d'autres homosexuels se développe. Pour la première fois, il y a des expériences réelles et partagées, qui peuvent être élaborées comme telles. En un mot, la nouvelle identité commence à prendre forme.

La découverte tardive de l'homosexualité

Cette phase d'exploration et la première relation homosexuelle n'ont pas nécessairement lieu pendant l'adolescence. Une personne peut découvrir en elle-même des désirs homosexuels, ou tomber amoureuse de quelqu'un du même sexe, à tout moment de la vie.

Une femme peut vivre sa première relation homosexuelle à quarante ou cinquante ans, après des décennies de mariage (ce qui est plus rare chez les hommes). Quand cela se produit, la personne peut se sentir complètement désorientée et même terrifiée par ce qui lui arrive. Comme le décrit une femme mariée, mère de deux enfants, qui à l'âge de quarante ans est tombée amoureuse d'une autre femme (également hétérosexuelle jusqu'alors) :

« J'ai passé deux mois dans une angoisse effroyable. Je me demandais : "Mais qu'est-ce qui m'arrive ? Qu'est-ce que j'ai ?" Et je n'avais personne à qui en parler. Je ne pouvais en parler ni avec elle ni avec personne d'autre. Je me disais : "Je deviens folle." C'était une sensation très affolante. "Est-ce que je suis lesbienne ?" Et c'était une interrogation pleine d'angoisse, je sentais qu'un énorme problème allait me tomber dessus. En plus, c'était tellement fort, jamais je n'avais senti quelque chose d'aussi fort, même avec les hommes que j'avais aimés. Je me disais : "Qu'est-ce qui m'arrive ? C'est terrible. Qu'est-ce que je vais faire ?" »

Une personne dans cette situation peut perdre le contrôle d'elle-même et adopter tout à coup des conduites irréfléchies, irresponsables, voire dangereuses ; elle peut entamer une relation avec quelqu'un qu'elle connaît à peine, quitter son mariage ou son travail de façon intempestive. Son désarroi et ses conduites « irrationnelles » pousseraient bien des professionnels de la santé à diagnostiquer une crise psychotique due à l'émergence de désirs homosexuels longuement réprimés. Mais, sans aller jusqu'à parler de maladie mentale, il est peut-être plus utile de penser en termes de « seconde adolescence ».

L'adolescence biphasique des homosexuels

En effet, plusieurs auteurs ont observé que beaucoup d'homosexuels passent par deux adolescences (ou une adolescence « biphasique [1] »). Ils traversent d'abord une adolescence chronologique, entre douze et vingt ans ; mais, comme nous l'avons déjà remarqué, ils n'y apprennent pas ce dont ils auront besoin pour une vie homosexuelle. Ils passent donc à côté de plusieurs tâches indispensables pour leur avenir, comme la formation de l'identité et l'exploration de l'amour et de la sexualité. Ces tâches restent à

1. Alan K. Malyon, « Psychotherapeutic implications of internalized homophobia in gay men », dans Gonsiorek, p. 59-69.

faire : ces personnes devront accomplir ultérieurement l'exploration et la consolidation de leur identité sexuelle. Alors, quand elles vivent leur première relation homosexuelle, même des années ou des décennies plus tard, elles entrent enfin dans l'adolescence psychologique (et non plus chronologique), et commencent à explorer leur véritable identité sexuelle, amoureuse et sociale. Il s'agit souvent d'une étape de grand bonheur : la personne se sent libérée, et découvre une intensité affective et érotique qu'elle n'avait jamais crue possible. Elle sent par moments qu'elle vit une seconde jeunesse, pleine de vigueur et de spontanéité.

Mais à côté de cette explosion de joie réapparaissent toutes les difficultés de l'adolescence : le manque de confiance en soi, l'impulsivité, l'incertitude, l'irresponsabilité — toujours alarmantes chez l'adulte. Cette étape présente en effet de grands risques ; mais nous ne devons pas conclure que la personne est en train de perdre la raison (même si elle l'imagine). Nous devons nous rappeler qu'il s'agit d'une phase, et que la personne retrouvera son statut d'adulte quand elle aura fini de transiter par cette seconde adolescence. Alors, si tout va bien, elle acceptera et consolidera peu à peu sa nouvelle identité homosexuelle.

Une identité heureuse ou malheureuse ?

Il est évident que le processus de construction de l'identité gay dépend, en grande partie, du contexte social et culturel. Il n'est pas praticable partout ; même dans les sociétés les plus « avancées », il n'était pas possible il y a seulement trente ans. Et dans les pays où l'homosexualité se vit encore dans les « bas-fonds », dans des rues et des parcs obscurs ou dans des boîtes sordides et impersonnelles, illégales et souvent dangereuses, où les homosexuels vivent dans la peur et la honte parce que la société ne leur permet pas autre chose, le processus d'acceptation ne saurait prospérer. Alors, au lieu de se forger une identité gay les homosexuels se forgent une pathologie ; et ils deviennent peu à peu ces êtres malheureux, amers et envieux qui peuplent les textes traditionnels de la psychiatrie et de la psychanalyse.

En effet, tout comme on peut se construire une identité homosexuelle heureuse, on peut également vivre sa sexualité d'une façon profondément malheureuse — ce qui arrive aussi parfois, bien sûr, dans le monde hétérosexuel. Mais, dans ce dernier cas, personne ne dira qu'un individu est malheureux parce qu'il est hétérosexuel.

Par contre, beaucoup de gens considèrent que les problèmes psychologiques des homosexuels sont directement liés à leur orientation sexuelle. Cette vision des choses est même assez répandue parmi les professionnels de la santé mentale, qui en arrivent à déformer leurs critères diagnostiques à cause d'une profonde méconnaissance de l'homosexualité. Il m'est arrivé d'entendre des psychiatres et des psychanalystes dire qu'un patient est névrotique ou alcoolique, déprimé ou angoissé, ou qu'il a des problèmes de couple, parce qu'il est homosexuel — comme si l'orientation sexuelle était en elle-même une cause de pathologie, et non *la façon de vivre et d'assumer cette sexualité*[1].

Le troisième âge

Les recherches sur le vieillissement des homosexuels, même limitées en raison de l'intérêt très récent pour le sujet, confirment que l'orientation sexuelle en soi ne prédit pas le niveau de bien-être psychologique aux différentes étapes de la vie. Par contre, il semble clair que les homosexuels vieillissent mieux dans la mesure où ils ont accepté et vécu ouvertement leur orientation. En particulier, les chercheurs dans ce domaine ont trouvé moins d'autocritique et de problèmes psychosomatiques, et un niveau de bien-être plus élevé chez les homosexuels du troisième âge dans la mesure où ils se sont rendus compte de leur orientation relativement tôt, ont appartenu à un groupe ou à une communauté de leurs semblables, ont eu de nombreux amis et ont rejeté les stéréotypes traditionnels concernant l'homosexualité[2].

Choisir sa propre homosexualité

Ici s'offre toute une gamme de possibilités. On ne peut peut-être pas choisir son orientation sexuelle, mais on peut certainement décider de la manière dont on la vit. Dans la vie intime, une personne peut décider du type de relations qu'elle aura : elle peut choisir de construire un couple stable, monogame ou non, ou bien d'avoir de multiples relations passagères. Elle peut partager sa vie

1. L'American Psychiatric Association a éliminé l'homosexualité de son manuel diagnostique, le *Diagnostic and Statistical Manual of Mental Disorders*, en 1973. Elle a seulement gardé la catégorie d'une homosexualité mal assumée, c'est-à-dire vécue dans la honte ou la culpabilité.

2. John Alan Lee, éd., *Gay Midlife and Maturity*, New York, Harrington Park Press, 1991.

avec son partenaire et un petit cercle d'amis, ou bien opter pour la vie sociale des bars et des discothèques, ou de la communauté gay. Elle peut reproduire les rôles et les stéréotypes du mariage hétérosexuel, ou inventer de nouvelles modalités de relation. Dans l'aspect public, l'homosexuel peut décider de vivre dans la clandestinité (dans le fameux « placard »), cachant son orientation même à sa propre famille, ou bien prendre le risque de s'identifier ouvertement comme tel. Nous verrons qu'il y a, en effet, une grande variété de styles de vie et de relations de couple dans le monde de l'homosexualité.

C'est justement parce qu'il n'y a pas de modèles ni de règles du jeu préétablis que les homosexuels ont une liberté que l'on rencontre moins souvent chez les hétérosexuels. En plus, comme nous le verrons plus loin, nombre d'entre eux se sont éloignés de leur famille d'origine, et ils n'ont généralement pas d'enfants. Cela ouvre des possibilités difficilement concevables dans le monde hétérosexuel. Évidemment, cette liberté a aussi ses limites : après tout, les homosexuels sont bien obligés, comme tout le monde, de travailler et de vivre en société.

En outre, la société actuelle ne laisse pas beaucoup de place à l'excentricité et au non-conformisme. Le monde globalisé de l'an 2000 dicte des façons de penser, de sentir et de vivre qui influencent les homosexuels tout autant que les hétérosexuels. Même les populations les plus marginalisées finissent par adopter le modèle consumériste d'une réalisation personnelle basée sur les possessions matérielles. On assiste ainsi à la « yuppification » de beaucoup d'homosexuels aux États-Unis : loin d'être originaux ou contestataires, ils sont devenus aussi conformistes et conventionnels que tout un chacun. Qui plus est, beaucoup des attitudes et des conduites qui étaient caractéristiques de la culture gay ont été adoptées par la culture majoritaire : nous pourrions interpréter dans ce sens l'androgynie qui prédomine actuellement dans la mode et la publicité. Nous sommes très loin des positions révolutionnaires du mouvement de libération gay des années 70.

C'est donc dans ces limites que les homosexuels d'aujourd'hui peuvent inventer de nouvelles façons de vivre, de penser et d'aimer, ou bien adopter un style de vie conventionnel. Dans les chapitres suivants, nous examinerons quelques-unes des options qui existent actuellement pour les homosexuels. Nous verrons aussi les problèmes qu'elles peuvent entraîner. Mais il est clair qu'au-delà de la biologie, de la société, de l'histoire familiale et personnelle, il y a dans l'homosexualité un énorme espace pour la liberté, la créativité, la réalisation de soi et, bien sûr, le bonheur.

THÈMES DE RÉFLEXION ET RECOMMANDATIONS POUR LE TRAVAIL THÉRAPEUTIQUE

Exploration de l'orientation sexuelle chez les adolescents

Il est très commun que les adolescents aient des doutes sur leur orientation sexuelle. S'ils se découvrent des désirs homosexuels, ils peuvent s'angoisser à l'extrême. Il est donc important de leur expliquer que l'identité sexuelle est faite de beaucoup de couches, comme nous l'avons vu dans ces deux chapitres. Le désir ne fait pas l'homosexuel ; même les actes n'y suffisent pas. On ne devient pas homosexuel du jour au lendemain. Les adolescents doivent comprendre aussi que les désirs homosexuels sont normaux et même communs à leur âge, et que l'adolescence est faite justement pour explorer et développer leur sexualité.

Il est primordial de souligner que la sexualité est complexe et qu'elle comprend chez tout le monde de nombreuses facettes. Une de ces facettes est sans doute l'imagination qui, loin de limiter la sexualité, ne peut que l'enrichir. Les fantasmes, pour pervers qu'ils puissent paraître, sont comme des fenêtres qui nous révèlent des parties inconnues de notre vie profonde ; comme des messages provenant de terres inexplorées, ils nous renvoient une image renouvelée de nous-mêmes.

En plus, nous pouvons décider ce que nous allons faire de ces fantasmes. Personne ne peut contrôler son inconscient, mais nous pouvons certainement choisir nos conduites. Qui plus est, dans ce domaine rien n'est irréversible. Il faut que les adolescents sachent qu'ils peuvent transiter par l'homosexualité et puis la laisser — chose fréquente dans de nombreux pays, y compris bien sûr l'Angleterre dans l'ère moderne, où les relations homosexuelles étaient « normales » parmi les étudiants des écoles privées. Le contraire peut également arriver : on peut explorer l'hétérosexualité, en prenant soin de ne pas acquérir d'obligations permanentes, et puis la quitter. Et, justement parce qu'il n'y a rien d'irréversible ni d'irrémédiable dans ce domaine, rien ne presse.

Exploration de l'histoire personnelle

Pour comprendre un homosexuel, il est indispensable de voir de quelle façon il élabore son histoire — comment il a découvert et assumé (ou non) son orientation sexuelle. Le thérapeute doit l'aider à reconstruire tout le processus pour qu'il puisse consolider son identité et aussi identifier d'éventuelles lacunes dans son développement. Un homosexuel peut sembler peu mûr dans ses relations interpersonnelles et limité dans sa communication, amenant le thérapeute à diagnostiquer un désordre de la personnalité (comme le narcissisme), faute d'avoir examiné en profondeur son histoire individuelle et interpersonnelle.

Le thérapeute pourra même attribuer ce désordre à des manques ou à des traumatismes datant de l'enfance — quand il serait peut-être plus utile de chercher l'origine du problème dans l'adolescence ou la jeunesse. Mais la théorie psychanalytique pousse beaucoup de thérapeutes à chercher l'origine des choses dans les premières années de la vie. Il est facile d'oublier qu'un homosexuel peut avoir eu une enfance parfaitement « normale », mais une adolescence et une jeunesse pleines de solitude, de honte et d'inhibition, qui ont sans doute bloqué son développement psychosexuel. Très souvent, les homosexuels n'ont pas appris les règles du jeu social et amoureux ; ils ne sont pas passés par les étapes qui se suivent automatiquement chez les hétérosexuels. Il est important d'expliquer au patient qu'il ne s'agit pas d'une pathologie, mais d'une lacune dans l'apprentissage à laquelle on peut remédier.

Le deuil de l'hétérosexualité

Dans n'importe quelle phase de la vie, l'émergence de désirs homosexuels et la formation d'une identité homosexuelle impliquent la perte de l'identité hétérosexuelle. L'acceptation de l'homosexualité n'est jamais facile ; elle comprend toujours une part de confusion et de douleur. Il est important d'explorer à fond ces sentiments et de ne jamais les minimiser. Beaucoup de thérapeutes « libéraux » auront tendance à consoler leurs patients dans cette situation, leur assurant qu'ils pourront être aussi heureux que quiconque lorsqu'ils auront assumé leur orientation. Ce n'est pas vrai. Presque tous les homosexuels, pour assurés qu'ils soient, souffriront de manière intermittente un deuil de l'hétérosexualité.

Il s'agit là d'une perte importante : la personne doit renoncer, après tout, à une bonne partie de son passé et aussi de son avenir, comme elle les entendait précédemment. Sa vie ne suivra plus le cours prévu ; elle ne satisfera pas les attentes de sa famille et de la société ; et elle ne sait si elle pourra compter sur l'acceptation et l'amour de ses amis et de ses parents. En plus, elle ignore si elle pourra un jour avoir une relation stable et durable, comme l'aurait été le mariage (du moins en théorie) ; et elle n'aura pas l'appui de la société, qui est si important pour maintenir une relation de couple.

Le thérapeute doit explorer tous les fantasmes et les peurs qui sont associés à ces pertes, sans jamais les minimiser ni les trivialiser. Ce sont des pertes réelles, et il est important de les élaborer en tant que telles. Il est aussi utile, dans la mesure du possible, d'aider le patient à se constituer de nouveaux réseaux de soutien (comme nous le verrons dans le chapitre suivant), et à générer de nouvelles attentes et des projets de vie alternatifs. Ce qui est perdu devra être remplacé peu à peu : la famille, le mariage, l'approbation sociale devront être reformulés autrement.

4

Les vicissitudes du placard

Les homosexuels se demandent souvent entre eux s'ils sont « sortis du placard » (de l'anglais, *out of the closet*) ou « dedans », c'est-à-dire s'ils vivent leur homosexualité ouvertement ou dans la clandestinité. C'est une question fréquente parce que importante ; elle nous dit beaucoup sur la personne et sa façon de vivre. Mais elle est trop simple pour refléter la grande variété de réponses possibles : on peut être « dehors » avec ses amis et voisins, et « dedans » avec ses parents ; ou « dehors » vis-à-vis de la famille et des amis, mais « dedans » au travail. Par ailleurs, que veut dire vivre ouvertement l'homosexualité ? Après tout, on peut « dire » qu'on est homosexuel de beaucoup de façons, et on peut vivre très publiquement son homosexualité sans jamais en dire un mot.

Il n'y a peut-être qu'une chose de sûre à propos de la clandestinité, c'est qu'elle n'a pas de fin. Aucun homosexuel, même s'il a parfaitement assumé son homosexualité, ne peut dire qu'il est définitivement et totalement sorti du placard. Il y aura toujours des personnes ou des situations nouvelles et dans lesquelles il sera considéré comme hétérosexuel jusqu'à preuve du contraire. Et cela n'est pas une question d'honnêteté ni d'intégrité : c'est tout simplement parce que la société présuppose, automatiquement, que tout le monde est hétérosexuel.

Même quand l'homosexuel s'identifie explicitement comme tel, il n'est pas toujours cru. Je connais des homosexuels auxquels des thérapeutes ont assuré qu'ils n'étaient pas homosexuels — et même que ce n'était pas possible dans leur cas. Et nombre d'homosexuels, hommes et femmes, ont vécu l'expérience très désagréable d'être poursuivis par des personnes de l'autre sexe qui voulaient leur prouver à tout prix qu'ils ne l'étaient pas vraiment. Beaucoup d'adolescents, aussi, se font dire par leurs professeurs ou confidents : « Mais non, tu n'es pas homosexuel. » Cela se passe exactement comme si les hétérosexuels avaient le droit de décider qui est homosexuel et qui ne l'est pas — indépendamment de ce que les homosexuels en disent eux-mêmes.

Et, même quand ses amis et sa famille savent parfaitement qu'une personne est homosexuelle, ils continueront dans bien des cas à la traiter comme s'il n'en était rien, comme si elle était hétérosexuelle — mais célibataire. Ainsi, les parents convieront leur fille lesbienne au dîner de Noël, sans inviter ni même mentionner sa compagne de plusieurs années. Les camarades de travail organiseront la fête annuelle sans inclure le partenaire de leur collègue, même s'ils sont au courant de la relation depuis longtemps. Cette cécité, plus ou moins consciente, plus ou moins délibérée, de la part de la société fait que l'homosexuel reste enfermé dans la clandestinité à bien des égards, *même s'il ne le souhaite pas*. Ainsi, le fameux placard ne sert pas seulement à *se cacher*, mais aussi à *cacher* ce que la société refuse de voir. Il est donc indispensable que les homosexuels et leurs thérapeutes réfléchissent de façon profonde et continue sur la réalité et les implications de la question : « Es-tu dedans, ou dehors ? »

Le terme anglais *closet* (du latin *clausum*, participe présent du verbe *claudere* qui signifie « fermer ») a eu beaucoup d'autres significations avant de se référer à l'homosexualité clandestine. Ainsi, il a dénoté un endroit fermé, privé, dans lequel on a des conversations secrètes, ou un lieu pour garder des objets précieux. Il représente donc le privé en opposition avec le public ; l'intime en opposition avec le social ; ce qui est caché en opposition avec ce qui est découvert. Comme dérivation de ces sens-là, l'expression *to come out of the closet* (sortir du placard, parfois raccourcie à *to come out*) se réfère, aujourd'hui, au fait d'assumer pleinement son homosexualité, dans la sphère publique aussi bien que privée.

Il y a évidemment une différence très grande entre assumer son orientation sexuelle à un niveau intime (avec sa famille et ses amis) et le faire au niveau social (avec ses voisins et collègues, par exemple). Dans les pays industrialisés, on rencontre souvent des homosexuels dont les voisins et camarades connaissent leur orientation sexuelle, alors que leur propre famille l'ignore. Dans les sociétés conservatrices (où la famille joue encore un rôle central), il est plus fréquent que les homosexuels « sortent » dans la sphère intime et se cachent dans la sphère publique. Les homosexuels peuvent choisir entre beaucoup d'options à ces différents niveaux, mais ceux-ci restent toujours liés d'une certaine façon : comme disaient les féministes, le personnel est politique ; la vie privée (y compris la sexualité) a toujours des implications publiques ; l'intime ne peut être séparé du social.

Pourquoi le dire ?

Pourquoi sortir du placard ? En tout premier lieu, beaucoup d'homosexuels d'aujourd'hui y ont été forcés — par le sida. Nous pouvons supposer qu'une grande proportion des victimes de l'épidémie — en particulier celles qui se sont rapprochées de leur famille — a dû révéler son homosexualité, volontairement ou non. Une grande quantité d'ouvrages littéraires témoignent de la souffrance que cela a pu impliquer, mais aussi, dans bien des cas, de l'acceptation que beaucoup d'homosexuels ont trouvée auprès de leurs proches. L'importance de cette sortie du placard obligatoire ne saurait être surestimée. Dans un certain sens, nous pourrions dire que le sida a arraché du placard toute une génération d'homosexuels ; il a rendu public un mode de vie qui avant était invisible ; et il a donné naissance à une communauté entière. Comme le dit Frédéric Martel : « L'homosexualité était une aventure individuelle. Pour la première fois, le sida a donné une histoire collective aux homosexuels [1]. »

Cela dit, la grande majorité des homosexuels ne sont pas obligés de sortir du placard, mais en ont le choix : et il s'agit là d'une décision qui est non seulement difficile, mais d'une importance capitale. Beaucoup d'hétérosexuels se demandent pourquoi leurs amis homosexuels donnent tant de poids à leur orientation sexuelle, alors qu'ils ont, eux, le bon sens et la discrétion de garder leur vie intime pour eux. Il leur est souvent difficile de comprendre pourquoi les homosexuels sentent la nécessité de se déclarer ouvertement : pourquoi ne peuvent-ils pas faire tout ce qu'ils veulent, en être ou pas, sans aller le crier sur les toits ? Après tout, les hétérosexuels ont bien des relations et des problèmes de couple, et n'éprouvent pas le besoin de parler interminablement de leur orientation sexuelle. Alors, pourquoi les homosexuels ont-ils besoin de s'identifier comme tels, d'annoncer et d'expliquer à tout le monde leur orientation, d'une façon qui peut paraître obsessionnelle,

1. Frédéric Martel, *Le Rose et le Noir,* Paris, éditions du Seuil, 1996, p. 355.

provocatrice ou tout simplement adolescente ? Ces questions renferment, en fait, tous les éléments d'un débat qui est central pour l'identité homosexuelle.

Se dire homosexuel

En effet, pourquoi est-il important que les homosexuels s'identifient, se nomment et se décrivent ? Historiquement, la réponse donnée par le mouvement de libération gay a toujours été celle-ci : c'est pour ne plus être identifiés, nommés et décrits par les autres. Aussi bien l'intégrité personnelle que la lutte pour leurs droits civiques exigent que les gays se nomment et se décrivent dans leurs propres termes. Cela peut aller jusqu'à l'adoption du vocabulaire péjoratif employé par la société homophobe. Ce n'est pas la même chose qu'un homosexuel se dise « pédé », et qu'un hétérosexuel le lui dise. Dans cette conception, le fait d'employer les mêmes mots enlève ses armes à l'homophobie : si on me dit « pédé », je réponds « oui, et fier de l'être ». (L'appropriation des armes de l'ennemi est une tactique qui a été utilisée par de nombreux mouvements minoritaires à notre époque, y compris celui des Noirs aux États-Unis. Il suffit de rappeler que, s'ils acceptent de s'appeler « nigger » [nègre] entre eux, jamais ils ne toléreraient ce terme dans la bouche d'un Blanc.)

Une autre raison pour sortir du placard est le désir de s'intégrer à la communauté gay. Il y a chez les homosexuels, comme chez quiconque, un besoin d'appartenance qui est d'autant plus grand que beaucoup d'entre eux ont été rejetés, ou se sont éloignés, de leur famille. Alors, quand un homosexuel commence à assumer publiquement son orientation et à fréquenter des endroits ou des groupes gay, c'est à la fois pour connaître d'autres homosexuels et pour faire partie d'une collectivité. Mais se joindre à la communauté gay a aussi une signification politique. Les militants gay américains insistent sur l'importance d'augmenter la visibilité de l'homosexualité ; dans leur perspective, les homosexuels ne pourront jamais assurer leurs droits civiques s'ils ne donnent pas à connaître publiquement leur poids numérique et donc électoral.

Il y a ainsi plusieurs raisons d'ordre politique pour sortir du placard. Se dire homosexuel, c'est rejoindre une communauté et récupérer une identité propre et non plus imposée : se classer, pour ne plus être classé. Cette stratégie a bien sûr un côté ingénu, sinon utopique. Paradoxalement, les homosexuels qui sortent du placard sont renvoyés à leur homosexualité : ils s'étiquettent, oui, mais ils sont immédiatement réduits à cette étiquette. Dans notre société, les homosexuels qui vivent ouvertement leur orientation savent que leurs amis et collègues hétérosexuels les voient avant tout comme homosexuels : ils deviennent « mon copain pédé », « ma voisine lesbienne », « l'écrivain gay », comme si l'homosexualité était leur attribut le plus essentiel. Alors, s'identifier publiquement en tant qu'homosexuel est une arme à deux tranchants : le refus de la clandestinité ne débouche, dans bien des cas, que sur une nouvelle étiquette.

Il est également utopique de penser que l'on puisse sortir du placard définitivement : il y aura toujours des situations dans lesquelles il faudra feindre d'être hétérosexuel, par le simple fait de vivre dans une société hétérosexuelle. Si on cherche un logement ou un nouveau travail, si on cultive des relations professionnelles, il vaut mieux respecter les apparences. Beaucoup d'homosexuels décrivent leur vie quotidienne comme cloisonnée en compartiments : dans certaines situations, ils sont ouverts, et dans d'autres, non ; avec certains amis ils sont sincères et peuvent être eux-mêmes, et avec d'autres, non.

Le coût de la clandestinité

Le fait de passer d'une modalité à l'autre devient automatique au fil des années : pour employer une métaphore automobile, on s'habitue à changer de vitesse chaque fois que cela est nécessaire, et on le fait sans effort — mais cela ne veut pas dire que la boîte de vitesses ne s'use pas. Alterner la sincérité et la dissimulation implique une vigilance continuelle et une dépense d'énergie psychique très grande — même si la personne s'assume parfaitement. Ce n'est pas pour rien que nombre de psychanalystes et de psychiatres ont noté une susceptibilité particulière chez les homosexuels, qu'ils ont parfois interprétée comme de la paranoïa. Il arrive souvent que les homosexuels surveillent avec une attention toute particulière les réactions d'autrui à leur égard. De la même façon, on comprend aisément que nombre d'homosexuels préfèrent la compagnie de leurs semblables, même s'ils n'ont pas grand-chose en commun à part leur orientation sexuelle. Ils peuvent au moins être eux-mêmes et parler spontanément, sans cacher leurs activités, leurs relations ou leurs sentiments — en un mot, leur vie affective tout entière.

Le coût de la clandestinité (que celle-ci soit partielle ou totale) est donc très élevé. Nombre d'études ont montré, en effet, que les homosexuels sont en meilleure santé, tant physique que mentale, dans la mesure où ils sortent de la clandestinité. On a observé que les homosexuels qui assument publiquement leur orientation sexuelle, surtout face à leur famille, sont beaucoup moins exposés à la dépression, à l'anxiété et à la somatisation ; leur estime de soi et leur capacité de relation avec autrui sont bien plus développées [1]. Pourquoi ?

Le fait de cacher systématiquement sa vie affective peut avoir des conséquences néfastes dans tous les domaines, et pas seulement dans la sphère privée. L'homosexuel qui vit dans la clandestinité se demande toujours si les autres s'en rendent compte ; il surveille continuellement ses gestes, ses paroles, ses réactions. Mais, ce qu'il gagne en sécurité, il le perd en spontanéité et en sincérité : il peut paraître superficiel et rigide. Cela n'affecte pas seulement ses relations personnelles, mais aussi ses rapports sociaux et professionnels. De plus, il se sent parfois coupable de mentir ou, du moins, de ne pas dire la vérité sur lui-même. Dans quelques cas, il aura tendance à s'isoler de plus en plus (ou à se cacher dans des relations sociales superficielles), et à nier sa relation de couple s'il en a une.

Pour toutes ces raisons, les auteurs américains qui traitent de l'homosexualité pensent généralement qu'il vaut mieux vivre ouvertement que dans la clandestinité. Ils considèrent en plus que l'on ne peut assumer pleinement son homosexualité si on la dissimule, surtout face à la famille. Et un homosexuel ne peut, disent-ils, accéder à la maturité à moins de s'assumer en tant que tel. Exactement comme l'hétérosexuel ne devient vraiment un adulte aux yeux de sa famille et de la société que lorsqu'il fonde un couple et une famille, l'homosexuel ne devient un adulte que lorsqu'il sort de la clandestinité.

En sortir n'est pas toujours possible ni souhaitable

Théoriquement, ils ont raison — mais sortir du placard n'est pas toujours possible ni même souhaitable dans les pays où l'homosexualité est encore stigmatisée, et où la famille continue de jouer un rôle central dans la vie des gens. De même, nous ne devons pas oublier que dans les pays industrialisés l'individu est protégé par

1. Voir Marcy Adelman, « Stigma, gay lifestyles, and adjustment to aging : A study of later-life gay men and lesbians », dans John Alan Lee, éd., *Gay Midlife and Maturity*, New York, Harrington Park Press, Inc., 1991, p. 7-31.

toute une série d'institutions comme la Sécurité sociale, qui n'existent pas nécessairement dans des pays moins développés. Dans les pays du tiers-monde, par exemple, quand on tombe malade ou qu'on perd son emploi, le seul recours est la famille — et on ne peut pas prendre le risque de perdre cet appui essentiel. Qui plus est, les garanties civiques et les recours juridiques qui protègent les homosexuels du monde industrialisé de la discrimination n'y existent pas. Une personne qui sort du placard dans ces pays-là risque de perdre sa famille, sa position dans la société, son travail et même son logement.

La question de sortir ou non de la clandestinité n'a donc pas la même signification ni les mêmes implications partout ; il faut prendre en considération la situation réelle de chaque individu. On ne peut pas y répondre de façon abstraite, même si l'idéal serait que chacun puisse vivre son orientation sexuelle ouvertement. En particulier, chaque personne doit peser les coûts et les bénéfices réels de sa décision. Celle-ci dépendra alors de son contexte familial, social, culturel et professionnel.

La communication dans la famille

En général, il est plus facile de sortir du placard dans une famille où les choses se disent ouvertement, où l'on peut parler de la vie privée et des sentiments. Par contre, si les membres de la famille n'ont pas l'habitude de partager leur vie affective, il est probable que l'homosexuel sera pris dans un jeu compliqué d'omissions et de demi-vérités : ses frères lui demanderont, par exemple, de n'en rien dire à leurs parents, car « ce serait un coup terrible pour eux ». Ou bien la mère le suppliera de n'en jamais parler au père, car « ça le tuerait ». Alors, loin d'échapper à la dissimulation, l'homosexuel sera pris dans un système de mensonges encore plus douloureux et compliqué, et dans un conflit de loyautés difficile à résoudre.

Il est également plus facile de sortir du placard quand on est un fils cadet, et qu'on a des frères et sœurs mariés qui ont déjà assuré la descendance et ont établi, en quelque sorte, la « normalité » de la famille. Dans ce domaine comme dans beaucoup d'autres, tout est plus compliqué pour un fils aîné. Mais la situation la plus difficile est sans doute celle de l'enfant unique, qui porte toutes les attentes, illusions et projets de ses parents, et qui représente pour eux la seule possibilité d'avoir des petits-enfants. Les choses sont plus simples si le fils homosexuel a déjà quitté le foyer et s'il est indépendant du point de vue économique : cela lui permet une certaine autonomie, mais il sera par contre de plus en plus mis à l'écart des questions familiales. Il arrive très souvent, en effet, que la famille d'un homosexuel « oublie » de l'informer d'événements importants, de l'inviter aux réunions de famille, ou qu'elle cesse de le consulter sur des sujets qui concernent tout le monde.

Le contexte social et culturel est également un facteur déterminant. Dans une société conservatrice, il est parfaitement possible que la famille rejette entièrement l'homosexualité et qu'elle en arrive même à déshériter un fils homosexuel. Et cela n'est pas nécessairement une question de niveau socioculturel : l'acceptation de l'homosexualité ne semble pas connaître de barrières de classe. Les gens riches et éduqués ne semblent pas plus tolérants que les pauvres, et vice versa. (Il n'y a pas non plus de variations dans le taux d'homosexualité selon la classe sociale, quoiqu'il semble que le transvestisme — le fait, pour les hommes, de s'habiller en femmes — soit plus fréquent parmi les classes populaires, surtout dans les pays du tiers-monde.)

Sortir du placard : un processus familial

Les homosexuels essaient souvent de deviner comment vont réagir leurs parents à travers leurs commentaires sur l'homosexualité en général. Je crois que cela ne sert pas à grand-chose : ces commentaires (positifs ou négatifs) ne permettent pas nécessairement de prédire quelle sera leur attitude quand ils apprendront que leur enfant est homosexuel. J'ai connu des parents extrêmement libéraux dans ce sens, qui ont cependant rejeté leur enfant ; et d'autres, conservateurs, qui l'ont accepté immédiatement. Les attitudes explicites sur l'homosexualité n'indiquent pas grand-chose quand il s'agit de son propre enfant.

Par contre, les règles de communication au sein de la famille, soit explicites, soit implicites, peuvent laisser présager comment la nouvelle sera reçue. Sera-t-il possible d'en parler ? Les parents écoutent-ils leurs enfants en général, et cet enfant en particulier ? Comment la famille fait-elle face aux problèmes ? Tend-elle à négocier et à chercher des solutions, ou plutôt à résoudre les difficultés d'une façon autoritaire ? Préfère-t-elle passer sous silence les sujets délicats ? Est-elle repliée sur elle-même, ou accepte-t-elle facilement des personnes et des idées nouvelles ? Et enfin, qui prend les décisions ? À mon avis ces considérations, qui reflètent le style de communication dans la famille, sont des indicateurs plus fiables pour deviner comment celle-ci réagira face à l'homosexualité d'un enfant.

Il faut également prendre en compte les valeurs culturelles locales et ne pas essayer de changer les règles du jeu. Ainsi, dans certaines sociétés, l'homosexualité est permise dans la mesure où elle n'est pas explicitement déclarée ; dans d'autres, seulement si l'homosexuel se marie et a des enfants ; dans d'autres encore, s'il respecte les apparences. Chaque société a également ses règles du jeu en ce qui concerne l'autonomie des enfants : dans certains pays, ceux-ci sont libres de faire ce qu'ils veulent une fois qu'ils ont quitté la maison paternelle, et dans d'autres ils restent soumis à l'autorité parentale où qu'ils vivent, mariés ou pas. On peut être d'accord ou non avec ces règles et décider si on va les respecter, ou non ; mais il ne faut pas attendre d'une famille ou d'une société qu'elle réagisse selon un système de valeurs qui n'est pas le sien. Ainsi, on ne peut pas espérer qu'une famille arabe, japonaise ou mexicaine ait une attitude libérale à l'américaine en ce qui concerne l'homosexualité.

L'expérience des gays latino-américains aux États-Unis est particulièrement intéressante à cet égard. Dans ce pays, ils apprennent à vivre leur homosexualité selon des critères « libéraux » ; ils sortent du placard et s'assimilent à la culture gay américaine d'une façon qui leur semble naturelle dans ce contexte. Mais ce processus est totalement incompréhensible pour leur famille et leur communauté d'origine. L'idée d'adopter une identité gay (comme peut le faire un Américain blanc de classe moyenne et urbaine), et qui plus est d'en être fier, peut être littéralement inconcevable pour une famille d'origine hispanique. Comme le dit une psychologue lesbienne latino-américaine qui vit à Boston : « Nous nous amusons parfois à dire que nous sommes sortis du placard en anglais, mais pas en espagnol [1]. »

Au-delà des valeurs culturelles de la société, chaque famille a sa propre « histoire officielle » sur l'enfant qui n'est pas marié : soit il est très timide, ou très studieux, ou attaché à sa famille, ou il a une petite amie en cachette, ou bien il n'a pas encore trouvé la femme qu'il lui faut. La fille vit avec une *roommate* pour partager les frais, ou en attendant qu'un homme veuille bien d'elle. Il est

1. Lourdes Rodríguez, citée dans Alisa Valdés, « Coming out in Spanish », dans *The Boston Globe,* 23 juillet 1998.

important d'analyser cette version officielle avant de sortir du placard, pour chercher la meilleure façon de présenter les choses à la famille — et pour prévoir sa réaction. Beaucoup de familles accepteront tacitement l'homosexualité d'un enfant si leur histoire officielle est sauvegardée, et qu'elles peuvent continuer à raconter à leurs amis et voisins que leur fils, par exemple, a une petite amie dans une autre ville.

Il est en effet probable que les parents maintiendront cette histoire officielle, même si leur fils leur dit qu'il est homosexuel. Et ils garderont l'espoir qu'il ne s'agit que d'une phase passagère. Il est également possible qu'ils ne sachent pas du tout comment réagir. Les homosexuels oublient parfois qu'en sortant du placard ils confrontent leur famille exactement au même dilemme qu'ils viennent de traverser : comme eux, la famille ne sait pas trop quoi dire, ni comment, ni à qui ; ni même s'il faut en parler, ou bien cacher la chose. Tout comme l'homosexuel a dû lutter longuement avec le doute, la honte et la peur avant de s'ouvrir à ses parents, ceux-ci devront décider à leur tour de ce qu'ils vont faire vis-à-vis du reste de la famille, des amis, des voisins et de la société en général. Donc, l'homosexuel qui sort de la clandestinité ne le fait jamais seul : il y entraîne, en fait, toute sa famille. Nous pourrions dire que personne ne sort seul du placard ; ce n'est pas un processus individuel, mais bel et bien familial.

Comment faire ?

C'est pour toutes ces raisons qu'il est important de planifier en détail comment, où et quand on va annoncer à sa famille qu'on est homosexuel. Les experts recommandent de le faire progressivement, passant des relations sociales aux relations intimes, et du plus facile au plus difficile. Ainsi, il vaut mieux en parler d'abord à un ami dont on pense qu'il n'aura pas trop de problèmes ; puis à un cousin, un oncle ou une tante, puis à un frère ou une sœur, et enfin aux parents. Cela est préférable pour plusieurs raisons.

En premier lieu, il vaut mieux au début éviter des confrontations qui ne serviraient à rien et qui pourraient exacerber la peur ou les doutes. Ensuite, il est indispensable de mettre en place un réseau d'appuis sur lequel on pourra compter, dans le cas où il y aurait des problèmes : quand on s'aventure en terrain dangereux, il vaut mieux avoir des alliés dès le départ. En troisième lieu, le fait de sortir du placard progressivement permet de tâter le terrain, de répéter plusieurs fois la scène, et de se faire une idée des réactions qu'on rencontrera. On ne doit jamais se précipiter : il faut planifier la chose stratégiquement, par étapes, et choisir le meilleur moment pour chaque pas.

Faut-il le dire à ses parents ?

C'est là une décision difficile, que presque tous les homosexuels doivent affronter à un moment ou à un autre de leur vie. Après tout, il est probable que les parents recevront la nouvelle avec tristesse ou colère. Dans le meilleur des cas, ils y réfléchiront et au bout de quelque temps (qui peut aller de plusieurs semaines à plusieurs années) finiront par se résigner à l'idée. C'est probablement trop exiger aux parents que de leur demander d'accepter pleinement l'homosexualité, c'est-à-dire comme une option aussi souhaitable que l'hétérosexualité ; et il faut éviter des attentes peu réalistes. Le but, dans la grande majorité des cas, n'est pas une franche acceptation de l'homosexualité mais une relative continuité dans la vie quotidienne : que les relations familiales ne se voient pas trop perturbées, que l'enfant reste partie de la famille, et que les parents puissent un jour accepter sa relation de couple comme celles de leurs autres enfants. Selon la formule mémorable de Jean-Louis Bory, le mieux que puisse demander un homosexuel, c'est peut-être tout simplement « le droit à l'indifférence [1] ».

Le tabou familial

Beaucoup de familles feront tout pour enterrer la chose, se conduisant exactement comme si le fils n'avait rien dit. Personne n'en parlera, personne ne lui posera des questions, et ce sera comme si le partenaire du fils n'existait pas : il ne sera jamais mentionné ni invité aux réunions. Comme le décrit une lesbienne qui a déclaré son homosexualité à sa famille il y a quelques années : « C'est comme si je n'avais pas de couple, alors que nous vivons ensemble depuis des années. Ils me demandent ce que je vais faire pendant les vacances, ou bien ce que j'ai fait pendant le week-end, mais toujours au singulier. Ils m'invitent seule aux fêtes d'anniversaire, même la mienne. Et puis ils me demandent de temps en temps si je n'ai pas rencontré un jeune homme qui me plaise. »

1. *Cf.* Martel, p. 119.

Ce genre de réaction est profondément blessante pour l'homosexuel, parce qu'elle invalide complètement une partie centrale de sa vie : sa relation de couple. Mais ce n'est pas seulement le partenaire qui est annulé : il s'agit d'une négation pure et simple des sentiments, des besoins affectifs, et de la vie quotidienne et sociale du fils ou de la fille homosexuel (le). Cette attitude est cependant assez répandue, et il faut y voir un déni massif d'une vérité inacceptable.

Alors l'homosexuel entre dans un nouveau dilemme. Il peut suivre le courant, respecter le silence imposé et ne plus jamais soulever l'affaire. Dans ce cas, le sujet de l'homosexualité deviendra tabou, avec toute une constellation de thèmes associés : il sera interdit pour l'homosexuel de parler de sa relation de couple, de ses amitiés, de ses activités sociales et même de ses projets d'avenir.

Mais ce silence n'est pas neutre ; au contraire, il est souvent chargé d'insinuations ou de reproches implicites qui font que l'on parle bien de l'homosexualité, mais indirectement. Par exemple, si le fils développe des activités, des idées, des valeurs ou des goûts différents de ceux de sa famille, ce sera par la faute de « ces gens que tu fréquentes ». S'il échoue dans quelque projet, ce sera à cause de « ce style de vie que tu as ». S'il a des difficultés de n'importe quel ordre, ce sera implicitement la faute de son homosexualité.

Il est évident que ces attitudes n'invalident pas seulement l'expérience affective, sociale et professionnelle du fils homosexuel : elles servent aussi à l'infantiliser. L'homosexuel n'est pas considéré comme un adulte qui puisse avoir des goûts, des valeurs, des projets, des façons de vivre ou de penser propres : il n'a pas d'avis indépendant, mais est à la merci d' « influences » plus ou moins malsaines. (Les hétérosexuels reconnaîtront facilement ce discours, qu'ils entendent quand ils ont le malheur d'épouser quelqu'un qui n'est pas accepté par leur famille.) En un mot, le fils homosexuel est traité comme s'il n'était qu'un enfant. Qu'il reste célibataire ne fait que renforcer cette perception : aux yeux de sa famille, le fils homosexuel n'atteint jamais la majorité.

Étant donné cette dynamique, il est aisé de comprendre pourquoi tant d'observateurs ont noté une certaine « immaturité » chez l'homosexuel dans ses relations familiales. Cela peut être vrai, bien sûr ; mais chaque côté a une part de responsabilité. Si beaucoup d'homosexuels passent à côté de certaines tâches du développement, il est vrai aussi que leurs familles les traitent souvent comme des enfants.

Tout cela dérive d'une homosexualité connue mais non reconnue, dont on sait qu'elle est là sans jamais en parler. Le tabou familial implique beaucoup plus qu'un simple silence. Comme tout tabou, il enferme une série d'interdits et élimine de la carte affective des continents entiers de l'expérience personnelle. Beaucoup d'homosexuels qui souffrent de cette invalidation perpétuelle sans pouvoir rien y faire finissent par s'éloigner de leur famille : ils ne perçoivent de sa part aucun intérêt, aucune compréhension, et finalement très peu d'amour.

Quelques-uns décident de livrer bataille contre le tabou, exigeant de leur famille qu'elle respecte leur orientation — ou qu'elle accepte au moins d'en parler. Ce chemin peut conduire à une série de réclamations et au ressentiment des deux côtés, jusqu'à ce que quelqu'un cède — plus probablement le fils que les parents. Après tout, ces derniers n'ont pas d'effort à faire pour perpétuer le silence : ils n'ont qu'à continuer à se taire. Il est beaucoup plus risqué et difficile de prendre l'initiative de rompre le silence que d'y rester confortablement installé. En plus, il est facile pour les parents de dire qu'à leur âge ils ne peuvent plus changer leur façon de penser — comme si les gens âgés étaient incapables d'assimiler des idées ou des expériences nouvelles. Le fils qui essaie de transgresser le tabou sera donc toujours dans une position de faiblesse et devra se demander, après quelques tentatives, s'il vaut la peine de s'y acharner.

Si l'homosexuel reste très attaché à sa famille, il trouvera insupportable le manque d'acceptation et continuera à chercher, interminablement, une approbation qu'il n'obtiendra peut-être jamais. Il pourra même, dans ce cas, devenir un fils modèle dans d'autres domaines, faisant toutes sortes d'efforts pour être attentif et généreux avec sa famille. Le stéréotype de l'homosexuel comme un « mauvais fils » ne correspond pas nécessairement à la réalité, mais plutôt au grand mélodrame de l'homosexualité tel qu'il est vécu par beaucoup de familles.

Le fils s'obstinera à chercher l'approbation familiale surtout s'il a toujours eu peur d'être rejeté par ses parents — ce qui est souvent le cas pour les garçons « efféminés » avec des pères distants ou méprisants. Mais même en général, s'il a eu des parents peu affectueux ou réprobateurs qui ne lui ont pas donné l'amour inconditionnel si nécessaire aux enfants, il cherchera toujours leur acceptation. Le problème, dans ce cas, ce n'est pas l'homosexualité, qui n'est qu'un prétexte de plus pour critiquer le fils ; le vrai problème, c'est la relation entre les parents et leur enfant, et le manque d'autonomie de ce dernier. Dans ce genre de situation, il est indispensable que l'homosexuel entreprenne une psychothérapie pour qu'il puisse enfin se séparer de ses parents, affectivement parlant, et consolider une identité et une estime de soi propres.

Le tabou familial est une réaction assez commune face à l'homosexualité d'un enfant. Mais il peut y en avoir d'autres, plus extrêmes. Il arrive encore, dans beaucoup de pays, que le fils homosexuel soit déshérité et banni de la famille pour toujours. S'il est encore adolescent, ses parents peuvent le menacer, le punir, le soumettre à un traitement psychiatrique, le changer d'école et même de ville pour l'éloigner des « mauvaises influences ». C'est dire que le jeune homosexuel qui s'ouvre à ses parents court des risques réels ; ce n'est pas toujours une bonne idée, même s'il en sent la nécessité. Dans certains cas, le fait de se déclarer homosexuel, loin d'être un acte libérateur, peut être une forme d'autopunition — une façon inconsciente de se faire rejeter une fois de plus. C'est pourquoi il est essentiel d'examiner à fond ses raisons, ses attentes et ses buts avant de prendre une décision à ce sujet.

Le prix du mensonge

Face à ces risques, beaucoup d'homosexuels choisissent de ne jamais s'ouvrir à leurs parents. Les conséquences peuvent aller du comique au tragique. Certains homosexuels font semblant de vivre seuls, alors qu'ils vivent en couple depuis des années : ils ont deux numéros de téléphone, et le partenaire sort quand les parents viennent rendre visite à leur enfant. Certains homosexuels s'inventent des relations hétérosexuelles, apparaissent régulièrement avec une femme au bras, et se font une réputation de grands séducteurs. Il y a aussi, bien sûr, énormément d'homosexuels qui se marient et ont des enfants pour maintenir le mythe de leur hétérosexualité face aux autres et à eux-mêmes.

Dans tous ces cas, les homosexuels se condamnent à une vie de falsification, à un système de mensonges qui sera de plus en plus difficile de maintenir. Ceux qui ne se marient pas et mènent une vie « hétérosexuelle » trouveront que la façade devient de plus en plus fragile avec l'âge : il est facile pour une jeune personne, homme ou femme, de mener une vie sociale de célibataire. Cela devient beaucoup plus difficile vers les quarante ans et, quand on arrive à la cinquantaine, cela paraît carrément anormal aux yeux de la société. Il est facile d'éviter les questions ou les rumeurs quand on est jeune ; mais après la quarantaine, quand tout le monde est marié et a des enfants, le mythe de l'hétérosexualité devient plus difficile à entretenir. Le mensonge a tendance à se compliquer avec le temps, non à se simplifier.

En ce qui concerne les homosexuels qui se marient, il est évident qu'ils s'exposent à bien des malheurs. Nombre d'homosexuels le font non pas pour dissimuler leur véritable orientation, mais pour la changer : ils espèrent que le mariage les « guérira » de leurs désirs inacceptables. Mais cela n'arrive presque jamais, et ils finissent par tomber dans une asexualité plus ou moins désabusée, ou par chercher des aventures clandestines avec tous les risques que cela implique. Et ils se retrouvent pris, de toute façon, dans un réseau de mensonges.

Quand un homosexuel se demande s'il doit sortir du placard ou non, il doit peser ce qu'il lui en coûtera de le faire, mais aussi de ne pas le faire. On pense en général au premier terme, et pas au second. Or le fait de cacher indéfiniment son orientation sexuelle a aussi un prix très élevé. Il est important de se rappeler que le mensonge n'est pas statique : il a tendance à s'accroître, en extension et en profondeur, et finit par envahir tous les domaines de la vie et s'infiltrer dans toutes les relations personnelles. Ne serait-ce que pour cette raison, il vaut mieux vivre hors du placard que d'y rester enfermé, dans la mesure du possible. Les risques réels et le coût du mensonge sont les deux critères les plus importants à prendre en considération quand un homosexuel se demande s'il doit ou non parler avec sa famille. Si le fait de continuer dans la clandestinité va l'engager dans un réseau de mensonges indéfini, il vaut peut-être la peine de prendre le risque. Mais si l'homosexuel n'a pas trop à mentir, parce qu'il vit loin de sa famille ou que son opinion lui est indifférente, il est possible que le jeu n'en vaille pas la chandelle.

Il peut aussi, bien sûr, y avoir des réactions plus positives. Dans des milieux relativement libéraux, surtout en Europe et aux États-Unis, l'homosexualité est aujourd'hui plus acceptable. Après un temps de réflexion, les parents se rendent compte qu'ils ne vont pas pouvoir changer l'orientation sexuelle de leur enfant, et décident de l'accepter. Ils peuvent voir, grâce à un nombre croissant de célébrités gay, qu'il y a énormément d'homosexuels heureux et prospères. Ils peuvent lire des ouvrages récents sur l'homosexualité et observer que celle-ci n'est plus considérée comme une maladie ou un crime ni comme une chose honteuse. Ils comprendront également qu'ils ne sont pas responsables de l'orientation sexuelle de leurs enfants. Cette vision moins chargée de culpabilité et de préjugés pourra les amener à conclure que la meilleure chose à faire, c'est d'aimer leur fils ou leur fille et d'essayer de lui faciliter les choses. Cela n'est d'ailleurs pas si difficile : il suffira d'inviter le partenaire de temps en temps, demander de ses nouvelles, ou au moins se référer à lui comme une présence réelle dans la vie de leur enfant. La plupart des homosexuels, me semble-t-il, ne demandent qu'un minimum de courtoisie pour se sentir acceptés par leurs familles.

Aux États-Unis surtout, la libération gay a eu tant d'influence que tout ce scénario est parfaitement possible. Dans d'autres pays, il l'est moins et ne le sera peut-être jamais. Même dans ces pays il est important, cependant, que les homosexuels sachent qu'il existe d'autres façons de vivre et d'assumer l'homosexualité.

La culpabilité chez les parents

Que se passe-t-il dans une famille quand un des enfants annonce qu'il est homosexuel ? On évoque souvent les sentiments de culpabilité que peuvent éprouver les parents. Cette idée est très exagérée, et elle dérive en grande partie de la vision mélodramatique de l'homosexualité qui prédomine dans la culture populaire. L'image de la mère épouvantée qui se lamente, à travers ses larmes : « Mais qu'est-ce que j'ai fait ? », est une scène classique dans la grande tragédie de l'homosexualité — mais elle a, je crois, très peu à voir avec la réalité. Au fond, les parents ne se sentent pas vraiment responsables de l'orientation sexuelle de leurs enfants — mais ils craignent peut-être que les gens le pensent. Alors ils jouent la scène à la perfection devant amis, médecins et prêtres. En réalité, il est beaucoup plus courant que les parents accusent les « mauvaises fréquentations » d'avoir corrompu leur enfant. Loin de se faire des reproches, c'est généralement par la faute des autres qu'ils ont perdu leur fils ou leur fille.

La sensation de perte est réelle, mais pas nécessairement la culpabilité. Bien sûr, un thérapeute qui travaille avec des parents d'homosexuels doit explorer avec eux ce thème, et leur expliquer que l'homosexualité n'est la « faute » de personne. Mais donner trop de poids à une supposée culpabilité peut détourner l'attention de problèmes plus immédiats (et importants), comme de décider quelle attitude ils vont adopter envers leur enfant. Cela peut aussi augmenter la culpabilité ressentie par le fils, qui voit ses parents se mortifier à cause de lui — ce qui, en fin de compte, ne sert à personne. D'autre part, n'oublions pas que le discours de la culpabilité, d'où qu'il vienne, est toujours une forme de manipulation.

Par contre, il est essentiel d'examiner avec les parents leur sentiment de perte. Ce n'est pas qu'ils soient en train de perdre leur fils, bien sûr ; mais ils doivent renoncer, subitement, à toute une série de projets et d'illusions qu'ils ont chéris et cultivés pendant de longues années. Il est naturel qu'ils passent par une étape de deuil semblable à celle du fils quand il a pris conscience de son homosexualité. Et ce processus comprendra, de la même façon, des éléments de déni, de colère, de dépression, de culpabilité... jusqu'à ce qu'ils arrivent, si tout va bien, à l'acceptation. Il me semble que la relation entre les parents et leurs enfants homosexuels souffrirait moins s'ils pouvaient partager ce deuil, qui est après tout réel des deux côtés. Promouvoir ce dialogue est une tâche importante pour le thérapeute, dans la mesure du possible. Mais, en tout cas, il est indispensable que le fils comprenne le deuil de ses parents, et qu'il leur donne le temps d'accepter une réalité qui lui a causé, à lui aussi, des problèmes, des doutes et de la confusion pendant très longtemps.

Le rôle de l'homosexuel dans la famille

L'homosexuel déclaré tient une place très particulière dans sa famille d'origine. Comme nous l'avons remarqué plus haut, dans beaucoup de cas il essaiera de récupérer l'amour ou l'approbation de ses parents en devenant un « fils modèle » dans d'autres domaines. Ce phénomène sera exacerbé si l'homosexuel vit dans un pays du tiers-monde, où les enfants ne deviennent vraiment indépendants qu'au moment de leur mariage.

En général, le fils homosexuel est le seul qui ne se marie pas. Cela signifie qu'il ne sortira jamais de son statut de fils ; il ne deviendra jamais époux ni parent, et n'accédera donc pas au statut d'adulte que cela impliquerait. Il restera un fils pour toujours, en quelque sorte. Cela n'est pas, bien entendu, limité aux homosexuels : dans beaucoup de familles, les enfants célibataires sont tenus de rester auprès de leurs parents et d'être toujours là pour la famille. C'est le cas de la traditionnelle « vieille fille », éternellement disponible, qui doit être prête à s'occuper de ses parents dans leur vieillesse, et de ses neveux quand ils en ont besoin.

Mais cette situation est encore plus difficile pour les homosexuels justement *parce qu'ils ne sont pas célibataires* en réalité, même si leurs parents les considèrent comme tels. Ils ont, la plupart du temps, des relations de couple et une vie sociale importante ; et ils ne sont pas plus libres ou disponibles que leurs frères et sœurs mariés.

Le statut exact de l'homosexuel est souvent l'objet de conflits et de malentendus. Les autres membres de la famille attendent de lui qu'il vienne les voir, ou qu'il les aide économiquement, « puisque tu es libre, toi, tu n'as pas d'obligations ». Alors il se sent obligé de céder et, s'il ne cède pas, il se sent coupable. Tout cela peut causer de sérieux problèmes pour l'homosexuel dans sa relation avec sa famille, et bien sûr avec son partenaire. Sa relation de couple peut être sérieusement affectée par son attachement à sa famille d'origine, et par les attentes de celle-ci. Par ailleurs, toute cette situation maintient l'homosexuel dans un rôle familial plus ou moins infantile, qui peut inhiber sa capacité d'autonomie et son développement personnel.

L'autre placard : l'orientation sexuelle du thérapeute

Le professionnel de la santé mentale qui travaille avec des homosexuels doit à un moment ou à un autre examiner sa propre orientation, quelle qu'elle soit. Le fait d'être hétérosexuel, face à cette population, est problématique — mais le fait d'être homosexuel aussi. Si le thérapeute est hétérosexuel, à moins d'avoir une foi aveugle dans sa propre sagesse, il lui faudra affronter ses préjugés et, souvent, son ignorance. Et, s'il est homosexuel, il devra décider s'il doit ou non communiquer son orientation et son expérience personnelle à ses patients.

Beaucoup de thérapeutes, surtout s'ils sont jeunes, diront qu'ils n'ont aucun préjugé à propos de l'homosexualité. Cela n'est pas vrai. Dire : « je vois l'homosexuel exactement comme n'importe qui », constitue une position fallacieuse, même si l'intention est bonne. D'une part, personne n'a une attitude neutre envers l'homosexualité : si l'on est homosexuel, on est affecté par le sujet parce qu'on est homosexuel ; et si on est hétérosexuel, parce qu'on est hétérosexuel. D'autre part, les homosexuels ne sont pas

« comme n'importe qui ». L'identité homosexuelle a des traits spécifiques qu'on peut trouver bons ou mauvais, mais qui sont toujours présents.

Quand les gens affirment qu'ils n'ont pas de préjugés, ils veulent souvent dire qu'ils n'ont pas de préjugés négatifs ; mais même ceux qui paraissent positifs (par exemple, « ce sont des gens tout à fait normaux ») renferment toute une série de présuppositions. Entre autres, ils impliquent souvent une vision normative de la façon dont doit se conduire une personne ou un couple « normal » — c'est-à-dire hétérosexuel. Par définition, la « normalité » dans la société actuelle c'est l'hétérosexualité, que cela nous plaise ou non ; et considérer l'homosexuel comme « normal », c'est donc l'assimiler à des modèles hétérosexuels qui ne lui sont pas nécessairement applicables. Quand nous disons qu'une relation entre deux femmes ressemble à un mariage, nous la réduisons et la simplifions, lui enlevant les attributs spécifiques que nous examinerons au chapitre 7.

Bien sûr, nombre d'homosexuels voudraient par-dessus tout être considérés comme « normaux » — et ce sont précisément ceux qui n'acceptent pas entièrement leur orientation sexuelle. Suivre le courant et faire sienne l'idée que les homosexuels sont « comme n'importe qui » peuvent même les amener à penser qu'ils doivent aller très mal — parce que au fond ils ne se sentent pas « comme tout le monde », mais *différents*. Insister qu'ils sont *pareils* invalide leur conscience d'eux-mêmes. Le but thérapeutique n'est donc pas qu'ils se sentent « normaux », mais qu'ils assument et apprécient leur différence.

Faut-il être homosexuel pour travailler avec des homosexuels ?

Les professionnels de la santé mentale — les psychologues, psychiatres, psychanalystes, etc. — qui travaillent avec des homosexuels devraient-ils être eux-mêmes homosexuels ? Cela peut paraître une question rhétorique, mais les théoriciens de l'homosexualité continuent à se la poser. Il vaut donc la peine de l'examiner de près. Les enquêtes à ce propos aux États-Unis révèlent que, dans leur vaste majorité, les homosexuels préfèrent que leur thérapeute soit homosexuel. Pourquoi ?

En premier lieu, parce qu'il n'est pas nécessaire de donner au thérapeute homosexuel des leçons sur le milieu gay, ni sur les pratiques sexuelles gay, ni sur les préjugés que les homosexuels rencontrent quotidiennement. Il y a donc un élément d'efficacité : personne n'aime perdre une partie de son heure à expliquer au thérapeute des choses qu'il devrait savoir.

Dans ce sens, la population homosexuelle a les mêmes droits que n'importe quelle population particulière. Ainsi, les alcooliques ont le droit de se faire traiter par des gens qui connaissent à fond leur problématique. Mais cela ne s'applique pas seulement aux populations malades : les personnes âgées doivent pouvoir consulter des professionnels qui connaissent les problèmes (et les ressources) spécifiques du troisième âge. Et personne ne doute qu'il faut emmener les enfants chez des psychologues ou des psychiatres qui soient spécialisés dans l'enfance.

Cela est encore plus vrai quand il s'agit de populations minoritaires qui ont été, historiquement, des objets de préjugés, de haine, de discrimination ou de persécution. La question qui se pose alors est celle-ci : est-il préférable qu'un thérapeute qui travaille avec des juifs soit lui-même Juif ? Et la réponse serait : oui, si son judaïsme est un problème ou un thème central pour la personne qui consulte. Non, si son judaïsme n'a jamais été un problème pour elle ou la laisse complètement indifférente. De la même façon, est-il préférable qu'un thérapeute qui travaille avec des Noirs soit lui-même noir ? Oui, si le fait d'être noir est un thème important dans la vie de la personne.

Est-il donc préférable que le thérapeute qui travaille avec des homosexuels soit homosexuel ? Oui, si l'homosexualité est pour l'individu qui consulte une partie essentielle de son identité personnelle. Or, dans l'état actuel des choses, pour la grande majorité des homosexuels leur orientation est, en effet, une partie centrale de leur vie. Ce n'est pas pour rien que les homosexuels parlent tellement, entre eux, de leur expérience en tant qu'homosexuels : quand et comment ils s'en sont rendu compte, comment a été leur première relation, comment ils sont sortis du placard, comment leurs familles ont réagi, comment se passe leur relation de couple. Ce sont là des thèmes récurrents dans les réunions sociales des gays ; et ce n'est pas parce que les homosexuels sont plus obsessionnels que quiconque, mais parce que ces thèmes continuent d'être actuels et importants même pour ceux qui assument pleinement leur orientation sexuelle.

En second lieu, il est difficile pour un homosexuel d'avoir une confiance pleine dans un thérapeute hétérosexuel. (Même s'il ne connaît pas avec certitude son orientation sexuelle, il aura tendance à le considérer comme hétérosexuel jusqu'à preuve du contraire, tout simplement parce qu'il est bien connu qu'il y a très peu de thérapeutes gay.) Et les homosexuels connaissent parfaitement les préjugés que peuvent avoir un psychiatre, un psychanalyste ou un psychologue hétérosexuel. Ils seront donc attentifs à chaque réaction du thérapeute, essaieront constamment de deviner l'opinion qu'il a d'eux, et chercheront, bien sûr, à se « blanchir » le plus possible, dans une quête de l'acceptation une fois de plus. Ils auront dans ce cas une certaine réticence à parler de leurs pratiques sexuelles, des détails de leur vie de couple, ou de leurs propres peurs ou doutes à propos de l'homosexualité. Il est possible que par moments ils ressentent de la honte, de l'insécurité, ou tout simplement de la méfiance. Aucun de ces éléments ne contribue à une bonne relation thérapeutique.

Un problème fréquent des homosexuels en traitement avec des hétérosexuels, c'est que ceux-ci ne comprennent ou ne valorisent pas leurs sentiments. Une lesbienne raconte :

« J'avais une relation de couple depuis plusieurs années, et j'étais en psychothérapie depuis presque deux ans. J'aimais bien ma thérapeute, elle était très ouverte et je pensais qu'elle n'avait pas de problème avec l'homosexualité. Mais un jour elle m'a dit, à propos de mon amie : "Bon, ce que je comprends, c'est que vous êtes de bonnes copines qui ont parfois des relations sexuelles." J'ai été sidérée, je me suis rendu compte tout à coup qu'elle n'avait rien compris pendant les deux années précédentes. »

Nous pouvons observer ici un phénomène assez courant, qui est la disqualification de *l'amour* chez les homosexuels : ce qu'ils vivent, ce n'est pas de l'amour mais une combinaison plus ou moins superficielle, plus ou moins satisfaisante, de sexe et d'amitié. Alors, quand l'homosexuel dit qu'il est amoureux, le thérapeute entend dépendance ou exagération névrotique. Nous pourrions peut-être parler d'une prétention au monopole de l'amour de la part des hétérosexuels, où le seul attachement authentique est celui qui existe entre un homme et une femme : ce que peuvent sentir deux personnes du même sexe n'est qu'un pâle reflet de l'amour véritable.

Un autre problème assez répandu quoique moins apparent pour les homosexuels en thérapie avec des hétérosexuels, c'est que ceux-ci ont des intentions de conversion plus ou moins conscientes — c'est-à-dire de changer l'orientation sexuelle de leur patient.

Cela n'est pas nécessairement verbalisé ni explicité, mais apparaît plutôt comme une série de convictions sur l'homosexualité en général ou sur la personne en particulier. Comme le décrit la lesbienne citée plus haut :

« Ma psychologue ne pensait pas que je sois réellement homosexuelle. Un jour, après deux ans de thérapie, elle m'a dit que, si seulement j'avais reçu un traitement approprié pendant mon adolescence, je ne serais pas lesbienne. Je me suis sentie très mal, totalement incomprise, et j'ai décidé à partir de ce jour de ne plus lui parler ni de ma relation de couple ni de mon homosexualité. Nous avons travaillé d'autres choses, de façon très productive, mais je n'ai plus jamais parlé avec elle de ces sujets-là. »

Cette femme a ensuite été en traitement avec une psychanalyste hétérosexuelle plus ouverte. Elle raconte :

« Elle était très libérale, elle n'avait aucun problème avec l'homosexualité. Mais elle pensait que c'était une préférence, que l'on pouvait choisir son orientation. J'essayais de lui expliquer que je ne la vivais pas du tout comme une élection, mais comme une partie de moi-même. Nous avons passé des heures entières à en débattre, et nous sommes enfin arrivées à un accord : j'étais lesbienne par nature, mais je pouvais choisir ma façon de le vivre. Il était aussi très important pour elle de chercher les causes de mon homosexualité — chose qui ne m'intéresse pas particulièrement. Le principal pour moi, c'était de vivre mieux, et elle a finalement été d'accord pour laisser tomber cette question des causes. Et puis je crois qu'un thérapeute homosexuel aurait mieux compris les problèmes que j'ai eus avec mon identité, ma famille, la société, à propos de l'homosexualité. »

Nous voyons que ces « erreurs de lecture » et ces préjugés théoriques, ajoutés à une certaine ignorance bien intentionnée, peuvent avoir de grandes conséquences pour l'homosexuel qui est en traitement avec un hétérosexuel. Peu à peu, le patient perd confiance et spontanéité ; il cesse de parler des choses qui lui importent vraiment ; il commence à taire ses sentiments réels et, dans des cas extrêmes, peut même arriver à en douter.

Il est évident que rien de tout cela ne devrait arriver dans une psychothérapie bien menée, quelle que soit l'orientation sexuelle du thérapeute. Mais beaucoup d'homosexuels racontent qu'ils ont eu ce genre de difficultés. Il est probable cependant que le problème ne réside pas dans l'hétérosexualité des thérapeutes, mais dans un simple manque de connaissances. Dans la grande majorité des pays (avec l'exception notable des États-Unis, grâce aux efforts inlassables d'un groupe de psychanalystes et de psychologues qui y travaillent depuis vingt ans), l'on apprend très peu sur l'homosexualité dans les instituts de formation en psychanalyse, thérapie de couple et de famille, etc. Et très souvent, si le sujet est abordé de plus près, c'est très brièvement et dans le cadre de la psychopathologie ou des perversions sexuelles, en parallèle avec des thèmes comme le travestisme, le fétichisme ou la pédophilie. Nous pouvons penser que cela changera peu à peu ; mais pour l'instant, dans la plupart des pays, l'enseignement sur l'homosexualité est insuffisant et peu utile dans un contexte de traitement.

En conclusion, je pense qu'il est préférable, dans l'état actuel des choses, que les thérapeutes qui travaillent avec des homosexuels soient de la même orientation sexuelle. Cette opinion (certainement à débattre) va à l'encontre de deux grandes traditions de la psychothérapie. La première dérive d'une vision pathologique de l'homosexualité et affirme que le thérapeute homosexuel est, par définition, quelqu'un qui souffre d'un désordre mental grave. Or, une personne malade ne doit pas traiter d'autres malades : exactement comme le thérapeute qui travaille avec des psychotiques ne doit pas être psychotique lui-même, celui qui travaille avec des homosexuels ne doit pas être homosexuel. C'est dans cette logique que beaucoup d'instituts de formation en psychanalyse continuent de refuser l'admission aux candidats homosexuels. Comme le disait il y a quelques années une psychanalyste mexicaine, membre de l'Association internationale de psychanalyse : « Il ne peut pas y avoir de psychanalyste homosexuel — cela n'existe pas. Par définition, tout candidat admis à la formation est une personne essentiellement saine. » Ce genre d'attitude n'est plus, bien sûr, aussi répandue actuellement — du moins explicitement. Et elle n'est plus la norme dans tous les pays, ni dans tous les instituts. Par exemple, l'American Psychiatric Association a décidé en 1991 de ne plus faire de discrimination entre les candidats à l'admission sur la base de leur orientation sexuelle. Mais l'évolution est très lente dans ce domaine.

Une autre tradition très généralisée dans les professions de la santé mentale, c'est qu'il n'est pas nécessaire qu'un thérapeute connaisse, dans sa propre personne, la problématique de ses patients. Ce point de vue dérive en grande partie du modèle médical, dans lequel il est parfaitement logique : en effet, il n'est pas nécessaire qu'un médecin souffre, ou ait souffert, d'un ulcère pour pouvoir traiter un patient avec un ulcère. Cette idée s'est étendue au champ de la santé mentale, où elle n'est peut-être pas aussi applicable. Dans cette optique, un psychologue n'a pas besoin d'être âgé pour travailler avec des personnes âgées, ni d'être divorcé pour traiter des gens divorcés, ni d'avoir des enfants pour travailler avec des mères de famille.

Nous pourrions objecter que ce n'est peut-être pas nécessaire... mais souhaitable dans certains domaines, comme celui de l'homosexualité. La question n'est pas tant que la population homosexuelle présente des traits ou des problèmes spécifiques (quoique cela soit en partie vrai), mais que jusqu'à présent on a très peu étudié et enseigné dans cette matière. L'expérience personnelle est donc indispensable pour compenser les lacunes dans la connaissance. Il faut espérer que les psychologues, psychiatres et psychanalystes seront un jour mieux préparés ; alors, il ne sera plus nécessaire qu'ils soient eux-mêmes homosexuels pour rendre service à cette population particulière.

Les thérapeutes gay doivent-ils se faire connaître ?

Cela ne veut pas dire que les thérapeutes homosexuels n'aient pas de problèmes pour traiter les homosexuels. Ils affrontent aussi une série de difficultés qui méritent réflexion. En premier lieu, est-il souhaitable qu'un thérapeute gay se fasse connaître comme tel ? Cette question en renferme une autre, que nous examinerons d'abord : est-ce qu'un thérapeute homosexuel peut, ou doit, vivre dans la clandestinité ?

Personnellement, je pense que non. Pour aider ses patients homosexuels, le thérapeute homosexuel doit s'assumer pleinement. Si dans sa vie personnelle il est encore en proie à la peur ou à la honte, il pourra difficilement mener ses patients vers une acceptation saine de leur orientation sexuelle. Il doit également connaître, en sa propre personne, le coût et les bénéfices de l'identité homosexuelle et, par-dessus tout, avoir développé en lui-même une certaine cohérence interne. La coïncidence entre ce qu'on pense, ce qu'on sent, ce qu'on dit et ce qu'on fait — pouvoir dire ce qu'on pense et ce qu'on sent, et agir en conséquence — ainsi que l'honnêteté sont des attributs essentiels chez n'importe quel thérapeute, quelle que soit son orientation sexuelle ou son approche théorique.

Ce n'est pas qu'un thérapeute doive incarner la sagesse, mais l'intégrité et l'honnêteté sont indispensables dans une bonne relation thérapeutique. Et cette relation est au cœur même de tout traitement psychologique. Un psychiatre ou un psychologue peut avoir tous les défauts propre au genre humain ; il faut simplement qu'il soit intègre et honnête pour bien faire son travail. Cela ne veut pas dire, bien entendu, qu'il doive communiquer à ses patients sa vie privée ; mais, s'il se respecte, il pourra difficilement maintenir cachée sa véritable identité.

Cela pose quelques problèmes. En premier lieu, le thérapeute gay qui est hors du placard sera vu avec une certaine méfiance par ses collègues et par les associations professionnelles. Ceux-ci auront tendance à le considérer comme névrotique, provocateur, ou agressif s'il est « ouvertement » gay, et penseront peut-être qu'il est mal placé pour traiter à la fois les patients homosexuels (parce qu'il en est un) et les hétérosexuels (parce qu'il n'en est pas un).

Il faudra aussi que le thérapeute fasse très attention à ses relations sociales. Il peut avoir des difficultés s'il fréquente des endroits ou assiste à des réunions où il risque de rencontrer des patients. Ce dilemme, important dans les sociétés où la population gay est très réduite, existe également dans les communautés plus grandes. Des thérapeutes gay dans des villes comme New York et San Francisco ont écrit sur le problème que leur posent leurs relations sociales (ou sexuelles) à l'intérieur de leur propre communauté, où ils peuvent à tout moment se retrouver face à des personnes qui ont été, sont, ou seront un jour leurs patients.

Le dilemme se pose alors de cette façon : le thérapeute peut éviter la vie sociale gay (et subir l'isolement que cela implique), ou bien courir le risque d'exposer sa vie privée à des personnes avec qui il doit cependant maintenir des relations strictement professionnelles. Cela ne représente pas seulement un problème pour le thérapeute, bien entendu, mais aussi pour ses patients : personne n'aime se trouver en société avec son thérapeute et se sentir observé par lui. Ces difficultés, bien moindres dans le milieu hétérosexuel plus vaste, n'ont pas encore été résolues d'une façon satisfaisante par les experts en la matière. Chaque thérapeute doit donc résoudre ce dilemme selon ses propres critères et selon les circonstances.

Mieux aider ses patients homosexuels

Supposant, donc, que le thérapeute homosexuel est sorti du placard, retournons à notre question initiale : est-il souhaitable qu'un thérapeute homosexuel se fasse connaître comme tel ? La réponse rapide, c'est qu'il ne pourra pas l'éviter. Le thérapeute gay qui traite des homosexuels sera connu et recommandé comme tel. Il en existe cependant qui refusent de révéler leur orientation sexuelle à leurs patients — et cela sans doute au nom de la neutralité thérapeutique qui leur a été inculquée au cours de leur formation. Mais il peut, ici aussi, surgir des problèmes qui n'ont pas été prévus par leurs maîtres.

Je crois que les thérapeutes qui dissimulent leur orientation pour s'en tenir à la neutralité, si nécessaire par ailleurs, sont en train de perdre une chance de mieux aider leurs patients homosexuels. En premier lieu, l'homosexuel qui cherche une aide psychologique a besoin d'un interlocuteur qu'il perçoive comme valable, qui l'écoute et qui lui parle dans ses propres termes — et il en a le droit. Un des problèmes principaux des homosexuels, c'est qu'il leur a manqué des interlocuteurs dont ils respectent l'opinion, et qui les entendent avec empathie et compréhension. Le thérapeute peut jouer un rôle réparateur extrêmement important en leur offrant l'écoute, pleinement assumée et respectueuse, de quelqu'un qui connaît leur condition. Il est crucial que ces patients sachent qu'il y a là une expérience commune, même si l'histoire ou les circonstances personnelles sont différentes.

En deuxième lieu, il est essentiel pour les homosexuels de vaincre la honte : et le patient sait, s'il est en traitement avec un thérapeute gay, que celui-ci est aussi passé par les doutes et les peurs de l'adolescence, qu'il a franchi les difficultés de la clandestinité, et qu'il a vécu les vicissitudes du couple homosexuel. Cela lui facilitera la tâche pour parler de sa propre expérience, sans sentir la nécessité de se « blanchir » ou de se justifier.

Le fait de vivre publiquement son orientation entraîne cependant certains risques pour le thérapeute. Mis à part les problèmes professionnels déjà mentionnés, il court le risque de devenir un objet de conquête pour ses propres patients. Dans la mesure où le thérapeute est perçu comme une personne stable et saine (même s'il ne l'est pas en réalité), et d'une certaine façon comme une figure d'autorité, il peut très facilement devenir pour ses patients un objet d'admiration, d'émulation, et bien sûr de séduction — des éléments affecteront la relation et le travail thérapeutiques. Les psychanalystes, qui connaissent bien les risques du transfert, sont mieux équipés pour faire face à ce genre de situation — mais elle est encore plus compliquée lorsqu'il s'agit d'un patient homosexuel et d'un thérapeute du même sexe. Malheureusement, il existe chez les homosexuels un tel besoin de modèles positifs que le thérapeute gay peut se retrouver pris dans des dynamiques de séduction beaucoup plus délicates que celles qui se présentent habituellement avec les hétérosexuels.

Finalement, le thérapeute gay a l'obligation de se maintenir à jour dans le vaste domaine des recherches sur l'homosexualité — tâche difficile parce qu'il s'agit d'un champ relativement nouveau, et parce que peu d'ouvrages spécialisés sont traduits. Chaque année apparaissent de nouvelles théories et explications de l'homosexualité qui, vraies ou fausses, méritent un examen approfondi. Chaque année, on en sait plus sur le cycle vital des homosexuels et sur les problèmes spécifiques qui les affectent (y compris, bien sûr, le sida dans le cas des hommes). Le thérapeute doit aussi se tenir continuellement au courant des tendances sociales et culturelles qui concernent les homosexuels et de la législation en la matière, qui évolue très rapidement dans de nombreux pays.

Il me semble donc, en conclusion, que le thérapeute qui travaille avec des homosexuels doit examiner soigneusement tous ses préjugés, ses présuppositions, et ses intentions véritables vis-à-vis de ses patients. De préférence homosexuel lui-même, il devra aussi se maintenir informé sur les recherches actuelles et les phénomènes sociaux et culturels affectant cette population.

THÈMES DE RÉFLEXION ET RECOMMANDATIONS POUR LE TRAVAIL THÉRAPEUTIQUE

Travail avec l'adolescent homosexuel

Une étude menée par l'Institute for the Protection of Lesbian and Gay Youth dans la ville de New York a conclu, en 1987, que le problème principal pour cette population est l'isolement, et il en a énuméré trois sortes : l'isolement social (les jeunes homosexuels sentent qu'ils ne peuvent parler avec personne) ; émotionnel (ils se sentent affectivement coupés de leur famille et de leur contexte social) ; et cognitif (ils ont peu d'accès à une information fiable sur l'homosexualité, et manquent de modèles [1]). Le deuxième

1. E. S. Hetrick et A.D. Martin (1987), « Developmental issues and their resolution for gay and lesbian adolescents », dans *Journal of Homosexuality*, 14 (1/2), 25-43. Cité dans Kristine L. Falco, *Psychotherapy with Lesbian Clients*, New York, Brunner/Mazel, Inc., 1991, p. 155.

problème le plus répandu est la peur d'être rejeté par les parents. Le troisième est l'incidence, extrêmement élevée, de conduites autodestructrices qui vont de l'abus d'alcool ou d'autres drogues aux tentatives de suicide. Le thérapeute qui travaille avec cette population doit donc être spécialement attentif à ces risques. Il doit toujours, en particulier, vérifier s'il n'y a pas de problème d'alcoolisme ou de toxicomanie.

Exercices pour aider le jeune homosexuel à sortir du placard

Le thérapeute peut aider le jeune homosexuel à :

— Imaginer une grande variété de conséquences possibles, s'il sort du placard. Qu'est-ce qui est le pire qui pourrait arriver ? Et le meilleur ? Et le plus probable ? Il est utile de projeter toutes ces options dans l'avenir : dans deux, cinq, dix ans… Et s'il continue à se cacher, comment le jeune homosexuel imagine-t-il sa situation familiale dans deux, cinq, dix ans… ?

— Si le jeune homosexuel décide de ne pas sortir du placard, l'aider à imaginer les implications et les ramifications du mensonge : quelles formes prendra-t-il dans l'avenir, et qu'est-ce qu'il devra faire pour le maintenir ? Et que signifierait dire la vérité ? Quelles sont les vérités les plus importantes que le jeune homosexuel voudrait faire connaître de lui-même ? Quelle image cherche-t-il à projeter ? Pourquoi ?

— Explorer des façons de limiter les conséquences de la sortie du placard ; planifier le processus pas à pas, en faisant des répétitions détaillées.

— Construire un réseau d'appuis : aider le jeune homme ou la jeune fille à détecter et à se rapprocher des amis ou parents qui pourraient le ou la soutenir en cas de problèmes avec son père ou sa mère.

— Visualiser un avenir idéal en tant qu'homosexuel. Quelle image a le patient de l'homosexuel heureux ? Quelle apparence a-t-il, comment est-il habillé, quels genres de relations a-t-il, comment vit-il ? Si le patient devient un homosexuel heureux, comment sera-t-il dans deux, cinq, dix ans ?

Exercices pour promouvoir une identité gay saine

— Identifier les stéréotypes : explorer avec le patient tout ce qu'il sait sur l'homosexualité, depuis son enfance. Pense-t-il qu'un homosexuel puisse être sain et heureux ? Pourquoi oui, pourquoi non ? Pense-t-il que des relations entre personnes du même sexe puissent être stables et durables ? Pourquoi oui, pourquoi non ? Et qu'est-ce qu'il aimerait en penser ?

— Commencer à développer le concept de rôle par opposition à celui d'identité. Expliquer que nous jouons tous des rôles dans les différentes situations de nos vies, mais que cela ne nous empêche pas d'être toujours, au fond, la même personne avec une identité qui est stable et constante. Dans le domaine de l'homosexualité, il est parfaitement possible de se présenter et de se conduire en tant qu'homosexuel dans certaines situations, et dans d'autres non — et de le bien faire, sans jamais oublier cependant qu'on demeure toujours la même personne.

— Visualiser en détail les différents rôles qui peuvent être nécessaires dans les contextes de la famille, de l'école ou du travail, entre amis ou avec le partenaire. Ces exercices servent à combattre la sensation de fragmentation qu'ont de nombreux homosexuels. En effet, beaucoup d'entre eux disent : « Je me sens divisé, tiré des deux côtés ; chez mes parents je dois être une personne, au travail une autre, et une autre encore avec mes amis... » Dans ce domaine, comme dans tout travail thérapeutique, il est indispensable de promouvoir l'intégration et de construire une identité cohérente.

Finalement, il est très important de mettre l'homosexualité en perspective : d'expliquer que l'orientation sexuelle n'est pas tout, et qu'elle ne devrait pas affecter les autres vecteurs de la vie. Le développement personnel a beaucoup de facettes, et l'adolescent peut continuer à fonctionner et à travailler dans les autres domaines, même si à ce moment-là son orientation sexuelle est peu claire ou problématique. Cela veut dire aussi que, dans les séances thérapeutiques, il n'est pas bon de parler seulement, ou toujours, de l'homosexualité (même si le patient le désire) ; il faut intégrer d'autres thèmes et des projets de vie au-delà de cette question. Il est important de ne pas tomber dans l'obsession de la personne en lutte avec son identité sexuelle ; de continuer à cultiver les autres aspects de la vie ; et de maintenir intacte la structure du quotidien dans la mesure du possible.

RECOMMANDATIONS GÉNÉRALES POUR LE THÉRAPEUTE QUI TRAVAILLE AVEC DES HOMOSEXUELS

Il est très important de :

— prendre conscience des préjugés et des stéréotypes généralement associés avec l'homosexualité (qu'on les partage ou non), et de les examiner d'une façon critique ;

— ne pas tomber dans le piège de chercher les causes de l'homosexualité. En premier lieu, jusqu'à maintenant aucune des nombreuses théories en ce domaine n'a été prouvée. En deuxième lieu, le fait de chercher des causes implique que l'homosexualité est une pathologie qu'il faut expliquer ; par contre, personne ne se demande pourquoi les gens sont hétérosexuels. En troisième lieu, chercher des raisons peut détourner l'attention des tâches à accomplir dans la vie actuelle, ou servir de prétexte pour ne pas changer sa façon de penser ;

— ne jamais essayer de modifier l'orientation sexuelle du patient, même s'il le souhaite. Les études là-dessus indiquent que cela n'est pas seulement impossible, mais que toute tentative dans ce sens peut être extrêmement dangereuse. Même l'American Psychiatric Association a pris récemment position contre ce qu'on appelle les « thérapies réparatrices de l'homosexualité ». Le but est plutôt d'aider la personne à accepter son orientation sexuelle et à avoir une vie satisfaisante dans l'homosexualité ;

— ne jamais se permettre une tentative de séduction. Dans ce contexte, séduction ne se réfère pas seulement au niveau sexuel mais à tout effort, conscient ou pas, pour « charmer » le patient, surtout si l'on est de sexe différent. Quelques thérapeutes hommes sont tombés dans le piège de vouloir démontrer aux lesbiennes que les hommes ne sont pas méchants, et les thérapeutes du sexe féminin sont parfois tentées de prouver aux homosexuels masculins qu'il n'y a rien à craindre chez la femme... L'intention ici, de « réparer » la relation du patient avec l'autre sexe, est peut-être louable, mais elle est fallacieuse. L'homosexualité ne dérive pas d'un hypothétique rejet ou d'une peur de l'autre sexe qu'il faille réparer.

5

L'homophobie intériorisée

La majorité des homosexuels dans la société actuelle, même s'ils s'acceptent comme tels, portent en eux un conflit existentiel permanent. L'homophobie intériorisée n'a pas de fin : elle resurgit, sous différentes formes, tout le long du cycle vital. Elle complique la perception que l'homosexuel a de lui-même et des autres ; elle colore toutes ses relations interpersonnelles ainsi que son projet de vie et sa vision du monde. Elle constitue probablement la différence subjective la plus importante entre homosexuels et hétérosexuels.

Le mot « homophobie » signifie peur ou rejet de l'homosexualité. Cette peur peut sembler instinctive, comme la peur du feu, mais elle ne l'est pas. Elle constitue plutôt un phénomène culturel qui est loin d'être universel, et qui revêt différentes formes et significations selon le contexte. Dans les sociétés prémodernes, comme nous l'avons vu, les personnes n'étaient pas classées d'après leurs conduites sexuelles ; il n'y avait donc pas de rejet de l'homosexualité comme telle. Et même de nos jours, dans certains pays l'homophobie s'applique seulement aux hommes, et non aux lesbiennes ; ou seulement aux hommes qui se laissent pénétrer ; ou seulement aux hommes qui s'habillent comme des femmes. En d'autres termes, s'il n'y a pas de définition unique de l'homosexualité, il n'y en a pas non plus de l'homophobie. Sa signification change selon l'époque et le lieu ; il s'agit donc d'un phénomène social et culturel. L'homophobie n'est ni instinctive, ni naturelle, ni universelle... ni inévitable.

Souvenons-nous que les relations homoérotiques, loin d'être toujours condamnées, ont été largement acceptées et même admirées dans certaines sociétés, comme dans la Grèce antique. Mais ce fait culturel avait aussi ses règles du jeu. Le jeune adolescent qui se laissait pénétrer par un homme plus âgé, recevant ainsi virilité et sagesse, ne devait aucunement rester passif dans la vie adulte ; il devait à son tour assumer le rôle actif digne d'un homme mûr. Donc, s'il y avait critique, elle était adressée seulement à l'homme qui transgressait certaines règles ; mais les relations homoérotiques comme telles étaient largement pratiquées et admises. Par contre, dans d'autres sociétés, comme en Amérique latine de nos jours, il existe d'autres règles du jeu et donc d'autres définitions de l'homophobie. Ainsi, l'homme qui pénètre un autre homme n'est pas considéré comme un homosexuel — et n'est donc pas un objet d'homophobie. Cela n'est pas le cas, par contre, pour l'homme qui se laisse pénétrer : s'étant abaissé au rôle de la femme, il est vu comme un homosexuel, et méprisé comme tel.

Homophobie et confusion des genres

Nous pourrions donc affiner notre définition, et dire que l'homophobie n'est pas seulement la peur ou le rejet envers la relation sexuelle homoérotique, mais aussi envers la confusion des genres. Ainsi, dans certains pays, le problème n'est pas qu'un homme en pénètre un autre : le problème, c'est d'être pénétré — c'est-à-dire qu'un homme puisse devenir « comme une femme ». De la même façon, dans beaucoup de sociétés, ce n'est pas le lesbianisme qui est réprouvé, mais le fait qu'une femme puisse se conduire « comme un homme ».

Même dans la pornographie, l'homosexualité doit respecter les genres pour être admise. Ainsi, les relations sexuelles entre femmes sont parfaitement tolérées tant que celles-ci sont « féminines » : dans les films pornographiques on voit des femmes d'une féminité outrancière, mais jamais des lesbiennes d'apparence masculine — qui sont pourtant tout aussi répandues dans le monde réel. Et dans les films pour homosexuels, les protagonistes sont toujours des hommes faisant preuve de la plus robuste virilité — mais jamais des « reines » ni des hommes efféminés, qui apparaissent plutôt comme des personnages risibles dans les comédies pour grand public.

Donc, la peur de l'homosexualité en recouvre une autre, qui est bien plus archaïque et universelle : la peur de la confusion des genres. Cette peur, qu'un homme puisse cesser d'être homme, ou une femme cesser d'être femme, a probablement des racines très profondes dans la culture humaine, tant individuelle que collective.

Il est donc important de faire une distinction entre le rejet de l'homosexualité et celui, plus archaïque, de la confusion des genres. Beaucoup de préjugés dérivent de ce dernier élément, plutôt que du premier. On entend souvent des hétérosexuels dire, quand ils viennent de connaître un homosexuel, des choses comme : « C'est curieux, je pensais qu'ils étaient tous efféminés ; or, celui-ci a l'air tout à fait masculin. » Ou bien, se référant à une lesbienne : « Mais elle est très jolie, on dirait une vraie femme ! » Il est donc indispensable qu'homosexuels et hétérosexuels comprennent que l'homosexualité n'a rien à voir avec le sexe biologique, et qu'elle ne l'affecte en aucune façon.

Mais sexe et genre ne sont pas la même chose ; et nous observons qu'une partie de cette peur relève justement de la confusion, assez générale, entre ces deux concepts. Le sexe se réfère à certaines caractéristiques biologiques : on naît mâle ou femelle, avec les attributs physiques correspondants. La notion de genre, par contre, comprend toute une série d'attitudes, d'idées, de sentiments et de conduites que l'on apprend depuis l'enfance, et qui constituent l'identité et le rôle masculin ou féminin. Un homme peut être masculin ou non, mais il reste toujours un homme ; une femme, même masculine, reste toujours femme. Ainsi, un homme qui se laisse pénétrer par un autre homme peut être considéré (et se considérer lui-même) comme moins masculin — mais il ne cesse pour autant d'être un homme. Et une femme qui aime les femmes peut être perçue comme « masculine » — mais elle est toujours une femme. Cela est particulièrement important pour les homosexuels qui souffrent souvent dans leur estime de soi justement parce qu'ils se considèrent moins hommes ou moins femmes.

Toutes ces idées et tous ces préjugés constituent ce que nous appelons aujourd'hui homophobie. Celle-ci, on le voit, n'est aucunement limitée aux hétérosexuels. Les homosexuels sont également exposés à ces idées reçues, et cela dès leur plus jeune âge (et bien avant d'avoir conscience de leur orientation sexuelle). L'homophobie est partout dans la culture, aussi bien dans les blagues et les ragots que dans les films, les livres, etc.

Or qu'arrive-t-il quand une personne est exposée, depuis toujours, à une certaine idée ? Elle finit par l'intérioriser : elle la fait sienne, l'adopte sans même s'en rendre compte, comme tant d'autres idées qui viennent former partie de son éducation. Alors, l'homophobie devient « naturelle » : elle devient une valeur implicite et inconsciente, générant des réactions immédiates, automatiques, et apparemment instinctives.

L'homophobie chez les hétérosexuels

L'homophobie remplit plusieurs fonctions importantes chez les hétérosexuels. Elle légitime leur propre orientation sexuelle ; leur fait sentir que leurs valeurs morales et leurs mœurs sexuelles sont naturelles et même supérieures ; leur permet de se sentir fiers de leur masculinité ou féminité. Qu'ils soient heureux dans leurs relations amoureuses ou non, qu'ils jouissent de leur vie sexuelle ou non, ils ont au moins la satisfaction de se sentir « normaux ». L'homophobie a donc comme fonction primordiale de « normaliser » l'hétérosexualité, et de lui donner un vernis de supériorité morale qu'elle n'aurait peut-être pas autrement.

Les homosexuels, c'est toujours les autres

Mais elle a aussi une autre fonction essentielle : elle permet à l'hétérosexuel de nier en lui-même tout désir homoérotique, quoique nous ayons tous (ou plutôt parce que nous avons tous) des tendances dans ce sens. Cela n'a rien d'étonnant : c'est ce qui arrive avec tous les désirs qui sont interdits par la société. Projetés vers le dehors, ils sont déposés chez les minorités comme les homosexuels, les Juifs, les Noirs, etc.

La projection est un mécanisme de défense inconscient par lequel nous attribuons à d'autres personnes les traits, les émotions ou les pensées que nous ne pouvons accepter en nous-mêmes parce qu'ils sont incompatibles avec nos valeurs morales ou notre image de nous-mêmes. Donc, au lieu de les reconnaître en nous, nous les plaçons au-dehors. Par exemple, nous investissons les autres des tendances ou désirs homosexuels que nous ne pouvons ou ne voulons pas voir en nous-mêmes : la projection homophobique fait que les homosexuels sont toujours les autres. Ainsi, l'homophobie « sauve » l'hétérosexuel de l'homosexualité.

Ce mécanisme explique aussi le phénomène collectif du bouc émissaire, par lequel la société attribue certains traits qu'elle n'accepte pas en elle-même à une personne ou à un groupe de personnes. C'est ainsi que fonctionne l'homophobie au niveau social : les homosexuels, surtout s'ils sont très visibles, servent de boucs émissaires à la société hétérosexuelle majoritaire. Cela explique que la libération gay soit systématiquement accompagnée par une réaction en sens contraire. Un paradoxe, et un dilemme, de ce mouvement, c'est précisément qu'au fur et à mesure que les homosexuels deviennent plus visibles, ils deviennent aussi une cible de plus en plus repérable pour la projection homophobique. Cela explique en partie qu'aux États-Unis la libération gay s'accompagne d'une homophobie de plus en plus explicite, organisée et militante.

L'homophobie sert aussi à banaliser l'homosexualité. À coups de stéréotypes et de simplifications, elle la caricature et la transforme en une parodie de la sexualité « naturelle » et de l'amour « véritable ». Le couple homosexuel, surtout s'il est âgé (ce qui entraîne encore d'autres idées reçues), est perçu comme une sorte de pastiche mignon du « vrai couple », qui est bien entendu hétérosexuel. Cette banalisation sert à dépouiller l'homosexualité de son caractère radicalement étranger et différent. Il est rassurant, quand on pense à l'homosexualité, d'avoir en tête un film aussi amusant et inoffensif que *La Cage aux folles*.

L'homophobie chez les homosexuels

L'homophobie joue un rôle très différent chez les homosexuels. Ses formes et manifestations peuvent changer au cours du cycle vital, mais elle sera toujours présente d'une façon ou d'une autre — au moins dans la société actuelle. Il peut sembler étrange qu'un homosexuel puisse avoir des préjugés ou sentir un certain rejet de l'homosexualité, mais c'est un phénomène très généralisé. L'homophobie ne s'exprime pas nécessairement d'une façon directe (ce qui la rend difficile de détecter) ; elle prend plutôt des formes indirectes que j'essaierai maintenant de décrire.

Il arrive souvent, par exemple, que les homosexuels se méfient de leurs propres désirs ou sentiments : ceux-ci peuvent leur paraître pervers, sales, ou même dangereux. Dans des cas extrêmes, ils peuvent même leur sembler étrangers, comme des pulsions qui ne leur appartiennent pas — qui ne viennent pas du dedans, mais du dehors. Tout cela peut, évidemment, avoir des conséquences très graves. Le fait pour une personne de rejeter systématiquement ses propres désirs ou sentiments finira, à la longue, par affecter ses relations avec les autres et avec elle-même, sa vie sexuelle, et même sa santé physique. Ce processus peut aboutir à la répression habituelle de certaines émotions, provoquant des problèmes importants dans les domaines de la communication et de l'intimité.

Les homosexuels souffrant d'un degré élevé d'homophobie intériorisée peuvent, par exemple, être incapables d'exprimer leur amour pour une personne de leur sexe — même s'ils vivent avec elle, ou maintiennent une relation avec elle, depuis des années. Il peut leur sembler normal que d'autres (par exemple, leur famille) critiquent ou ignorent leur partenaire ; et ils peuvent eux-mêmes reléguer leur relation de couple à un niveau très secondaire, faisant des projets d'avenir sans la prendre en compte. Il n'est pas rare de trouver chez les homosexuels (surtout masculins) une profonde ambivalence envers le couple : leur attitude implicite pourrait se résumer par « j'ai un ami, mais ce n'est pas vraiment mon couple ».

Ce rejet des émotions, des désirs et des besoins en soi-même peut se généraliser et s'étendre à *toute* la vie affective, et non seulement à l'amour ou à la sexualité. Une personne qui questionne ou qui réprime depuis toujours ce qui surgit en elle spontanément peut en arriver à se méfier de tous ses désirs et sentiments. Dans mon expérience thérapeutique, j'ai souvent entendu des homosexuels dire des choses comme : « Je savais qu'il ne fallait pas le faire : une petite voix m'a dit que ce n'était pas une bonne idée, mais je n'y ai pas fait attention. » Nous pourrions nous demander combien de conduites autodestructrices chez les homosexuels ne dérivent pas, en partie, de cette méfiance envers leur propre intuition, et de leur habituelle répression de leurs sentiments les plus profonds.

Une émotion qui est souvent réprimée, c'est la colère. N'oublions pas que les homosexuels sont l'objet d'agressions continuelles. Qu'ils l'admettent ou non, ils ne peuvent s'empêcher d'enregistrer les moqueries, les blagues, les étiquettes et la dévalorisation plus ou moins constantes, plus ou moins conscientes, auxquelles ils sont exposés quotidiennement. La question qui se pose n'est pas de savoir si tout cela les affecte ou non — car il est évident que oui — mais de savoir ce qu'ils font de la colère qu'ils devraient normalement ressentir. De la même façon, que font-ils de la colère qu'ils sentent parfois contre eux-mêmes, parce qu'ils sont différents ?

La réponse, c'est qu'ils tendent soit à réprimer, soit à déplacer, cette colère. Ainsi, il y a des homosexuels pour qui il est très difficile de se fâcher : toujours gentils, toujours bienveillants, ils tendent plutôt à la dépression. (N'oublions pas que la colère niée ou réprimée et tournée vers l'intérieur peut se transformer en dépression, qui est parfois interprétée comme une sorte de colère contre soi-même.) Ou bien cette colère peut se manifester par des conduites autodestructrices — qui sont malheureusement assez fréquentes dans le milieu homosexuel. Il y a aussi des homosexuels qui expriment cette colère sans cause repérable, et qui deviennent habituellement irritables, impatients ou intolérants. Quelle que soit la forme qu'elle adopte, selon la structure de la personnalité et le contexte social de chacun, nous devons toujours chercher la présence plus ou moins réprimée d'une colère longuement accumulée. Il est important d'en prendre conscience, et de la canaliser correctement. Toutes les émotions, tous les désirs, les fantasmes et les besoins qui sont systématiquement réprimés peuvent devenir comme une substance toxique dans le fonctionnement mental et physique, s'ils ne sont pas dûment détectés et travaillés.

La sensation d'être désavantagé

Un autre problème qui peut dériver de l'homophobie intériorisée est une image de soi dévalorisée : beaucoup d'homosexuels se considèrent comme limités d'une certaine façon, tant au niveau personnel qu'au niveau social ou même professionnel. Cette sensation diffuse d'être désavantagé est rarement verbalisée comme telle, et n'est pas nécessairement consciente. Mais elle est très répandue et peut prendre de nombreuses formes.

Commençons par une idée qui choquera sûrement beaucoup de lecteurs : il y a du vrai dans cette sensation de désavantage. En premier lieu, beaucoup d'homosexuels ont grandi et vécu dans un certain isolement affectif et social ; et cela ne peut que limiter leur développement social et professionnel. Il n'est pas étonnant, après tout, que les membres d'une minorité marginalisée trouvent parfois difficile d'entrer en relation avec la majorité. C'est une conséquence naturelle de la marginalisation, et cela reflète aussi les différences réelles entre les styles de vie homosexuel et hétérosexuel. Il y a, en effet, beaucoup de domaines affectifs et sociaux qui ne sont pas partagés. Ainsi, les hétérosexuels tendent à tisser leurs relations sociales autour de certains points communs comme le mariage, les enfants, les écoles, les relations de famille, etc. — des sujets qui n'affectent pas de la même façon les homosexuels. Il y a donc une certaine distance sociale réelle que nous pourrions qualifier d'inévitable, à cause des différences objectives entre le cycle vital des deux populations.

En deuxième lieu, comme nous le disions dans le chapitre 3,

beaucoup d'homosexuels n'ont jamais appris certaines compétences sociales qui sont propres à la culture hétérosexuelle. L'une d'entre elles, la facilité à entrer en relation avec les membres de l'autre sexe, est d'une importance capitale — quoique peut-être plus pour les lesbiennes que pour les homosexuels masculins. Il est intéressant de noter que ceux-ci maintiennent généralement de bonnes relations avec les femmes, tandis que les lesbiennes ont souvent des difficultés pour se lier d'amitié avec les hommes.

Cette différence a sans doute des racines à la fois psychologiques et sociales. En général, les homosexuels ont une meilleure relation avec leur mère que les lesbiennes avec leur père, pour des raisons complexes que nous n'examinerons pas ici. Il se peut aussi qu'une certaine sensibilité féministe y joue un rôle : nombre de lesbiennes n'ont aucune envie de maintenir des relations sociales avec les hommes. Quoi qu'il en soit, le résultat final, c'est que les lesbiennes tendent à avoir moins de contact avec les membres de l'autre sexe que les homosexuels.

Or, dans la société actuelle, il est très important d'avoir de bonnes relations avec les détenteurs du pouvoir, qui sont généralement des hommes. Ce fait n'affecte pas tellement les homosexuels, qui continuent d'être des hommes et qui sont donc mieux placés dans la hiérarchie sociale. Mais il affecte autrement les lesbiennes, qui ne sont généralement pas mariées et ont peu de relations sociales avec les hommes ; elles peuvent donc se retrouver encore plus marginalisées que les hommes vis-à-vis du monde du travail et du pouvoir.

Mais, au-delà de cette distinction entre hommes et femmes, il est probable que les homosexuels en général sont dans une position de faiblesse relative dans certains domaines de la vie professionnelle et sociale. La sensation de désavantage qu'ils peuvent ressentir correspond donc, en partie, à une réalité objective. Cependant, l'homophobie intériorisée aggrave les choses. Il n'est pas difficile de rencontrer des homosexuels qui n'arrivent pas aussi loin dans leurs études ou leur profession qu'ils le devraient. On les voit souvent douter d'eux-mêmes, de leurs capacités ou de leurs ambitions : ils tendent à être moins sûrs d'eux que les hétérosexuels, car ils ont intériorisé certains stéréotypes associés à l'homosexualité. En particulier, la vision de l'homosexualité comme un échec, une limitation ou un défaut peut résonner en eux de beaucoup de façons, à différents niveaux. Nous pourrions nous aventurer à dire que tout homosexuel, à un moment donné, s'est senti *être moins* : moins homme ou moins femme, moins doué pour la vie sociale ou professionnelle, ou moins apte pour le bonheur. Et même s'il a attribué ces sentiments à d'autres causes, nous devons considérer l'homophobie intériorisée comme une composante possible.

Paradoxalement, cette sensation diffuse d'infériorité ou d'insuffisance peut donner lieu à un effort continuel pour compenser le « défaut » de l'homosexualité dans d'autres domaines de la vie. L'homosexuel peut (inconsciemment) essayer de prouver qu'il est « acceptable » malgré tout selon les critères de la société hétérosexuelle. Cette surcompensation peut l'amener à devenir trop perfectionniste et exigeant avec lui-même : il peut sentir qu'il n'est pas « à la hauteur » dans de nombreux domaines. Comme toute minorité discriminée, il essaiera constamment de prouver qu'il peut satisfaire les demandes de la majorité. Nombre d'homosexuels se retrouvent ainsi à imiter des conduites ou des attitudes hétérosexuelles dans leur style de vie, la distribution des rôles dans leur couple, etc. La même dynamique de surcompensation peut amener l'homosexuel à essayer de toujours se montrer dans la meilleure lumière possible. Il lui sera alors difficile de montrer (ou même de reconnaître) ses limites, car « si j'échoue, les gens penseront que c'est à cause de mon homosexualité ».

Autres manifestations de l'homophobie intériorisée

Une autre manifestation de cette insécurité de base est une relative faiblesse dans les limites interpersonnelles. Beaucoup d'homosexuels sont, en effet, « trop bons » : toujours attentifs aux désirs ou aux besoins des autres, ils ont une certaine difficulté à affirmer ou à défendre les leurs. Habitués, par ailleurs, à cacher ou à minimiser leurs désirs, ils peuvent avoir du mal à les exprimer. C'est ainsi que beaucoup d'homosexuels maintiennent des relations de couple peu satisfaisantes : il y manque les limites qui sont au cœur de toute relation saine, et qui permettent aux gens de dire : « je ne suis pas d'accord », ou : « je n'en ai pas envie ». En outre, ils peuvent croire qu'ils ne trouveront personne d'autre qui puisse les aimer, si jamais ils se séparent de leur partenaire actuel. Cette dévalorisation de soi, ce manque de limites peuvent donc servir à maintenir des relations qui autrement ne survivraient pas.

Une autre manifestation importante de l'homophobie intériorisée est une certaine disposition à la honte. Beaucoup d'homosexuels se sont sentis honteux de leur orientation sexuelle à un moment ou à un autre de leur vie. Même s'ils ne ressentent plus cette honte dans le présent, ils continuent souvent d'être particulièrement susceptibles. Dans des cas extrêmes, ils se sentiront observés et jugés par les autres, même s'ils ne le sont pas. Ils peuvent parfois se sentir exclus, moqués, offensés ou méprisés, même si ce n'est pas le cas, et présenter un degré élevé de susceptibilité dans leurs relations interpersonnelles. Quand certains psychiatres et psychanalystes parlaient (et certains le font encore) de tendances paranoïaques chez les homosexuels, ils se référaient sans doute en partie à cette extrême susceptibilité [1]. Mais celle-ci peut aussi bien être interprétée comme une manifestation de l'homophobie intériorisée — et il est important de la travailler dans ces termes, avant de conclure qu'il existe une pathologie aussi grave que la paranoïa.

« Je ne suis pas homosexuel comme les autres »

Un autre phénomène intéressant qui dérive de l'homophobie intériorisée, c'est l'idée qu'ont beaucoup d'homosexuels sur l'homosexualité chez les autres. On entend souvent les homosexuels parler de « la plupart des homosexuels » comme si eux-mêmes n'en étaient pas. Cette attitude peut représenter une façon très saine de prendre du recul vis-à-vis de certaines idées reçues, et de rejeter les stéréotypes. Mais elle pose aussi un dilemme, car ils sont, finalement, tout aussi homosexuels que les autres. Cette dichotomie, cette équivoque qui consiste à dire : « j'en suis, mais je n'en suis pas », est encore une manifestation de l'homophobie intériorisée.

C'est une attitude qui mérite d'être analysée, comme quand un homme dit : « Je ne suis pas comme les autres hommes », ou une femme dit : « Je ne suis pas une femme typique. » Dans tous ces cas, il y a un questionnement des stéréotypes ou des idées normatives sur comment « devraient » être un homosexuel, un homme,

1. Par exemple : « Je n'ai jamais connu [d'homosexuel] qui ne présente pas des traits paranoïdes. Ils sont tous excessivement soupçonneux, ténébreux et méfiants… J'ai senti pendant des années que cette conduite était engendrée par notre civilisation, dans laquelle les homosexuels sont traités comme des parias. Cependant, je suis convaincu que cela est vrai seulement en partie. La majorité de ces traits est due à des fixations anales-sadiques et à des régressions. » A. A. Brill, « Homoeroticism and paranoia », dans *American Journal of Psychiatry*, 13, 1933, 957-974. Cité dans Erin G. Carlston, « Female homosexuality and the American medical community », dans Vernon A. Rosario (éd.), *Science and Homosexualities*, New York, Routledge, 1997, p. 188.

une femme. Il est important d'expliciter les conflits sous-jacents et de les résoudre, pour développer une identité qui soit pleinement intégrée.

Nous pourrions également nous demander si la jalousie, si commune dans les couples homosexuels, ne dérive pas en partie de cette même homophobie intériorisée. Le stéréotype de la promiscuité homosexuelle est tellement répandu que beaucoup d'homosexuels y croient, même quand ils ne s'y reconnaissent pas eux-mêmes. Il arrive très souvent qu'un homosexuel soit fidèle mais considère que son partenaire ne l'est pas, « parce que les homosexuels sont comme ça » ou parce que « le milieu est pourri ». C'est ce que les psychologues appellent la « dissonance cognitive », qui consiste à avoir deux convictions contradictoires en même temps. Et cette situation tend à provoquer une anxiété et une incertitude chroniques. Cette ambivalence qui fait que « j'en suis, mais pas comme les autres » est encore un reflet de l'homophobie intériorisée.

Il est d'ailleurs intéressant de se demander d'où vient cette conception de la promiscuité homosexuelle, si généralisée dans notre société. Avant la libération gay des années 70, l'homosexuel était vu comme un malade qui, tel un vampire, cherchait continuellement de nouvelles victimes pour assouvir ses désirs incontrôlables. Éternellement frustré et solitaire, il représentait un danger pour la société à cause de son goût pour la promiscuité prédatrice. Cette image a dominé la culture populaire jusqu'aux années 70 (et, dans certains milieux, jusqu'à ce jour).

Ensuite vint la libération gay, qui a coïncidé avec la révolution sexuelle et en est devenue un élément central. Pendant les années 70, homosexuels et hétérosexuels se sont livrés à l'exploration de l'amour libre, du couple ouvert, des ménages à trois et autres badineries sexuelles. Mais les homosexuels (qui n'ont été ni plus ni moins frivoles que les hétérosexuels) ont été jugés à part.

Alors que tous ces divertissements sexuels ont été considérés comme une phase passagère dans l'évolution des mœurs, ou comme un passe-temps juvénile pour la génération de l'après-guerre, chez les homosexuels ils ont été perçus comme un attribut essentiel. Là où les hétérosexuels ont été rebelles, contestataires, coquins et bohèmes, les homosexuels ont acquis une nouvelle série d'étiquettes beaucoup moins amusantes et en plus permanentes : frivoles, dégénérés, impulsifs, confus, et de toute évidence incapables de contrôler leurs désirs ou de maintenir une relation amoureuse durable. En un mot, les hétérosexuels de cette génération se sont mariés et ont eu des enfants, alors que les homosexuels sont restés… homosexuels.

Et puis est arrivée la tragédie du sida. Identifié à ses débuts comme une maladie homosexuelle, il a été perçu par la société bien pensante comme un châtiment divin ou biologique de la promiscuité et de l'immoralité des homosexuels. Peu importait que le sida fût aussi dangereux pour les hétérosexuels, ou qu'il touchât beaucoup plus la population hétérosexuelle dans de nombreux pays : l'étiquette resta, et fut superposée aux stéréotypes qui existaient déjà.

La promiscuité des dernières décennies

Cela ne veut pas dire, bien sûr, que les homosexuels soient particulièrement chastes. Les chiffres mesurant les contacts sexuels entre hommes homosexuels sont parfois difficiles à croire. On estime que les membres de certaines communautés gay importantes, dans de grandes villes comme New York ou San Francisco, avaient en moyenne une ou deux rencontres sexuelles par jour avant la dévastation du sida. Mis à part toute considération morale, que faut-il en penser ?

Plusieurs interprétations sont possibles. Nous pourrions mener une analyse socio-économique et noter que les homosexuels du monde industrialisé jouissent de revenus plus élevés que la moyenne, n'ayant pas de femmes ni d'enfants à charge. Ils seraient donc particulièrement exposés au consumérisme, dont les conquêtes sexuelles en série sont une forme exacerbée. Nous pourrions développer une analyse féministe, et dire que la promiscuité est une affaire d'hommes : dans cette optique, la sexualité homosexuelle nous montre ce qu'est la sexualité masculine quand il n'y a pas de femme pour la « civiliser » et lui donner un contenu affectif, et quand il n'y a pas de famille pour retenir l'homme à la maison.

Il est également possible que les hommes puissent avoir avec d'autres hommes des conduites sexuelles que les femmes n'admettent pas. Dans de nombreux pays, la libération sexuelle n'est jamais parvenue jusqu'aux femmes, et celles-ci ont grandi dans une morale sexuelle traditionnelle. Ainsi, dans beaucoup de sociétés, le sexe oral et anal, la masturbation et peut-être d'autres formes de stimulation sexuelle ne sont pas des activités acceptables pour les femmes (à l'exception des prostituées, qui sont payées justement pour ce genre de services). Et dans les sociétés plus libérales, les femmes peuvent maintenant dire non à des activités dont elles n'ont pas envie. Alors, les hommes trouvent peut-être avec d'autres hommes des options sexuelles qui ne sont pas normalement à leur disposition [1]. Il est également probable que les homosexuels se sentent plus libres que les hétérosexuels, n'ayant pas à s'inquiéter d'une grossesse ni d'un éventuel mariage forcé. Donc, la variété, la fréquence et la liberté relatives de la relation sexuelle homoérotique pourraient contribuer à expliquer la promiscuité chez les hommes homosexuels.

Nous pourrions aussi parler d'une hypothétique nécessité chez l'homme d'accumuler continuellement des conquêtes sexuelles, homo — ou hétérosexuelles. Dans cette vision, l'auto-estime et le pouvoir de l'homme face à ses pairs dépendraient de sa capacité de conquête. Nous pourrions également parler des tendances autodestructrices que l'on observe parfois chez les minorités stigmatisées et marginalisées, et qui peuvent se manifester par toutes sortes de conduites dangereuses. Ou bien, en adoptant un point de vue historique, on pourrait dire que la promiscuité généralisée est typique de certaines époques : dans cette optique, les homosexuels n'ont fait que profiter, grâce à leur relative liberté, d'une de ces phases historiques de libertinage [2].

Mais il n'est pas dans mes possibilités d'en tirer une conclusion unique. Il faudrait être spécialiste en plusieurs domaines — la psychologie, la sociologie, la biologie, l'histoire, l'analyse idéologique, etc. — pour pouvoir expliquer un phénomène aussi complexe. Par contre, il faudrait être très innocent pour dire, tout simplement, que la promiscuité homosexuelle existe parce que les homosexuels sont comme ça. Cette généralisation est pourtant

1. Cela ne constitue pas, bien sûr, une explication de l'homosexualité masculine. La théorie selon laquelle les gens deviennent homosexuels par manque d'options hétérosexuelles est peut-être valable dans les prisons ou les couvents, mais certainement pas dans la société dans son ensemble. Il suffit de rappeler que la prostitution existe même dans les sociétés les plus « fermées », assurant une option hétérosexuelle en permanence — et qu'il existe également une prostitution masculine, ce qui ne serait pas le cas si les hommes préféraient toujours avoir des relations sexuelles avec les femmes.

2. Nous examinerons plus loin la sexualité collective et la promiscuité dans les établissements spécialisés, à partir des années 70, ainsi que les modalités des relations sexuelles homoérotiques.

passée dans la culture, et sert à maintenir toute une constellation de stéréotypes associés.

En outre, l'idée d'une promiscuité inhérente à l'homosexualité ne prend pas en compte le fait que beaucoup d'homosexuels ne s'y livrent pas, et que les lesbiennes en général maintiennent des relations sinon stables, du moins monogames. Mais le stéréotype reste intact, non seulement chez les hétérosexuels mais chez les homosexuels ; et comme tel, il fait partie de l'homophobie intériorisée. C'est pour cela que beaucoup d'homosexuels disent qu'ils ne sont pas « typiques », et qu'ils n'aiment pas être caractérisés comme tels. Ils connaissent aussi bien que quiconque les stéréotypes, mais ceux-ci ne correspondent pas à leur réalité vécue. Alors, ils sont homosexuels... mais pas comme les autres. Ce genre d'ambivalence peut exacerber une crise d'identité, ou même de couple : il arrive souvent qu'un des deux partenaires se considère « atypique », tout en croyant que l'autre est, au fond, « comme tous les homosexuels ».

La promiscuité, l'instabilité, la frivolité existent aussi bien chez les homosexuels que chez les hétérosexuels. Mais, chez ces derniers, personne ne songe à dire que cela est dû à leur orientation sexuelle. Dans les cas des homosexuels, par contre, c'est la première explication qui vient à l'esprit.

Parlant des stéréotypes, nous ne pouvons laisser de côté le sentiment de rejet, voire de répulsion, que ressentent beaucoup d'hétérosexuels envers les pratiques sexuelles des homosexuels. Tout d'abord, il est important de faire une distinction entre ce que les homosexuels font au lit, et ce que les gens s'imaginent. Par exemple, selon une croyance assez répandue, les lesbiennes utiliseraient des godemichés pour faire l'amour et les homosexuels pratiqueraient toujours la pénétration anale. Comme nous le verrons plus loin, ces stéréotypes ne correspondent pas toujours à la réalité.

Mais, quoi qu'il en soit, l'important c'est qu'aucune pratique sexuelle n'est en elle-même plus ou moins « répugnante » qu'une autre ; la sexualité homosexuelle n'est ni plus ni moins esthétique que celle des hétérosexuels. Et il n'y a certainement rien que les homosexuels puissent faire au lit que les hétérosexuels ne fassent également. Mais on ne peut nier qu'il existe dans la culture un rejet généralisé envers la sexualité homosexuelle, attribuable à la persistance des stéréotypes que nous venons de décrire, et donc à l'homophobie.

Les « perversions » sexuelles

Au-delà des conduites sexuelles quotidiennes des homosexuels et des lesbiennes, il existe d'autres stéréotypes dérivant de l'homophobie. Ainsi, certaines « perversions » sexuelles sont souvent considérées comme caractéristiques ou même exclusives de l'homosexualité. C'est le cas du sadomasochisme, devenu très visible à cause du cuir et des chaînes qui lui sont attachés dans l'imaginaire social. Mais le sadomasochisme, couramment mis en rapport avec l'homosexualité masculine, existe tout aussi bien dans les rapports hétérosexuels.

Il en va de même pour la pédophilie. De nombreuses études ont montré que celle-ci implique le plus souvent des hommes qui abusent sexuellement de filles, et beaucoup moins de garçons. La grande majorité des cas de pédophilie est donc de nature hétérosexuelle — et implique presque toujours des hommes. Les cas de femmes abusant de mineurs — soit filles, soit garçons — sont rarissimes. La pédophilie apparaît donc comme un désordre sexuel concernant plus les hétérosexuels que les homosexuels — c'est-à-dire davantage à mettre en relation avec le genre qu'avec l'orientation sexuelle. Cependant, cette catégorie de pratiques sexuelles est couramment associée à l'homosexualité, comme le montre clairement l'usage des mots « pédé » ou « pédéraste » pour parler des homosexuels.

Hommes violents, femmes tendres

Un autre stéréotype, qui a néanmoins une part de vérité, est celui de la violence dans les rapports sexuels entre hommes. Les médecins rapportent beaucoup de cas de lésions anales chez les homosexuels masculins. En particulier, l'insertion de toutes sortes d'objets dans l'anus peut être non seulement douloureuse, mais encore très dangereuse. Il faudrait se demander cependant si ce genre de conduite découle réellement de l'homosexualité en soi, de la sexualité masculine, ou bien d'autre chose. Par exemple, il est très commun que ces actes aient lieu sous l'influence de certaines drogues ou de l'alcool — sans lesquels ils seraient très douloureux, voire impossibles. Ces conduites seraient donc à mettre en rapport (au moins en partie) avec l'abus de drogues et d'alcool, qui permettent justement des activités sexuelles qui autrement seraient mal supportées[1]. En fait, diverses drogues sont utilisées dans certains milieux gay pour stimuler l'énergie sexuelle, détendre les sphincters et atténuer la douleur. Il est donc possible que la violence sexuelle entre hommes dérive non pas de l'homosexualité en tant que telle, mais plutôt d'une certaine sous-culture gay qui s'est développée au cours des années 80 et 90.

Un autre fait intéressant est que les relations érotiques entre femmes sont beaucoup moins choquantes pour les hétérosexuels que celles entre hommes. Au cinéma, par exemple, le public se montre généralement plus offusqué ou indigné par deux hommes qui s'embrassent que par deux femmes. Pourquoi ? Sans doute la sexualité masculine est-elle perçue comme plus menaçante, et la féminine, pour des raisons idéologiques, comme plus « passive » et donc inoffensive. On retrouve là l'idée que la « vraie » sexualité réside dans les hommes : les femmes n'auraient pas de sexualité indépendante de l'homme. La relation érotique entre femmes est tendre et douce, une version « light » du vrai sexe ; chez les hommes elle est agressive, quasiment animale.

Ces deux représentations exagérées de l'homosexualité sont des stéréotypes qui aident les hétérosexuels à « cataloguer » l'homosexualité selon des critères simplistes, sinon caricaturaux. On pourrait dire tout simplement qu'elles ne correspondent pas à la réalité, et les laisser de côté, si elles n'étaient pas si dangereuses. Mais ces clichés ont beaucoup contribué à la haine et à la violence envers les homosexuels. Quand un homme viole une lesbienne, c'est parfois pour qu'elle connaisse « le vrai sexe ». Quand une bande de jeunes harcèle, bat ou tue un homosexuel, c'est souvent « parce qu'ils aiment ça ». Il y a, en effet, des clichés qui tuent — et les plus dangereux sont, sans doute, ceux qui se rapportent à la sexualité. L'homophobie prend beaucoup de formes ; mais nous ne devons pas oublier qu'elle ne constitue pas seulement une façon de penser. Elle est aussi une source de violence.

Différentes façons d'être homosexuel

Nous avons examiné quelques-unes des manifestations de l'homophobie intériorisée. Nous pourrions maintenant nous demander *comment* les homosexuels intègrent tous ces modèles et stéréotypes. Il ne fait pas de doute que les homosexuels, aussi bien que

1. Entretien avec le Dr Victor Simon, Paris, 24 novembre 1998.

les hétérosexuels, apprennent à jouer les rôles que la société leur impose et attend d'eux. Exactement comme les jeunes hétérosexuels assimilent les conduites, les attitudes et le langage corporel propres aux rôles hétérosexuels, les homosexuels s'approprient peu à peu les conduites, les gestes et les rôles qui sont considérés comme « typiques » de l'homosexualité.

Il n'est pas étonnant qu'il existe, dans le monde globalisé d'aujourd'hui, un style gay parfaitement défini qui comprend une façon de s'habiller, de parler, de se mouvoir, et toute une série de gestes et de goûts immédiatement repérables pratiquement partout. Cependant, ce « style gay » n'a pas toujours été le même, et il est très intéressant de voir comment il a évolué pendant les vingt dernières années. Avant, les hommes qui affichaient leur homosexualité étaient maniérés et, jusqu'à un certain point, efféminés. Mais depuis les années 80 est apparue une typologie radicalement différente. Aujourd'hui, l'homosexuel n'a plus rien d'efféminé. Au contraire, avec ses cheveux courts, sa moustache, son corps musclé par des visites quotidiennes au gymnase et son blouson de cuir noir, il présente une virilité appuyée.

Je ne doute pas que ce style passera de mode, lui aussi. Mais l'important, c'est que les homosexuels apprennent à être homosexuels d'une certaine façon — et que cette façon change précisément parce qu'elle est *apprise* et non pas innée.

Évidemment, tous les gays n'adoptent pas le style gay — loin de là. Mais quand ils le font, même s'ils vivent dans des pays différents, ils tendent à devenir très semblables — et c'est étrange, si nous pensons à l'énorme diversité de cultures dans le monde, et aux nombreuses formes que prend la masculinité dans divers pays. L'homme hétérosexuel français a un langage corporel très différent de celui d'un homme américain ; mais un homosexuel français ressemble beaucoup, dans sa façon de s'habiller, de se mouvoir et de s'exprimer, à un gay américain. Nous pouvons en déduire qu'il existe quelque chose qui ressemble à un langage, ou à une série de codes partagés, entre homosexuels dans le monde occidental. Et nous pouvons supposer que ce langage est appris, comme le sont tous les langages.

Des stéréotypes globalisés et locaux

Tout comme les hétérosexuels apprennent une façon particulière d'être hétérosexuels selon leur contexte culturel, les homosexuels assimilent des formes socialisées pour exprimer leur orientation sexuelle. Mais qu'apprennent-ils, exactement ? En tout premier lieu, ils intériorisent des stéréotypes. Ils assimilent les images de l'homosexualité qui font maintenant partie d'une culture globalisée, comprenant certaines modes et un langage corporel particulier.

Mais ils apprennent aussi les stéréotypes en vigueur dans leurs propres pays. Par exemple, si la société locale considère que les homosexuels sont efféminés, les homosexuels adopteront des gestes et des manières efféminés. Si l'on considère comme typique des homosexuels qu'ils adorent l'opéra, on trouvera une proportion démesurée d'homosexuels fanatiques de l'opéra. De la même façon, si la culture locale pense que les lesbiennes sont des femmes hautement raffinées et sensibles, nous trouverons des homosexuelles excessivement sophistiquées et féminines. Si l'on pense, au contraire, qu'elles sont des hommes ratés, alors les lesbiennes dans cette société tendront à présenter des conduites et des attitudes masculines.

Voilà d'ailleurs pourquoi les homosexuels sont plus stéréotypés, ou plus reconnaissables comme tels, dans les pays où les rôles masculin et féminin sont plus différenciés et stéréotypés — c'est-à-dire dans les sociétés « machistes ». Les homosexuels tendent à être plus visibles, plus « différents », dans les pays du tiers-monde, alors que dans les pays industrialisés ils se fondent davantage dans la population générale. Ainsi, un homosexuel danois ressemble à n'importe quel Danois ; au Mexique, cela est moins vrai.

Cette analyse s'étend aussi aux classes sociales. Plus on monte dans l'échelle socio-économique, moins l'homosexualité est visible. En un mot, elle se cache mieux. Ainsi, dans une certaine vision des choses, un homme riche qui aime les arts et qui a un style de vie raffiné n'est qu'un homme cultivé ; mais un pauvre qui aime les arts et qui cultive un raffinement « déplacé » est sans doute homosexuel. La catégorisation de l'homosexualité, selon laquelle ce sont les hétérosexuels qui « décident » qui est homosexuel et qui ne l'est pas (voir le chapitre 4), a sans doute un élément de classe ; et les formes de l'homosexualité ont bien, au-delà de leurs connotations locales, une dimension socio-économique. C'est d'ailleurs une des raisons pour lesquelles le transvestisme (la forme la plus extrême de l'homme efféminé) est beaucoup plus répandu dans les milieux populaires que dans les classes moyennes ou élevées. (Il faut se rappeler également que le transvestisme est souvent associé à la prostitution, et que celle-ci apparaît plutôt chez les pauvres.)

L'homophobie apprise

Mais les homosexuels, où qu'ils soient, n'apprennent pas seulement le langage corporel ou les modes que la société leur impose. Ils apprennent aussi (plus ou moins, selon le pays) que les homosexuels sont inconstants, instables, impulsifs, et tous les autres stéréotypes dérivés de l'homophobie. Alors, exactement comme les hétérosexuels apprennent à jouer les rôles d'amant, d'époux et de parent, et assimilent les règles du jeu du mariage heureux et de la famille unie, les homosexuels apprennent le jeu de la conquête sexuelle, de la promiscuité, du couple infidèle, des drames de la jalousie, etc. En un mot, ils intériorisent et jouent les rôles et les conduites que la société attend d'eux.

Il est difficile de comprendre que ces rôles et conduites soient appris, et non pas innés ; imités, et non pas naturels ; sociaux, et non pas individuels. Se détacher des stéréotypes intériorisés est une tâche ardue, et il est probable que peu d'homosexuels puissent l'accomplir par eux-mêmes. Mais elle est absolument nécessaire pour développer une identité homosexuelle saine. La création d'une identité propre, c'est-à-dire l'individuation dans quelque domaine que ce soit, impliquera toujours un questionnement des stéréotypes.

La remise en question des stéréotypes

Depuis les années 60, les homosexuels ont remis en question tous les stéréotypes antérieurs de l'homosexualité, de même que les hétérosexuels se sont éloignés des modèles traditionnels de la masculinité, de la féminité et du couple. C'est ainsi que les hippies ont montré que les cheveux courts ne sont ni « naturels » ni inévitables chez les hommes. Et les femmes ont appris, grâce au féminisme, qu'elles ne sont nullement condamnées par la nature à être des épouses et des mères soumises ; elles savent maintenant qu'elles peuvent aspirer à d'autres rôles que ceux qui leur sont dictés par les hommes. De la même façon, les homosexuels doivent apprendre à se détacher des rôles et des stéréotypes que la société leur a imposés. Les homosexuels ne sont pas « naturellement » instables, ni inconstants, ni jaloux, ni sur-sexués ; et il est indispensable qu'ils puissent voir ces étiquettes d'un œil critique, pour se libérer d'elles. C'est la seule solution véritable à l'homophobie intériorisée.

En fait, quelque chose de ce genre est déjà en train de se produire dans de nombreux pays. Beaucoup d'homosexuels préfèrent aujourd'hui le style masculin et se moquent de l'image classique de l'homosexuel efféminé. Et (en grande partie à cause du sida) ils explorent de plus en plus des alternatives à la promiscuité et cherchent à former des couples stables. Ils s'éloignent ainsi des stéréotypes antérieurs. De même, quand les lesbiennes cessent de s'habiller et de se conduire comme des hommes, elles rejettent implicitement le cliché de la lesbienne comme homme raté.

Cette entreprise iconoclaste n'est évidemment pas limitée aux homosexuels ; les hétérosexuels aussi remettent en question tous les modèles reçus. Nous pourrions dire dans ce sens que la mode androgyne des années 90 représente un effort pour se libérer des rôles et des apparences traditionnels de la masculinité et de la féminité, pour créer un style de vie plus libre.

Cela nous amène à un paradoxe : en un sens, pour être un homosexuel véritablement « libéré », il ne faut pas être *plus*, mais *moins* « homosexuel ». Dans cette perspective, au fur et à mesure que les stéréotypes traditionnels disparaîtront, les différences sociales entre homo — et hétérosexuels tendront à s'estomper également. Mais, tant que ce but (probablement utopique) ne sera pas atteint, ce sera à chaque individu de mener à bien cette remise en question. Je crois que tout homosexuel doit analyser les stéréotypes qui le gouvernent, se détacher de ceux qui ne lui conviennent pas, et développer une façon de vivre son orientation sexuelle librement — tant dans sa vie personnelle que dans ses relations de couple et dans sa position vis-à-vis de la société.

Beaucoup d'homosexuels le font déjà. En nombre croissant, ils prennent leurs distances vis-à-vis du milieu gay, cessent de fréquenter les bars, et entrent dans des relations solides. Bien sûr, cette option présente à la fois des avantages et des désavantages. Elle mène à une individuation et à une stabilité affective plus grandes, mais implique aussi une solitude accrue. On y perd un certain sens de la communauté, qui est un appui important pour beaucoup d'homosexuels. En effet, les couples stables qui cessent de fréquenter « le milieu » vivent relativement isolés des autres homosexuels. Mais se détacher des stéréotypes a toujours eu un prix, et la société actuelle offre peu de solutions de remplacement.

Il est possible qu'un jour les homosexuels puissent vivre plus ouvertement, sans devoir aller dans des endroits spécialisés pour se connaître et se réunir entre eux. Il y a certainement eu un énorme progrès dans ce sens pendant les années 90. De plus en plus, les homosexuels peuvent se rencontrer dans des endroits qui ne sont pas des bars ou des discothèques, mais des gymnases, des espaces culturels ou de détente. Peu à peu, les préjugés et les stéréotypes sont en train de céder ; et nous pouvons espérer qu'un jour les terribles barrières entre homo — et hétérosexuels finiront par tomber.

L'homosexualité disparaîtra alors en tant que critère pour classer les individus. On ne dira plus des personnes qu'elles sont homosexuelles en premier lieu, exactement comme le fait d'être juif ou noir n'est plus la définition centrale imposée aux membres de ces populations. L'homosexualité deviendra une caractéristique parmi d'autres, comme le fait d'avoir les yeux bleus ou d'aimer le football. Il semble d'ailleurs y avoir une évolution naturelle dans ce sens, aussi bien au niveau individuel que social. Quand une personne a bien accepté son homosexualité, celle-ci perd peu à peu son importance et devient enfin un élément de la vie parmi tant d'autres. Elle cesse d'être le facteur principal dans l'image qu'on a de soi-même. L'homosexuel mûr, pour qui son orientation ne pose plus de problème, devient paradoxalement « moins » homosexuel : moins obsédé, moins intéressé par le monde gay, moins prêt à socialiser avec des inconnus uniquement parce qu'ils sont de la même orientation sexuelle ; comme les hétérosexuels adultes, il cesse peu à peu de voir tout le monde en fonction de la sexualité. Dans ce sens, l'homosexualité tend à disparaître chez les individus, et dans les sociétés, qui ont atteint la maturité.

L'homophobie chez le thérapeute

Analysons enfin le problème de l'homophobie chez le thérapeute, tant de son point de vue que de celui de son patient. Le curieux de l'affaire, c'est qu'il est tout à fait possible qu'aucun des deux ne perçoive cette homophobie. Sous le couvert de la neutralité et d'un savoir supposé expert, le thérapeute peut penser et dire presque n'importe quoi dans le domaine de l'homosexualité, sans jamais être questionné. J'ai entendu nombre de thérapeutes s'exprimer sur ce sujet non seulement avec la plus grande ignorance, mais sans se rendre compte de leurs préjugés et encore moins de leur manque de connaissances. J'ai entendu des thérapeutes confondre homosexualité, transsexualisme et travestisme ; tenir pour certain que tout homosexuel masculin a eu un père distant ; assurer que l'homosexualité a des causes hormonales, et qu'elle sera un jour guérissable comme tant d'autres maladies ; prétendre pouvoir détecter un homosexuel à des lieues de distance, par ses airs efféminés et son ton de voix. Je connais un médecin qui, invité à assister à un cours sur l'homosexualité, a refusé en disant : « Je sais déjà tout ce que je veux savoir là-dessus. »

Mais le thérapeute homophobe ne se caractérise pas seulement par ses préjugés et son ignorance. La différence la plus importante entre un thérapeute homophobe et un autre qui ne l'est pas réside dans son interprétation de la psychopathologie et dans ses critères diagnostiques. Pour le thérapeute homophobe, le diagnostic principal sera toujours l'homosexualité : qu'un patient soit déprimé, ait une personnalité paranoïde, ou soit alcoolique, ce sera toujours une conséquence de l'homosexualité. Et celle-ci sera pour lui le problème central.

Comme nous l'avons vu, les homosexuels connaissent des problèmes psychologiques spécifiques ; la différence réside dans leur interprétation. Par exemple, si un thérapeute traditionnel reçoit un patient homosexuel déprimé qui a du mal à identifier et à exprimer ses sentiments, qui noue des relations courtes et instables, qui manque d'assurance et semble incapable de mener à bien ses projets de vie, il pourra considérer que ce patient souffre d'une dépression superposée à une personnalité limite (*borderline*), avec des traits schizoïdes et paranoïaques.

Il essaiera peut-être alors de développer chez ce patient les domaines de sa vie libres de conflit, mettant de côté son homosexualité et centrant le travail thérapeutique sur les parties « saines » de sa personnalité — c'est-à-dire sur les parties qui ne présentent pas de problème. Dans cette optique traditionnelle, il ne sert à rien de travailler l'homosexualité en tant que telle ; ce serait une perte de temps, puisqu'il s'agit d'un problème sans solution. Le but thérapeutique sera plutôt d'aider la personne à vivre sa vie sans être trop affectée par l'homosexualité — en un mot, à faire comme si elle était hétérosexuelle. (Si cela semble exagéré, et ce sera sans doute le cas pour les lecteurs de ce livre, rappelons que de nombreux homosexuels passent des années en psychothérapie sans approfondir, voire sans même aborder, le sujet de leur homosexualité.)

Cette approche est totalement contre-indiquée. Le fait d'isoler l'homosexualité des autres domaines de la vie, et d'essayer de développer ceux-ci comme si celle-là n'existait pas, ne peut qu'exacerber la sensation de compartimentation ou de fragmentation que nous avons déjà évoquée.

Un thérapeute sensible aux particularités de l'identité homosexuelle ne mettra jamais de côté l'homosexualité : il tâchera, au contraire, d'explorer le processus de construction de cette identité chez le patient, depuis ses premiers désirs et expériences jusqu'à l'explication et la conception qu'il en a actuellement. Il examinera l'image que ce patient se fait de lui-même et celle qu'il montre aux autres, et l'aidera à prendre conscience de son homophobie intériorisée. Il l'amènera à comprendre comment il a appris à nier ou à cacher ses désirs et ses sentiments — pour des raisons légitimes, mais à un prix élevé. Il tâchera de développer chez le patient une forme de communication plus personnelle et intime, mais seulement dans des situations sans risque et avec des interlocuteurs appropriés. Il explorera avec le patient ses attentes et ses préjugés en ce qui concerne la relation de couple, et lui demandera jusqu'à quel point il a vraiment essayé de maintenir une relation stable au lieu de s'éloigner chaque fois que des problèmes surgissent.

Le but dans une telle thérapie ne sera pas de *séparer* le patient de son homosexualité, mais au contraire de l'aider à *intégrer* celle-ci dans une identité complète et non plus fragmentée. En un mot, il s'agit de construire une nouvelle image de soi qui *inclue* l'homosexualité d'une façon acceptable pour chaque individu, et non pour sa famille ou la société. Cette approche est radicalement différente de celle de la psychothérapie traditionnelle : le but n'est pas de vivre heureux *malgré* l'homosexualité, mais bien *grâce à* l'homosexualité.

Exercices pour détecter et travailler l'homophobie intériorisée, individuellement ou en thérapie

— Imaginez ce que disent de vous les hétérosexuels proches de vous : camarades de classe ou de travail, votre patron, etc. D'après vous, votre homosexualité est-elle importante pour eux ? Que savent-ils, que disent-ils, de votre style de vie, de votre couple, de votre personnalité et de vos goûts ? Qu'aimeriez-vous qu'ils disent ?

— Parlez-vous trop ou trop peu de votre vie personnelle avec vos connaissances, tant homosexuelles qu'hétérosexuelles ? Pourquoi ?

— Quand vous faites de nouvelles connaissances, qui ne savent pas que vous êtes homosexuel, quelle impression essayez-vous de leur donner ? Essayez-vous de cacher ou, au contraire, de révéler votre orientation sexuelle, et comment ?

— Croyez-vous que les gens puissent deviner que vous êtes homosexuel ? Si oui (ou si non), pourquoi ?

— Auriez-vous préféré être hétérosexuel ? Si oui, ou si non, pourquoi ?

— Vous êtes-vous parfois demandé si vous êtes réellement homosexuel ? Si oui, à quels moments de votre vie ?

— Imaginez une conversation où votre mère apprend à sa meilleure amie que vous êtes homosexuel. Comment s'y prend-elle ? Comment explique-t-elle votre homosexualité ? Faites le même exercice avec votre père, vos frères et sœurs, un ami d'enfance. (Imaginer ce que disent des proches à propos de soi est un exercice projectif, qui vise à révéler ce que l'on pense en réalité de son homosexualité.)

— Le thérapeute doit travailler avec le patient le thème de la colère : est-elle bien dirigée et exprimée ? L'aider a expliciter contre qui il ressent de la colère, en ce qui concerne son homosexualité : a-t-il trouvé l'appui ou la compréhension qu'il espérait de la part de sa famille et de ses amis ? S'est-il fâché quelque fois avec eux à ce sujet ? Pourquoi oui, ou pourquoi non ?

Pour détecter l'homophobie chez le thérapeute

— Demandez au thérapeute s'il a travaillé avec beaucoup d'homosexuels, et s'il leur a trouvé des traits communs. S'il répond en termes de psychopathologie, changez de thérapeute. S'il dit qu'il peut « guérir » l'homosexualité (ou au contraire que l'homosexualité n'est pas « guérissable »), sortez en courant.

— Demandez au thérapeute quelle est, d'après lui, la cause de l'homosexualité. S'il dit le savoir, c'est qu'il n'est pas au courant des recherches actuelles. (La meilleure réponse, c'est qu'il y a beaucoup de causes possibles — voir les chapitres 2 et 3 — mais que rien n'a encore été prouvé de façon définitive ; il y a probablement une combinaison de facteurs, pas une explication unique.)

— Si le thérapeute dit qu'il travaille avec les homosexuels exactement comme s'ils étaient « normaux », changez de thérapeute. S'il dit qu'il travaille avec eux comme s'ils étaient hétérosexuels, c'est déjà une réponse plus acceptable — mais qui révèle quand même une certaine méconnaissance du sujet.

Il est important de se rappeler que l'homosexuel a le droit d'être traité par quelqu'un qui connaisse à fond sa problématique, exactement comme les enfants, les personnes âgées, les alcooliques, et autres populations spéciales.

Exercices pour aider le thérapeute et la famille de l'homosexuel à détecter leur propre homophobie

— Examinez soigneusement vos réactions au corps et au langage corporel de l'homosexuel : que vous font sentir son visage, sa bouche, ses mains, sa façon de s'habiller et de se mouvoir ? Prenez conscience de l'ensemble de vos réactions, associations et fantasmes. Que vous provoquent-ils : répulsion, curiosité, colère, peur, tendresse, pitié, attraction ?

— Souvenez-vous d'expériences ou d'un désir homosexuels que vous pourriez avoir eus. Rappelez-vous tout ce que vous avez senti et pensé. Comment l'interprétez-vous maintenant ?

— Si vous n'avez jamais eu de désirs ni d'expériences homosexuels, demandez-vous pourquoi. Est-ce parce que vous êtes « normal » ? Parce que vous n'en avez jamais eu l'opportunité ? Qu'auriez-vous senti, pensé et fait si l'occasion s'était présentée ?

— Demandez-vous comment vous savez ce que vous savez de l'homosexualité. Faites une liste des homosexuels que vous avez connus, des rumeurs que vous avez entendues, des films que vous avez vus, etc. À quelles conclusions vous ont amené ces expériences, sur l'homosexualité et sur vous-même ?

— Imaginez que vous vivez dans une société dans laquelle il est préférable d'être homosexuel. Les gens s'unissent hétérosexuellement seulement pour se reproduire. Il est honteux d'être hétérosexuel, et le fait de le montrer en société est un signe de dépravation. Comment vous sentiriez-vous dans une telle société ?

6

Le couple homosexuel en général

Le couple homosexuel partage beaucoup de caractéristiques du couple hétérosexuel. Mais il présente aussi un certain nombre de différences que j'essaierai maintenant de décrire. Dans ce chapitre, j'examinerai quelques éléments communs aux couples homosexuels masculins et féminins ; ensuite j'analyserai les deux types de couple d'une façon plus détaillée dans les chapitres suivants.

Une raison d'être différente

La raison d'être et la signification du couple homosexuel sont très différentes de celles du couple hétérosexuel. Il n'a pas les fondements juridiques ni économiques du mariage ; c'est une relation qui n'est pas reconnue par la société ou par l'État. Il n'a pas pour but de fonder une famille ni de formaliser une union amoureuse aux yeux de la société. Il ne cherche pas non plus à légitimer ni à régulariser les relations sexuelles. Il n'a aucun but dynastique, dans le sens traditionnel de donner une descendance ou de consolider des alliances économiques ou politiques. Il n'a donc aucune des fonctions traditionnelles associées au mariage hétérosexuel. Son principal fondement et sa raison d'être sont d'ordre affectif. Deux personnes homosexuelles qui s'engagent à vivre ensemble et à former un couple stable le font uniquement parce qu'elles s'aiment — ou s'entendent bien, tout au moins.

Le fait que la fonction centrale du couple homosexuel soit d'ordre affectif explique à la fois sa force et sa faiblesse. C'est en partie pour cela aussi que ce couple a tant de peine à se légitimer aux yeux de la société — et c'est également cela qui lui donne une intensité et une marge de liberté peu fréquentes dans le couple hétérosexuel.

En quoi consiste cette liberté ? Quand deux personnes s'unissent seulement pour des raisons affectives, leur relation est d'une certaine façon plus authentique. Personne ne les oblige à rester ensemble : ils n'ont pas besoin de maintenir la relation pour les enfants, ni pour les apparences, ni à cause de pressions familiales. Ils peuvent toujours se séparer : et c'est là, en fait, l'explication principale de l'instabilité dans le couple homosexuel. Ce n'est pas parce que les homosexuels sont instables ou peu mûrs, comme on le suppose généralement ; c'est parce que leurs relations sont libres de toute pression sociale. Parfois ils se séparent d'ailleurs trop facilement, sans faire l'effort que ferait un couple hétérosexuel pour résoudre ses problèmes.

Le couple homosexuel est également plus libre parce qu'il n'est pas pris dans les attentes et les stéréotypes qui encadrent le mariage hétérosexuel. Par exemple, la division forcée entre les rôles masculin et féminin, contre laquelle a tant lutté le féminisme, n'existe pas à l'intérieur du couple homosexuel — ou certainement pas au même degré. Cependant, le couple du même sexe n'est pas entièrement libre non plus : comme le couple hétérosexuel, il est influencé par des fantasmes, des désirs et des besoins qui sont plus ou moins conscients, plus ou moins communicables. Et, comme le couple hétérosexuel, il n'est pas seulement formé par deux personnes, mais par un ensemble de représentations et de stéréotypes.

Les stéréotypes et l'homophobie intériorisée

Le stéréotype qui affecte le plus le couple homosexuel dérive de l'homophobie intériorisée. En effet, il est « connu » que les relations homosexuelles sont vouées à l'échec : elles ne peuvent être ni stables, ni durables, ni même heureuses, « parce que les homosexuels sont comme ça ». Jalousie, immaturité, instabilité, promiscuité : voilà quelques-uns des clichés qui sont appliqués au couple homosexuel d'une façon encore assez répandue.

Cette vision, qui a peut-être reflété une certaine réalité dans le passé, doit maintenant être actualisée et qualifiée. En premier lieu, les enquêtes menées dans les pays industrialisés révèlent qu'il y a bien plus de couples homosexuels stables et de longue durée qu'on ne le pensait. Le problème, c'est qu'on ne les voyait pas parce qu'ils vivaient dans la clandestinité ; ils ont tendance à se montrer davantage de nos jours, et donc à apparaître dans les enquêtes [1].

1. John Alan Lee, *Gay Midlife and Maturity,* New York, Harrington Park Press, 1991.

En deuxième lieu, certains problèmes que l'on croyait caractéristiques du couple homosexuel sont tout aussi répandus dans les relations hétérosexuelles. L'infidélité, le manque d'engagement et l'individualisme sont des phénomènes sociaux qui menacent aujourd'hui tous les couples. Avant, ils étaient moins visibles, ou avaient moins de conséquences sociales. Mais il ne faut pas oublier qu'en ce moment la moitié des mariages aux États-Unis se concluent par un divorce, ainsi que le tiers des mariages en France. L'idée que l'instabilité du couple homosexuel dérive de l'homosexualité est donc une simplification hasardeuse.

Nous ne pouvons cependant nier l'importance psychologique de ces stéréotypes, même s'ils sont aujourd'hui obsolètes. Ils peuvent encore faire beaucoup de mal, surtout quand les homosexuels eux-mêmes les ont intériorisés.

Comment se manifestent-ils dans la pratique ? Ils peuvent se traduire par des doutes ou par un certain fatalisme quant à la viabilité du couple : quand des difficultés surgissent, il est souvent plus facile pour un homosexuel de baisser les bras que de faire l'effort nécessaire, puisqu'il est convaincu que les relations gay sont toujours éphémères. Ou il peut attribuer à l'homosexualité des problèmes qui n'ont rien à voir avec elle, comme des difficultés de communication. Dans certains cas, il négligera la relation et trouvera tout naturel d'aller seul aux réunions familiales ou sociales, parce qu'il lui semblera logique que son partenaire ne soit pas invité. Ou bien il rejettera l'idée d'un engagement à long terme, doutant au fond que la relation puisse durer.

Combien de disputes d'ordre économique ou juridique (autour des dépenses, du ménage, de la propriété, des testaments) ne dérivent-elles pas de cette difficulté à concevoir une relation à long terme ? Combien de choses ne sont pas dites, négociées, résolues, à cause de ce refus d'imaginer un avenir ensemble ? Il faut faire ici une distinction : les couples homosexuels ont des problèmes réels qui peuvent les déstabiliser, mais il leur arrive aussi de saborder leurs relations parce qu'ils n'y croient pas.

Le couple invisible

Le problème réel le plus important chez les couples homosexuels, masculins ou féminins, est peut-être celui de leur invisibilité : ils vivent en marge des normes sociales, sans pouvoir se présenter ni s'exprimer en tant que couple parce que la société ne reconnaît pas leur couple, et n'accepte même pas son existence.

Que signifie pour un couple l'impossibilité de se montrer publiquement ? Pour en avoir une idée, il suffit d'imaginer ce que ce serait pour deux époux de sortir, d'aller au restaurant ou au cinéma, de rendre visite à leurs familles ou voisins, sans pouvoir se toucher, ni se prendre par la main, ni se regarder avec tendresse, ni exprimer leur union conjugale en aucune façon. Ils ne pourraient pas parler de leur vie quotidienne, ni de leurs activités communes, ni de leurs projets d'avenir, ni bien sûr de leur relation. Peu à peu, ils s'habitueraient à une certaine discrétion, à une certaine distance ; ils apprendraient à surveiller leurs gestes, leurs paroles et leurs regards. Vus du dehors, ils sembleraient rigides, peu affectueux, étrangement inhibés.

Comme le dit une femme de quarante-quatre ans, qui a été mariée pendant vingt ans ans avant de s'engager dans une relation homosexuelle : « Un désavantage de la relation lesbienne est le facteur externe, le fait d'avoir à lutter constamment contre un environnement hostile : il faut constamment se demander quelle importance lui donner, comment s'y prendre. C'est désagréable, cela vous enlève une mobilité externe que les couples hétérosexuels ont très naturellement. »

L'invisibilité dans laquelle vivent tant de minorités est la condition ordinaire du couple homosexuel et le distingue du couple hétérosexuel. Si les homosexuels ont tendance à chercher la compagnie d'autres homosexuels, ce n'est pas pour organiser des orgies, comme beaucoup d'hétérosexuels le supposent. C'est tout simplement afin de pouvoir parler de leur vie en des termes normaux, comme tout le monde.

L'isolement social du couple homosexuel

Une autre difficulté réelle qu'affronte le couple homosexuel, c'est l'isolement. Pour commencer, la plupart des homosexuels sont plus ou moins éloignés de leurs familles d'origine. C'est également le cas pour beaucoup d'hétérosexuels, bien sûr : à mesure que les gens grandissent, ils deviennent de plus en plus indépendants de leurs parents et de leurs frères et sœurs. C'est le cycle naturel de la vie. Mais les couples hétérosexuels arrivent à remplacer d'une certaine façon leur famille d'origine, en fondant leur propre noyau familial avec leurs propres enfants ; ils continuent à vivre dans un environnement familial qui catalyse et revitalise leur couple, qui lui donne de quoi s'occuper et de quoi parler. Et s'il est vrai que les enfants dépendent de leurs parents, il est aussi vrai que les parents ont besoin de leurs enfants pour nourrir leur relation de couple. Cela ne veut pas dire que les gens aient des enfants pour préserver leur mariage, mais tout simplement que les enfants ont cette fonction-là dans le système familial, entre autres.

Cette dimension se perd dans la relation homosexuelle. L'univers des parents, des frères, des enfants, qui constitue l'arrière-plan de n'importe quel mariage, disparaît. Le couple doit se suffire à lui-même. C'est pourquoi il est indispensable que le couple homosexuel cultive une vie sociale, constituant peu à peu ce que l'on a appelé une famille d'élection — c'est-à-dire un réseau d'amis qui puisse, sinon remplacer, au moins pallier l'absence de famille. Là où les hétérosexuels peuvent compter sur un ensemble de supports affectifs, économiques et pratiques, les homosexuels vivent une série de manques. Cela se comprend aisément si nous examinons ce qui est peut-être le symbole le plus consacré de la relation hétérosexuelle : le mariage.

Quand un homme et une femme se marient, ils acquièrent immédiatement toute une série d'appuis et de certitudes qui les aideront à exister en tant que couple. D'un point de vue juridique, ils obtiennent automatiquement un ensemble de garanties légales qui vont depuis la Sécurité sociale et les droits de propriété et d'héritage jusqu'à des avantages fiscaux importants. Économiquement parlant, le jeune couple reçoit des cadeaux qui l'aideront à meubler sa maison et à commencer la vie en commun, et qui peuvent aller d'une cafetière jusqu'à une voiture. D'un point du vue émotionnel, en se mariant le couple obtient l'appui des deux familles — peut-être pas illimité, mais qui sera là quand même en cas de nécessité. Dorénavant, chacun pourra compter non seulement sur sa propre famille, mais aussi sur celle de son époux. En officialisant son union, le couple hétérosexuel pénètre dans un monde affectif, familial et social qui sera toujours un soutien — ou du moins une présence.

Rien de tout cela ne se produit quand deux personnes du même sexe décident de vivre ensemble. Elles doivent partir de zéro, très souvent malgré l'opposition des deux familles. Elles ne recevront ni cadeaux, ni prêts, ni avantages fiscaux, ni Sécurité sociale. Et d'un point de vue émotionnel, loin de fêter publiquement leur union, dans beaucoup de cas il leur faudra la cacher ou la déguiser. Elles n'auront ni fiançailles, ni festivités de mariage, ni lune de miel, et ne recevront pas la visite des deux familles pour connaître la maison. Peu à peu, elles prendront conscience de toutes ces choses qui manquent ; c'est naturel, c'est inévitable. Et, dans une évolution tout aussi naturelle, elles chercheront ou s'inventeront des substituts.

La famille d'élection

Il n'est donc pas surprenant que l'amitié joue un rôle central dans le monde homosexuel : les homosexuels partagent leur temps libre avec les amis et non pas avec la famille. Vu du dehors, ce phénomène peut donner une impression de frivolité ou d'immaturité : en effet, beaucoup d'hétérosexuels semblent penser que les homosexuels vont de fête en fête, et qu'ils passent leur temps à se réunir avec leurs copains. Comme l'a dit une psychanalyste : « Les homosexuels sont très grégaires ; ils se cherchent continuellement et veulent toujours se retrouver entre eux, comme si c'était une espèce de club social. » Cela est évidemment une exagération ; mais, même si ce ne l'était pas, il ne faudrait pas oublier que cette activité sociale intense équivaut à passer du temps avec la famille. Et, après tout, personne n'a l'idée de reprocher aux hétérosexuels de passer une bonne partie de leur temps libre avec leurs familles.

L'amitié n'est pas seulement importante dans la vie des homosexuels : elle est souvent indispensable, comme l'ont tragiquement découvert les malades du sida. Beaucoup d'entre eux ont cherché l'aide de leur famille et n'ont trouvé que les reproches et le rejet. Ils ont été obligés de créer et de développer des réseaux de soutien au sein de la communauté gay, et de se soigner entre eux, parce personne d'autre ne voulait le faire. Et si cette situation dramatique représente un extrême, cet isolement est partagé, quoique d'une façon atténuée, par la majorité des homosexuels. C'est pourquoi il est essentiel que les couples homosexuels cultivent des amitiés, et qu'ils développent dans la mesure du possible des familles d'élection.

Le cycle vital

Une autre différence importante entre les couples homosexuels et hétérosexuels, c'est que pour ces derniers la vie se divise naturellement en une série d'étapes données aussi bien par la biologie que par la société. Chaque phase est inaugurée par un événement majeur comme les fiançailles, le mariage, la lune de miel, l'achat d'un logis, la naissance des enfants, etc. Deux jeunes personnes se marient, fondent un foyer et ont des enfants ; puis ceux-ci grandissent et s'en vont, et créent à leur tour une famille. Vient ensuite le troisième âge, et puis la mort, dans un cycle vital qui se déroule presque automatiquement. Toutes ces étapes servent à ponctuer la vie : elles donnent un ordre et un rythme au cycle vital sur le plan personnel, familial et social. Et chaque événement-repère reflète l'insertion sociale du couple : il est célébré comme un fait majeur qui ne concerne pas seulement deux individus, mais la société entière.

Car les événements importants dans la vie d'un couple hétérosexuel sont aussi des actes publics. À chaque pas, il y a une ratification du caractère social de la relation. Et à chaque étape, il existe des réseaux de soutien pour le couple : la famille, les amis, les écoles, les lois et la culture en général encouragent la continuité dans le cycle vital du couple. En plus, chaque événement-repère a des règles préétablies : tout le monde sait ce que signifie une fête de fiançailles ou un mariage, et comment s'y conduire ; on sait comment il faut réagir, ce qu'il faut dire et même sentir. De façon figurée, nous pourrions dire que le couple qui commence la vie en commun reçoit, dès le début, un mode d'emploi complet.

Ce n'est pas le cas pour le couple homosexuel, pour lequel il n'y a pas d'événements-repères, ni de ratification sociale, ni d'appuis, ni de mode d'emploi. D'où l'idée, de plus en plus répandue dans le monde industrialisé, d'en inventer des équivalents. La lutte des homosexuels dans certains pays pour obtenir le droit de se marier, d'avoir ou d'adopter des enfants, et toute une série de garanties juridiques et sociales, n'est pas seulement une question de droits civils. C'est aussi un effort pour entrer dans le projet de vie, dans le cycle vital, de la société dans son ensemble.

La dimension de l'avenir

Car tous les couples ont besoin d'un projet de vie, d'une projection vers l'avenir qui unisse les deux personnes au-delà du moment présent. Nous pourrions dire que les relations ont besoin non seulement d'un espace, mais aussi d'un temps qui leur appartienne : un endroit, mais aussi un avenir partagé.

Cela est presque automatique dans la relation hétérosexuelle. Par contre, le couple homosexuel n'a pas de projection vers l'avenir :

c'est un orphelin de la temporalité. Dans beaucoup de cas, il est seulement installé dans le présent et dans les vicissitudes de la vie quotidienne. Le contrat ne dit pas « jusqu'à ce que la mort nous sépare », mais tout simplement : « aussi longtemps que nous serons bien ensemble ».

Or, toute relation qui est ancrée dans la seule vie quotidienne est nécessairement fragile ; faute d'engagement, elle a tendance à se dissoudre. Quand la lune de miel touche à sa fin, la relation aussi. Donc, un couple qui n'a pas la vision de l'avenir que donnent mariage et enfants doit se l'inventer d'une autre façon. C'est ainsi que nous voyons souvent les couples homosexuels stables former des projets de travail ou des entreprises communes. Cette situation, qui n'est ni très fréquente ni peut-être à recommander chez les couples hétérosexuels à cause des conflits familiaux qui peuvent en résulter, n'est pas une mauvaise option pour les couples homosexuels.

Tout projet commun nécessite dialogue, négociation, patience et persévérance — éléments que le couple hétérosexuel apprend et pratique tous les jours (tant bien que mal) grâce aux enfants. Ils peuvent ne pas être d'accord, mais en fin de compte le couple est bien obligé de faire alliance, car le soin des enfants l'exige. Ce processus, par lequel les deux personnes apprennent à s'entendre autour d'un projet commun, sert à cimenter leur relation à travers les années ; c'est ce qui fait mûrir un couple.

Dans les relations homosexuelles, il faut autre chose. Le seul équivalent viable (à moins d'avoir ou d'adopter des enfants) est un projet commun à long terme. Le fait de s'amuser ensemble ne suffit pas ; quand le couple ne s'amuse plus, pour une raison ou une autre, il a tendance à se dissoudre. Les couples homosexuels ont donc intérêt à penser à l'avenir, quand l'euphorie initiale commence à décliner.

La ressemblance…

Au-delà de ces différences dans le cycle vital, la relation homosexuelle présente aussi une structure et des dynamiques particulières. En tout premier lieu, il y a le fait indéniable de la ressemblance. Dans un couple hétérosexuel, les deux personnes sont visiblement différentes l'une de l'autre, et ont reçu par-dessus le marché une socialisation distincte dès le début. Non seulement elles ne se ressemblent pas du point de vue physique, mais elles ont aussi des manières divergentes de penser, de sentir et de parler. Les hommes et les femmes ont des façons spécifiques de s'exprimer, de voir le monde et de former des relations, comme l'ont montré de nombreux auteurs [1]. En raison de tout cela, les hommes et les femmes savent d'avance (ou apprennent) qu'ils doivent faire un certain effort pour se comprendre mutuellement. Ils apprennent à respecter leurs différences et à être patients, même quand ils ne sont pas d'accord.

Dans le couple homosexuel, l'autre est semblable dès le début — et il est facile de penser qu'il voit les choses de la même façon. On y observe souvent un certain manque de différenciation : l'un « sait » ce que pense l'autre, devine ce qu'il va dire, et le connaît mieux qu'il ne se connaît lui-même. Dans les couples du même sexe, l'un termine parfois les phrases de l'autre, ou parle à sa place. Il y a une tendance naturelle à supposer qu'il aura les mêmes goûts, besoins ou désirs.

Cela peut donner lieu à des attentes télépathiques peu réalistes, et à un certain refus de la différence. Comme le décrit une lesbienne : « Parfois, on ne se rend pas compte de ce qu'on exige. Il y a une telle identification, une telle communication, l'autre est si semblable, qu'on s'irrite parfois quand elle n'a pas la même réaction. Pourquoi ne pense-t-elle pas pareil ? Pourquoi ne sent-elle pas les choses de la même façon ? Pourquoi ne vous comprend-elle pas ? »

Ce manque de différenciation a souvent été interprété comme un phénomène pathologique : quelques auteurs psychanalytiques, en particulier, y ont vu les conséquences naturelles d'un narcissisme supposé des homosexuels et de leur éternelle immaturité. Mais alors les homosexuels seraient incapables d'individuation dans tous les domaines de la vie, et narcissiques dans toutes leurs relations interpersonnelles — ce qui n'est pas le cas. C'est ce qu'ont montré les nombreuses études psychologiques qui ont essayé de trouver une différence dans la santé mentale ou la structure de la personnalité chez les homosexuels… et qui n'y sont jamais parvenues, comme nous le disions dans le chapitre 1.

Alors, cette indifférenciation reflète une dynamique de couple, plutôt qu'une psychopathologie individuelle. La distinction est importante, comme elle peut l'être lorsque nous examinons le fonc-

1. Voir, par exemple, Deborah Tannen, *You Just Don't Understand,* New York, Ballantine Books, 1990.

tionnement du couple hétérosexuel. Par exemple, une femme peut se montrer infantile, dépendante et soumise quand elle est avec son mari, alors qu'elle est forte, compétente et indépendante hors de sa présence. S'agit-il alors d'une pathologie personnelle, ou d'une dynamique de couple ? Même si la réponse n'est pas évidente, il est clair qu'il faut prendre en considération les deux hypothèses, et pas seulement celle de la pathologie personnelle.

Cela dit, il ne fait pas de doute que l'indifférenciation est un des risques les plus importants de la relation homosexuelle — exactement comme son contraire (le manque de communication) est une des difficultés les plus fréquentes dans le couple hétérosexuel. Cela ne signifie pas, cependant, que la relation soit vouée à l'échec — ni dans un cas ni dans l'autre. C'est tout simplement une dynamique à laquelle il faut faire attention. Le couple hétérosexuel doit faire un effort pour se rapprocher, et le couple homosexuel doit faire un effort pour se différencier. En particulier, il doit être très attentif aux présuppositions et à la « télépathie ».

Cela s'applique à la communication, aux goûts, à la façon de penser et de sentir des deux personnes. Mais les problèmes peuvent aussi surgir dans le domaine sexuel. Si je suis une femme et que je fais l'amour avec une autre femme, il m'est facile de supposer que celle-ci aura la même sensibilité érotique que moi ; après tout, n'avons-nous pas la même anatomie ? Mais les choses ne se passent pas ainsi dans la réalité.

Chaque individu a un érotisme propre, qui s'est développé en lui depuis son enfance. Cet érotisme dépend du contact physique qu'il a eu avec ses parents, ses frères et ses sœurs, de la façon dont sa famille exprimait l'amour ou l'agression, de ce qu'il a pu observer dans la relation entre ses parents, et de ses propres expériences antérieures dans le domaine sexuel. Chaque corps a sa propre archéologie du désir et de la sexualité.

Il n'existe donc pas une sensualité féminine ou masculine qui soit générique ou généralisable. Telle femme pourra presque avoir un orgasme quand on lui caressera les seins, et telle autre ne rien ressentir du tout. L'une pourra désirer la pénétration vaginale, et l'autre non. L'une pourra aimer le sexe oral, et l'autre non. De la même façon, certains hommes désirent être pénétrés analement, et d'autres non. Chaque corps a sa sensibilité, son rythme, et même sa façon particulière d'exprimer le désir et le plaisir sexuels.

On ne peut donc rien supposer dans ce domaine ; et là aussi, les deux personnes doivent se donner la permission d'expliciter leurs différences. Dans la relation homosexuelle, il est bon d'être proches, mais pas identiques.

... Et la différence

Une dynamique commune mais peu étudiée dans le couple homosexuel est celle de la rivalité, qui peut être plus ou moins visible, plus ou moins consciente. Nous pourrions penser qu'il y a une certaine rivalité dans toutes les relations amoureuses, mais cela n'est pas nécessairement le cas. Par exemple, un homme et une femme n'auront pas idée de se comparer dans le domaine physique : ils ne se demanderont pas lequel est le plus beau, ni le plus musclé, ni le mieux habillé, ni le plus sexy. Ils n'auront pas non plus tendance à se mesurer par rapport au genre — lequel des deux est plus masculin ou féminin — car ces différences sont données par la biologie. De la même façon, dans le domaine du travail, il est « normal » que l'homme ait plus de succès et gagne plus d'argent. (Des problèmes surgissent seulement quand la femme gagne plus ou qu'elle a une position supérieure ; dans ce cas, il peut y avoir une certaine rivalité.)

Il existe entre les hommes et les femmes une série de différences biologiques, culturelles et sociales qui sont ou semblent être « naturelles ». Il y a donc en général dans le couple hétérosexuel un accord implicite sur celui des deux qui est le plus fort ou le plus compétent dans tel ou tel domaine de la vie. Il est « normal » que l'homme soit doué pour certaines choses, et la femme pour d'autres. Cela donne lieu à une division du travail qui est assez répandue dans le monde actuel selon laquelle, par exemple, l'homme s'occupe des aspects pratiques de la vie en couple, et la femme de ses aspects personnels et affectifs. En général, le couple hétérosexuel fonctionne dans la complémentarité plutôt que dans la rivalité.

Cela n'est pas le cas dans la relation homosexuelle, où la similarité biologique rend possible toutes sortes de comparaisons. La ressemblance favorise la compétition, consciente ou non. Or, de deux personnes, il y en a toujours une qui est plus attirante ou séductrice, plus forte ou saine, plus riche ou reconnue. Comme l'exprime une lesbienne de quarante-deux ans : « Je crois qu'il y a une compétition assez importante. Nous sommes deux femmes, après tout, et on se demande toujours qui est la plus mince ou la plus jolie. » Par ailleurs, les deux personnes en question ne sont pas les seules à se comparer : leurs amis et parents penseront (et diront) : « celle-ci est plus jolie que l'autre », ou « c'est lui le plus efféminé », ou « on dirait que c'est lui qui gagne le plus d'argent ». Tout cela peut favoriser des jalousies et des ressentiments qui affectent nécessairement la communication et la solidarité au sein du couple.

De plus, on voit assez souvent des couples homosexuels formés par deux personnes très différentes du point de vue social, économique et professionnel. Cela implique toujours une certaine asymétrie, qui peut à son tour promouvoir envie et rivalité.

La différence d'âge entre les deux membres d'un couple homosexuel compte beaucoup plus que dans le monde hétérosexuel. Qu'un homme ait quinze ans de plus que sa femme ne pose pas trop de problèmes précisément parce qu'il n'y a pas de comparaison entre eux ; mais, s'il a quinze ans de plus que son partenaire masculin, la comparaison est inévitable.

Il est difficile de reconnaître ce genre de dynamique quand on est pris dedans. En outre, on pense souvent qu'il ne devrait pas y avoir de rivalité, ni d'inégalité, ni de conflits de pouvoir, entre deux amants. Mais ils existent néanmoins. Combien de problèmes des couples homosexuels ne sont-ils pas dus à cette tendance à la comparaison ? Combien de sentiments d'infériorité ou de supériorité, d'insécurité, de frustration ou même de haine, ne dérivent-ils pas en réalité d'une rivalité cachée ?

Il est indispensable pour le succès du couple que ses deux parties puissent reconnaître leurs forces et leurs faiblesses respectives. Dans le couple formé par deux personnes du même sexe, il est inévitable que l'une soit plus forte dans certains domaines, et la seconde dans d'autres ; et il vaut mieux assumer cette réalité, plutôt que d'essayer d'arrondir les angles, comme on a souvent tendance à le faire. En termes simplistes, il est beaucoup plus sain d'admettre que l'un des deux manie mieux la tondeuse à gazon, s'il est également reconnu que l'autre manie mieux l'ordinateur. La division du travail dans la relation, bien explicitée et négociée, peut aider à neutraliser les effets négatifs de la rivalité.

Envie et jalousie

Un autre problème courant des couples homosexuels est celui de la jalousie. Bien sûr, celle-ci peut surgir dans n'importe quelle relation humaine — mais ici elle est compliquée par un élément qui n'est généralement pas reconnu en tant que tel : l'envie. Dans le couple gay, c'est une chose que d'autres hommes regardent mon partenaire et essaient de le séduire — ce qui peut très naturellement me rendre jaloux. Mais c'en est une autre, si je me demande pourquoi c'est *lui* qu'on regarde, et pas moi ; cela provoquera en moi non seulement de la jalousie, mais de l'*envie*.

Nous pouvons donc supposer que là où nous trouvons de la jalousie dans une relation homosexuelle, nous trouverons également de l'envie. Mais celle-ci n'est généralement pas assumée, parce que l'on n'a pas l'habitude de penser en ces termes et qu'il est extrêmement humiliant de reconnaître que l'on n'est pas seulement jaloux, mais envieux. Or il est important de faire et d'expliciter la distinction. La jalousie est beaucoup moins dangereuse si on parvient à détecter et à assumer sa composante de simple envie — et à la travailler en tant que telle.

« Plus » et « moins » homosexuel

Il arrive parfois dans la relation homosexuelle que l'un des deux considère que l'autre est le « véritable » homosexuel. Dans beaucoup de cas, il semble exister un accord tacite sur qui est « plus » et qui est « moins » homosexuel, classement qui peut paraître absurde au premier abord.

Plusieurs explications sont possibles. Une première, applicable aussi bien aux couples masculins que féminins, est que l'une des deux personnes s'identifie comme homosexuelle « depuis toujours », tandis que l'autre est en train de vivre sa première relation homoérotique, ou est tout simplement moins âgée. Il peut également y avoir d'autres explications, différenciées selon le genre.

Dans le couple masculin, il peut y avoir une distinction selon les rôles sexuels : l'homme actif est « moins » homosexuel, tandis que le passif l'est davantage — parce que le fait d'être pénétré l'assimile au sexe féminin et fait de lui un « vrai » homosexuel. Selon le milieu social et culturel, il peut y avoir d'autres critères de définition. Beaucoup d'hommes considèrent que l'acte sexuel en lui-même ne fait pas d'eux des homosexuels — mais les sentiments amoureux, oui. Les baisers, les caresses, la tendresse sont des « choses de femmes » qui marquent une limite entre homosexualité et hétérosexualité. Alors, celui qui éprouve et exprime de l'amour est homosexuel ; l'autre, qui reçoit de l'affection mais ne la rend pas, ne l'est pas. Et même si les deux hommes reconnaissent le caractère homosexuel de leur relation, il arrive que l'un trouve cela naturel, tandis que l'autre considère que c'est une chose passagère qu'il fait par nécessité, par intérêt, ou en attendant de trouver une femme. De la même façon, l'un peut jouer un rôle « masculin » et donc se croire « moins » homosexuel, alors que l'autre, plus « féminin », est évidemment « plus » homosexuel.

Il y a donc chez les hommes plusieurs critères possibles pour établir ce qui constitue, ou ne constitue pas, une relation homosexuelle. Ces critères dérivent soit de certains stéréotypes de genre, soit des pratiques sexuelles de chacun, soit du degré d'homophobie intériorisée. Mais dans tous les cas, cette distinction entre « plus » et « moins » homosexuel mine la relation. C'est comme si le « moins » homosexuel n'arrivait pas à habiter vraiment le couple : il y est toujours de passage. Il aura tendance à moins s'engager, fera moins d'efforts pour cultiver la relation, ne s'en sentira pas responsable, et blâmera le partenaire « plus » homosexuel des problèmes qui pourront surgir dans la relation. Et c'est généralement lui qui y mettra fin.

Cette distinction est moins perceptible chez les femmes. Tout d'abord, la répartition des rôles sexuels n'est pas aussi fréquente dans la relation lesbienne, la pénétration y jouant un rôle moins central. Bien sûr, certaines lesbiennes aiment être pénétrées (avec la main ou un objet), et d'autres non — mais elles ne se considèrent pas pour autant « plus » ou « moins » homosexuelles. Il existe cependant d'autres critères : l'une des deux partenaires peut être plus « masculine » et se sentir « plus » homosexuelle, tandis que celle qui est plus « féminine » se voit comme « moins » homosexuelle. Cette différence se traduira moins par des pratiques sexuelles différentes, que par l'apparence physique : vêtements, langage corporel, et attitudes typiquement « masculines » ou « féminines ». Ce sont alors certains stéréotypes qui déterminent quelle est la « plus » et la « moins » homosexuelle dans le couple.

Quels que soient les critères, dans toutes les relations où nous trouvons cette « distribution » inégale de l'homosexualité, nous trouverons toujours chez la personne « moins » homosexuelle de l'homophobie intériorisée et de la projection : une des deux personnes trouvera plus difficile d'accepter son homosexualité, et la projettera donc sur l'autre. C'est ce qui fait dire parfois des choses comme : « la lesbienne, c'est pas moi, c'est elle ». Il est naturel qu'il y ait dans chaque couple une personne plus âgée, ou qui a davantage d'expérience homosexuelle, ou qui accepte mieux son orientation. C'est elle qui adoptera le rôle de « vraie » homosexuelle. L'autre, surtout si c'est sa première relation de cette nature, pourra même se dire que, si elle est homosexuelle, c'est à cause de sa partenaire. Elle aura tendance à blâmer la « vraie » homosexuelle des problèmes survenant dans la relation, ou même de ses propres difficultés dans la vie. C'est alors qu'apparaissent des propos du genre : « Si je ne t'avais pas connue, je serais tranquillement mariée, j'aurais des enfants et je mènerais une vie normale. »

Ce raisonnement se nourrit, en plus, d'une certaine conception des causes de l'homosexualité. Beaucoup de personnes pensent en effet que l'on ne devient pas homosexuel par soi-même, mais parce qu'on y est initié ou induit par quelqu'un d'autre. L'histoire classique, dans sa version masculine, se déroule comme ceci : un jeune adolescent tombe dans les mains d'un homosexuel plus âgé que lui, qui le viole, achète ses faveurs ou le fait chanter, le condamnant ainsi à l'homosexualité. Dans la version féminine, la jeune fille est envoûtée par une femme plus âgée qui profite de son innocence ou de sa solitude, pour la détourner de son destin originel. Cette vision tragi-comique d'une homosexualité qui serait transmise comme une maladie infectieuse est encore assez répandue aussi bien chez les homosexuels que chez les hétérosexuels. Une de ses conséquences est précisément l'idée selon laquelle il y a toujours dans un couple une personne « plus » homosexuelle, qui pervertit celle qui l'est « moins ».

Cette distribution de l'homosexualité peut miner sérieusement la relation, car elle implique également une distribution inégale et injuste de la responsabilité, de l'engagement et du travail dans le couple. Elle peut paraître objective, puisqu'il y aura toujours une personne qui acceptera mieux son homosexualité ; mais il faut néanmoins y voir une manifestation de l'homophobie intériorisée. Car, en fin de compte, il ne peut y avoir un seul homosexuel dans une relation homosexuelle : quels que soient les critères, ils seront toujours deux.

Mais qu'ont-ils en commun ?

Un problème analogue surgit quand deux personnes établissent une relation seulement parce qu'elles ont la même orientation sexuelle. Quelqu'un de jeune, connaissant peu d'homosexuels, peut très facilement tomber amoureux d'une personne avec qui il n'a rien en commun. Beaucoup d'homosexuels ont dans leur jeunesse des relations de ce genre, superficielles et cependant très douloureuses ; on y met toute sa passion et tout son espoir, on s'acharne à la préserver, pour s'écrier à la fin, comme Swann : « Dire que j'ai gâché des années de ma vie, que j'ai voulu mourir, que j'ai eu mon plus grand amour, pour une femme qui ne me plaisait pas, qui n'était pas mon genre ! »

Malheureusement, sauf dans les grandes villes européennes ou américaines, il est si difficile de rencontrer des homosexuels dans le contexte de la société hétérosexuelle que beaucoup de gens fréquentent des lieux gay spécialisés. Le problème, c'est que la plupart de ces endroits, surtout les bars, réunissent un grand nombre de personnes qui n'ont absolument rien en commun à part leur orientation sexuelle. Cela donne lieu à des relations superficielles et généralement éphémères.

Plus ou moins sorti du placard

Très souvent, l'un des deux membres d'un couple homosexuel est plus ouvert que l'autre en ce qui concerne son homosexualité. Par exemple : d'un côté, la famille est au courant et de l'autre, non ; les amis ou les collègues de l'un connaissent la relation, tandis que l'autre la dissimule. Et si toute relation clandestine est difficile, elle l'est davantage quand cette clandestinité n'est pas partagée. Au lieu d'être des alliées, les deux personnes se trouvent dans une situation antagoniste qui aura tendance à les séparer.

En général, la personne qui est encore « dans le placard » cherche à cacher ou à déguiser la relation face à sa famille et à la société. Il lui faut tout le temps inventer de nouvelles astuces pour présenter son partenaire, parler de lui, ou l'inclure dans les activités familiales ou sociales, sans jamais révéler la vraie nature de leur relation. Une jeune lesbienne raconte :

« J'emmenais toujours mon amie aux fêtes de famille, à qui je la présentais comme une copine de l'école. Un jour, ma mère m'a prise à part et m'a dit que ces réunions étaient seulement pour la famille, c'est-à-dire mes parents et mes frères — avec, bien sûr, leurs épouses respectives. Alors je n'y ai plus emmené mon amie, et j'ai cessé peu à peu de participer aux activités de la famille. »

De son côté, la personne qui s'assume mieux peut légitimement se sentir exclue, ou se lasser de la clandestinité qui lui est imposée au nom des apparences. Dans ce genre de situation, les règles du jeu sont établies par celle qui doit maintenir le secret : c'est elle qui décide où, quand et comment le couple se retrouve, avec qui il entretient des rapports, et à qui il se confie. Celle qui doit obéir à toutes ces dispositions en arrive parfois à s'interroger : « Si tu m'aimais vraiment, tu n'aurais pas honte de notre relation. »

La personne qui essaie de dissimuler la relation et trouver un équilibre entre sa famille et son partenaire se sent aussi souvent incomprise et tiraillée. Elle est obligée de visiter sa famille ou d'y passer les vacances ; mais elle doit laisser tomber son partenaire pour le faire. Elle s'en sent coupable, mais ne veut pas perdre l'approbation de sa famille. Si son partenaire le lui reproche, elle se sentira doublement seule, et enfermée dans un dilemme sans solution.

Dans ces situations, il est indispensable que chacun respecte la situation familiale et sociale de l'autre. Chaque personne a sa propre histoire, et celle-ci ne peut être changée par décret. Tout le monde ne peut pas se trouver à la même étape de la vie, ni assumer de la même façon son homosexualité, ni avoir le même degré d'autonomie vis-à-vis de sa famille ou de la société. Tous les homosexuels ne peuvent pas sortir de la clandestinité, encore moins en même temps, et encore moins par obligation. Il ne doit pas y avoir de contraintes dans ce domaine, et l'accord n'est pas toujours possible.

La solution adoptée par de nombreux couples est simplement de s'installer loin de leurs familles, dans de grandes villes où ils auront moins de problèmes. Bien sûr, cela n'est pas toujours possible. Ce genre de mobilité est beaucoup plus aisée dans les pays industrialisés, où les jeunes quittent le foyer familial relativement tôt et peuvent se déplacer avec plus de facilité. La forte concentration d'homosexuels dans des villes comme San Francisco ou New York est sans doute due en partie à l'afflux de jeunes gens qui veulent vivre librement leur orientation, loin de leurs familles d'origine.

Tous ces problèmes sont plus ou moins inhérents à la relation homosexuelle et exigent une attention constante. À cause d'eux beaucoup de couples se séparent, parfois sans se rendre compte qu'il s'agit de dynamiques de relation et non pas de défauts personnels. La tendance naturelle est de se dire : « il n'est pas mon genre », ou bien : « cette relation ne marche pas », sans comprendre que ces dynamiques ont tendance à se répéter si elles ne sont pas dûment comprises et résolues.

Ce qui complique les choses, c'est que nous ne sommes pas habitués à considérer la spécificité de la relation homosexuelle ; nous essayons plutôt d'y transposer les dynamiques du modèle hétérosexuel. Beaucoup d'homosexuels (et leurs thérapeutes) se basent sur des « recettes » propres au couple hétérosexuel. Or celui-ci a une structure, des raisons d'être et des dynamiques très différentes, non applicables à la relation homosexuelle.

Les points forts de la relation homosexuelle

Le couple homosexuel dispose par contre de ressources importantes que l'on rencontre peu chez le couple hétérosexuel. Entre autres, il offre une liberté individuelle, une communication et une solidarité très particulières. Beaucoup d'hétérosexuels (surtout les femmes) doivent renoncer à un certain épanouissement en se mariant : les contraintes affectives, économiques et sociales limitent leur liberté de mouvement et leurs possibilités d'étudier, de travailler, ou de cultiver des activités en dehors de la famille. Les homosexuels sont beaucoup plus disponibles. Ainsi, une grande différence entre leurs couples et ceux des hétérosexuels réside dans leur accès au temps libre. Et cela représente un potentiel de maturation et de développement personnel (par exemple, académique ou professionnel) qui est plus faible dans la relation hétérosexuelle (surtout, répétons-le, pour les femmes).

C'est cela sans doute qui explique la sensation d'être « davantage eux-mêmes » décrite par les homosexuels quand ils comparent leur expérience actuelle avec les relations hétérosexuelles qu'ils ont parfois eues auparavant. Comme le dit une lesbienne de cinquante ans, qui a été mariée pendant vingt ans : « Dans la relation homosexuelle, il y a beaucoup plus de place pour soi. Dans mes relations hétérosexuelles, j'étais sans doute très valorisée, mais on ne me voyait pas comme la personne que je suis vraiment. Il y avait un accord implicite entre mon mari et moi ; il fallait que j'ampute des parties de moi-même pour que la relation marche bien. Maintenant, j'ai pu reprendre des activités et des intérêts que j'avais abandonnés pendant très longtemps. »

Cette sensation de liberté, de pouvoir être soi-même, a beaucoup à voir avec un style de communication plus ouvert. Qu'est-ce que cela veut dire ? Tous les couples, homosexuels ou hétérosexuels, maintiennent une communication continuelle — même quand ils ne s'adressent pas la parole. Par définition, toute interaction entre deux personnes est une forme de communication, et suit des règles qui sont propres à leur relation particulière. Ainsi, le fils s'adresse à son père selon certaines normes qui régissent où, quand et comment il peut parler avec lui, et à propos de quoi ; mais il suit d'autres règles avec sa mère, et d'autres encore avec ses professeurs, voisins ou amis. Dès l'enfance, nous apprenons à nous adresser à un grand nombre de personnes selon des normes qui reflètent les liens de parenté, le degré d'intimité, et la hiérarchie qui existe dans chaque cas. En particulier, il est toute une série de règles qui gouvernent les rapports entre les deux sexes.

La relation entre les hommes et les femmes — amoureuse, érotique, amicale, professionnelle ou familiale — est assujettie à des modèles de communication qui limitent grandement les possibilités d'une amitié ou d'une intimité réelle. Ces règles implicites stipulent que l'homme doit être écouté lorsqu'il parle de lui-même, mais pas la femme ; qu'il peut interrompre sa femme, mais ne doit pas être interrompu ; que c'est lui qui décide de quels sujets on peut discuter ; et que sa femme doit l'écouter attentivement et de manière respectueuse. Voilà autant de barrières qui inhibent sérieusement la communication entre les deux sexes. En outre, les jeux de la séduction et du pouvoir, ainsi que des différences psychologiques importantes, font que les relations entre hommes et femmes sont souvent rigides et superficielles. De nombreux couples hétérosexuels, surtout s'ils sont ensemble depuis longtemps, se retrouvent prisonniers de stéréotypes de ce genre — même, très souvent, sans le vouloir. Ce n'est pas pour rien que les hommes ont généralement d'autres hommes comme meilleurs amis, et les femmes d'autres femmes.

Le couple homosexuel est beaucoup plus libre : il n'est pas pris dans le modèle de communication homme-femme qui limite tellement l'intimité dans le couple hétérosexuel. Comme l'explique une lesbienne de quarante-quatre ans, qui a été hétérosexuelle dans sa jeunesse : « Je peux jouir de la relation sexuelle avec un homme ou une femme. Mais j'ai choisi d'aller avec des femmes assez tôt, pour des raisons affectives. Il est beaucoup plus facile de vivre avec une femme. Je m'étais d'abord sentie plus proche des hommes ; depuis mon enfance, je préférais jouer avec les garçons. Pendant mon adolescence, j'ai passé tout mon temps avec eux ; leurs activités et leur compagnie me semblaient beaucoup plus intéressantes, parce qu'ils sont plus libres. Mais un problème revenait toujours : aussitôt que je commençais à sortir avec un garçon, la relation changeait. Tout à coup il n'y avait plus d'amitié. Je me voyais reléguée au statut de petite amie, alors qu'ils continuaient, eux, à sortir avec leurs copains. Alors je gagnais une relation sexuelle, mais je perdais l'amitié et la camaraderie. Avec les femmes, la relation sexuelle est tout aussi satisfaisante, mais je peux aussi avoir le reste : je peux avoir sexe et amitié. Les femmes ne vous laissent pas à la maison quand elles sortent s'amuser avec les copines. »

Une autre modalité de communication

Beaucoup d'homosexuels trouvent dans leurs relations de couple une franchise et une camaraderie qui sont rares dans les relations hétérosexuelles. Il arrive très souvent que deux amants homosexuels soient aussi meilleurs amis — ce qui a des avantages et des désavantages. D'un côté, cette amitié intense forge des liens plus intimes, égalitaires et solidaires ; mais, de l'autre, elle peut donner lieu à une dépendance et à un isolement excessifs. Les deux personnes se suffisent l'une à l'autre, et satisfont la plupart de leurs besoins affectifs dans la relation de couple.

Le couple homosexuel se distingue aussi par l'égalité et la réciprocité dans la relation. Bien sûr, il y a toujours des asymétries dans le pouvoir, comme dans toutes les relations humaines. Mais elles ne sont pas données par les rôles masculin et féminin, comme dans le couple hétérosexuel. Les disparités dans le pouvoir ne relèvent pas du genre, mais de différences plus « réelles » comme l'âge, le tempérament ou le rang social. Cela est évident surtout chez les femmes, qui ont le plus souvent une position de faiblesse dans le couple hétérosexuel. Lorsqu'elles forment une relation amoureuse avec une autre femme, elles découvrent une égalité, un respect et une réciprocité qu'elles ne connaissaient pas. Mais les hommes aussi perçoivent et apprécient cette différence entre les relations homosexuelle et hétérosexuelle. Comme le dit un homosexuel : « Je n'aimerais pas me charger d'une femme qui dépendrait de moi. Il est presque impossible d'avoir une relation d'égalité avec une femme, et je suis maintenant habitué à une transparence et à une franchise que je n'aurais pas si j'étais hétérosexuel. »

Sexe, amour et amitié

Le rôle central de l'amitié dans le monde homosexuel peut aussi poser des problèmes. La liberté d'explorer des modalités différentes de relation, sans les contraintes de l'hétérosexualité, peut donner lieu à une grande confusion. En particulier, les limites entre sexe, amour et amitié ne sont pas du tout claires dans le monde homosexuel — ce qui permet une grande créativité, mais aussi beaucoup de malentendus.

En d'autres termes, les hétérosexuels font des distinctions très nettes entre époux, amants, amis et famille. Très tôt, ils apprennent les règles qui gouvernent chaque type de relation et s'habituent à distinguer les sentiments qui y correspondent. Ainsi, ils ne maintiennent pas (normalement) des relations sexuelles avec leurs amis ni avec leur famille. Rien de tel chez les homosexuels, dans bien des cas. Aussi bien les femmes que les hommes ont parfois des relations sexuelles avec leurs amis (ou les partenaires de leurs amis), y compris ceux qu'ils considèrent comme leur « famille ». On a même parlé d'un estompement du tabou de l'inceste dans la culture gay, surtout la masculine : il est « normal » que deux meilleurs amis, qui s'aiment comme des frères, aient entre eux des contacts sexuels sporadiques [1].

Dans ce contexte de postlibération gay, la relation érotique a un sens très différent de celui qu'il a entre les hommes et les femmes. Elle n'est pas nécessairement un signe d'amour, ni d'intimité, ni d'engagement. La relation sexuelle peut être une façon de faire connaissance, d'approfondir une amitié, ou de passer un bon moment entre copains. Elle a un sens ludique et une dimension de camaraderie qui n'ont pas de parallèle dans les relations hétérosexuelles. Bien sûr, elle comporte aussi des risques importants, aussi bien physiques que psychologiques.

Cette catégorie de l'amitié érotique (ou du sexe amical) s'est généralisée surtout chez les hommes, pour qui la sexualité n'est pas nécessairement liée à une intimité émotionnelle. Le mouvement de libération gay a ouvert pour eux un ensemble de modalités sexuelles et affectives qui semblent coïncider avec leurs désirs et leurs besoins.

Les choses ne se sont pas aussi bien passées pour les femmes. Les lesbiennes jouissent, aujourd'hui, d'une liberté sexuelle que les femmes n'avaient jamais connue auparavant. Elles sont en cela beaucoup plus affranchies que les hétérosexuelles, parce qu'elles peuvent avoir des relations érotiques totalement libres de toute obligation juridique ou émotionnelle, et sans craindre de grossesses ni de maladies sexuellement transmises. Mais cette liberté semble provoquer beaucoup de problèmes. Il est possible qu'elle soit

1. Voir John De Cecco (éditeur), *Gay Relationships,* New York, Harrington Park Press, 1988, Introduction.

encore trop neuve, ou que les femmes n'aient pas encore appris comme les hommes à dissocier la sexualité de l'amour — mais le nouveau système ne semble pas fonctionner aussi bien pour elles. Les relations sexuelles entre amis, le couple ouvert, les jeux érotiques en groupe, choses qui ne posent pas de problème aux hommes, tendent à provoquer des conflits quand ils ont lieu entre lesbiennes.

Il est facile d'attribuer les drames, la jalousie, les passions orageuses et les ruptures abruptes, qui sont si fréquents chez les lesbiennes, à un manque de maturité psychologique. Je crois que ces problèmes surgissent en partie parce que les femmes n'ont pas encore l'habitude de la liberté affective et sexuelle dont elles jouissent entre elles ; et cela produit un certain désordre dans les sentiments et les conduites. Ainsi, elles se croient amoureuses quand elles ne le sont pas vraiment, deviennent jalouses sans raison, et essaient de s'imposer des schémas traditionnels qui n'ont rien à voir avec elles. Je pense que cela arrive surtout quand les femmes essaient d'adopter des attitudes « masculines » qui sont plus proches de la conquête et de la possession que d'une authentique intimité.

La liberté sexuelle semble avoir un prix très élevé pour les femmes — non pas parce qu'elles sont moins mûres ou « raisonnables » que les hommes, mais parce que les hommes ont beaucoup plus d'expérience dans ce domaine. La possibilité de choisir leur partenaire et leur style de vie est si nouvelle que les femmes n'ont pas encore développé des règles du jeu viables. Ce n'est pas pour rien que les couples homosexuels féminins ressemblent plus que les masculins au modèle du mariage hétérosexuel, comme nous le verrons dans le prochain chapitre.

Les définitions traditionnelles du sexe, de l'amour et de l'amitié ont énormément changé depuis la libération gay, quoique avec de meilleurs résultats pour les hommes. Les limites entre ces différentes modalités ne sont plus aussi claires qu'il y a seulement vingt ans. L'homosexualité contemporaine a modifié la carte des relations humaines, laissant apparaître des continents jusque-là inconnus.

En particulier, l'amitié a remplacé la famille dans de nombreux cas ; et, surtout parmi les hommes, elle a parfois une dimension sexuelle. Il advient souvent que d'ex-amants homosexuels, hommes ou femmes, restent amis — chose plus rare dans le monde hétérosexuel. Quand un couple hétérosexuel se sépare, les deux personnes n'ont souvent plus rien à se dire, tandis que les homosexuels font plus facilement la transition entre les deux modalités de relation. Dans la même logique, les amis deviennent parfois amants.

L'amitié entre hommes et femmes

Un phénomène intéressant dans l'univers gay, et qui est rare chez les hétérosexuels, est l'amitié entre hommes et femmes. Les hommes homosexuels, en particulier, développent souvent des attachements profonds et dévoués envers des femmes, quelle que soit leur orientation. Cela peut paraître étrange. Les homosexuels sont censés haïr ou avoir peur des femmes, alors que dans beaucoup de cas ils sentent et manifestent envers elles une affection et une considération que l'on observe rarement chez les hétérosexuels. L'amitié entre les deux sexes a toujours été difficile. Les paramètres de la relation hétérosexuelle ont rarement permis un rapprochement amical ; le contact entre hommes et femmes se déroule, la plupart du temps, sous le signe de la séduction, de la possession et du pouvoir.

L'homosexualité contemporaine, née de la révolution sexuelle, de la libération gay et du féminisme, est en train de changer ces modèles rigides. À partir du moment où il n'y a plus de jeux de pouvoir et de séduction, parce que l'homosexuel n'est pas pris dans la dynamique de la conquête, une entente très différente devient possible.

Bien sûr, beaucoup d'hommes homosexuels et hétérosexuels sont encore misogynes — mais c'est leur machisme qui est en cause, et non leur orientation sexuelle. Il est possible que les homosexuels qui se rapprochent des femmes aient eux-mêmes une sensibilité plus « féminine ». Mais cela prouve bien que les rôles sont en train de changer : grâce à l'énorme évolution sociale des dernières décennies, les hommes peuvent se permettre d'être plus féminins, et les femmes plus masculines — ouvrant ainsi de nouvelles possibilités de rapprochement. Ce qui compte, au fond, c'est la dissolution des rôles, l'effacement des définitions, et la découverte de nouvelles formes de relation entre les êtres humains. La communication et l'affection que nous observons entre les hommes et les femmes dans la culture gay ne sont qu'un petit échantillon de ce que serait une relation plus authentique, « de personne à personne », entre les deux sexes.

Les risques de l'innovation

Toute cette fluidité présente aussi de grands risques. Nous observons beaucoup de flexibilité, mais aussi beaucoup d'incertitude ; de la créativité, mais aussi de la confusion ; de l'innovation, mais aussi des dangers réels. Dans l'univers gay, toutes les significations traditionnelles du masculin, du féminin, de l'amour, de l'amitié, de la loyauté, sont transformées. Et cela finit par rendre les relations précaires. Le fait qu'une amitié puisse s'érotiser ne contribue pas à la stabilité des couples ni des sentiments. Nombre de couples se séparent précisément à cause de ce genre d'équivoques. Les relations sont parfois sabordées par des amis ou des ex-amants qui ne respectent pas l'intimité du couple. Ou bien l'une des deux personnes couche avec quelqu'un d'autre, sans donner de l'importance à l'affaire jusqu'au moment où son partenaire le lui reproche amèrement — mais le mal est fait. Ou bien deux amis entament une relation sexuelle parce qu'ils s'entendent bien, et regrettent ensuite de ne pas avoir laissé les choses comme elles étaient. J'ai souvent entendu des homosexuels dire : « Je ne sais pas si je l'aime comme ami ou comme amant ; je m'amuse bien avec lui, mais je ne suis pas sûr de mes sentiments. » Ce manque de clarté donne lieu parfois à des attitudes équivoques ou à des conduites inappropriées, qui ne correspondent pas à une réalité affective.

Dans une perspective traditionnelle, l'on pourrait dire que les homosexuels contrôlent mal leurs impulsions, tolèrent peu la frustration et ont peu de considération pour les autres. Mais il faut se rappeler que ces types de conduite ont une dimension sociale et historique importante. Les homosexuels sont aujourd'hui à l'avant-garde d'une immense transformation de la sexualité humaine. Les antibiotiques, la contraception, la révolution sexuelle, le féminisme et la libération gay ont fini par amener une liberté sexuelle totale, qui ne s'était jamais vue dans l'histoire. Et ce sont les homosexuels qui sont le mieux placés pour explorer et cultiver les nouvelles formes de relation qui en ont surgi. Mais cela n'est pas facile, et le prix à payer est très élevé.

Réinventer le couple

Le couple homosexuel, peut-être encore plus que l'hétérosexuel, a énormément changé au cours des trente dernières années. Il n'a plus un format unique, si tant est qu'il l'ait eu. Chaque couple doit inventer ses propres règles du jeu, et cela l'oblige à faire un effort sans cesse renouvelé pour communiquer et s'entendre. Dans la relation homosexuelle, rien n'est donné. Il faut faire un travail continuel pour négocier, et renégocier, les rôles et les habitudes qui structurent si naturellement le couple hétérosexuel. Comme le dit un homme gay de quarante-cinq ans : « La grande force du couple gay réside dans le fait que l'on est toujours en train de réinventer le couple. On a une énorme liberté pour redéfinir tout le temps qui on est, sans jamais s'ennuyer. Il y a une interrogation constante, un non-conformisme, qui font qu'on ne peut jamais se reposer sur ses lauriers. Il n'y a pas de contrat, rien n'est certain ; alors on est libre de se comprendre et de se montrer comme on est vraiment, et pour connaître l'autre comme il est vraiment. »

L'acceptation sociale du couple homosexuel

On observe aujourd'hui une acceptation croissante du couple homosexuel dans la société hétérosexuelle. Cela n'a plus rien d'étonnant qu'un couple gay ou lesbien assiste aux mariages, aux réunions d'amis, aux fêtes de bureau. Cette acceptation progressive est très salutaire, tant pour les hétérosexuels que pour les homosexuels. Il ne fait pas de doute que la tolérance et le respect pour les homosexuels font de grands progrès.

Mais ce que les hétérosexuels acceptent de plus en plus, ce n'est pas nécessairement l'homosexualité en elle-même. Ils sont disposés à tolérer des individus et des couples homosexuels, mais seulement s'ils imitent le modèle hétérosexuel. Si la relation est ancienne ; si le couple homosexuel est stable et monogame ; si sa sexualité est discrète ; en un mot, si le couple homosexuel est sage, il sera toléré par la société hétérosexuelle. Cela ressemble un peu à la situation des Noirs américains à une certaine époque : ils étaient d'autant plus acceptables par la société blanche qu'ils adoptaient ses façons de penser et de parler. Mais le prix à payer était élevé : l'identité culturelle noire, si riche et variée, a commencé à se perdre. Finalement, dans les années 90, beaucoup de jeunes Noirs ont refusé de continuer sur le chemin de l'assimilation, et ont entrepris un vaste travail pour retrouver la spécificité de leur identité et de leur culture.

Il se passe quelque chose de semblable aujourd'hui avec les homosexuels. Il existe un processus d'assimilation indéniablement positif, mais qui limite d'une certaine façon l'énorme potentiel d'exploration et d'innovation que nous venons de décrire. Malheureusement, seul un type de couple homosexuel est devenu acceptable — celui qui imite le couple hétérosexuel. La question n'est pas ici de savoir si ce modèle est encore valable — quoiqu'il soit en franche décadence depuis une vingtaine d'années. Le problème, c'est que la structure et les règles du mariage hétérosexuel ne correspondent pas aux dynamiques et aux besoins réels du couple homosexuel.

Il est d'ailleurs fort possible que le couple homosexuel éprouve d'autant plus de difficultés qu'il essaie d'imiter le modèle hétérosexuel, ou même celui du couple homosexuel traditionnel. Aujourd'hui, les couples qui adoptent les vieux schémas des rôles masculin et féminin, ou les définitions consacrées de l'amour et de l'amitié, du couple et de la famille, s'exposent à bien des malentendus et des déceptions. Le couple homosexuel a beaucoup de qualités propres, et peut les développer dans la mesure où il se détache des normes anciennes. L'amitié, la liberté, la solidarité, le développement personnel, la recherche de nouvelles modalités affectives et sexuelles sont autant de points forts qui distinguent et enrichissent les couples homosexuels.

Il en résulte une grande variété de formes de relation. Par exemple, les homosexuels pratiquent de plus en plus ce que l'on pourrait appeler la « monogamie consécutive », adoptée également de nos jours par beaucoup d'hétérosexuels. Dans ce schéma, il ne s'agit plus d'avoir *une* relation importante et monogame dans la vie (comme dans le mariage traditionnel), mais plutôt une série de relations qui correspondent aux diverses étapes du cycle vital. On a ainsi des amours et des engagements différents pendant la jeunesse, l'âge adulte et la vieillesse. Cette idée reflète des phénomènes sociaux réels : l'espérance de vie de plus en plus longue, la disponibilité généralisée de la contraception et l'évolution des mœurs. Les hétérosexuels adoptent de plus en plus ce modèle, surtout dans les pays industrialisés, mais ils le font d'une façon terriblement douloureuse : à travers une série de divorces. Les homosexuels, par contre, peuvent se permettre des relations successives sans faire de mal à personne.

Je n'ai pas l'intention de plaider ici pour quelque type de relation que ce soit, mais plutôt de souligner que l'évolution sociale et culturelle permet une grande variété de couples, aussi bien hétérosexuels qu'homosexuels. Ceux-ci en particulier ont le privilège de pouvoir explorer et développer de nouvelles modalités, caractérisées par une flexibilité plus grande, une entente plus réciproque et de meilleures chances d'atteindre le bonheur.

THÈMES DE RÉFLEXION POUR CONSOLIDER LE COUPLE HOMOSEXUEL

— Quand vous êtes dans un contexte hétérosexuel, que faites-vous pour dissimuler (ou révéler) votre relation de couple ?

— Quelle est, pour chacun de vous, votre famille d'élection ? Et pour les deux, en tant que couple ?

— Élaborer des projets communs à six mois, à un an, à deux ans, à dix ans…

— En quoi êtes-vous semblables, et en quoi différents ?

— Dans quels domaines y a-t-il de la rivalité entre vous ?

— Dans quels domaines y a-t-il de l'envie ?

— L'un de vous est-il « plus » homosexuel que l'autre ? Pourquoi ?

— L'un de vous est-il davantage hors du placard ? Comment cela affecte-t-il la relation ?

— Exprimer et comparer vos attentes autour de ce qu'est, ou devrait être, une relation homosexuelle à notre époque.

— Exercices contre l'équivoque dans les sentiments : examiner vos définitions de l'amitié, de la famille, de l'amour et de l'érotisme, de la fidélité et de la loyauté. Selon votre propre expérience, qu'arrive-t-il lorsqu'on mélange sexe et amitié ? Comment faites-vous la distinction entre l'amour entre amis, l'amour entre frères, l'amour entre amants ?

— Si vous étiez un couple hétérosexuel, qui serait l'homme et qui la femme ? Pourquoi ?

— Si vous étiez un couple hétérosexuel, comment serait votre mariage ? En quoi serait-il différent de votre style de vie actuel ?

— Si les homosexuels pouvaient se marier, est-ce que vous le feriez ? Pourquoi oui, pourquoi non ?

7

Le couple homosexuel féminin

La dimension sociale et idéologique

Avant d'examiner la dynamique interne du couple lesbien, il est important de le situer dans son contexte social et idéologique. L'histoire de l'homosexualité nous enseigne que le couple homosexuel a changé énormément à travers le temps. Il n'y a pas de format de couple masculin ou féminin qui soit universel ou permanent — et encore moins pour le couple lesbien, à cause des transformations radicales dans le statut et la condition de la femme au cours de ce siècle. Le couple lesbien tel que nous le connaissons aujourd'hui en Occident devient possible seulement à partir du moment où deux femmes peuvent décider de ne pas se marier, de vivre ensemble et de gagner leur vie indépendamment des hommes, ce qui n'était pas vraiment envisageable ni faisable pour la plupart des femmes, il y a seulement cinquante ans. Le couple lesbien dépend d'une liberté de choix et d'une autonomie vis-à-vis des hommes que la majorité des femmes n'ont atteintes que récemment, et uniquement dans les pays industrialisés.

Le couple lesbien a donc son origine dans les transformations sociales, économiques et juridiques qui ont révolutionné la condition des femmes pendant l'ère moderne. Mais il dépend également de l'idéologie qui a encadré (et en partie guidé) ces transformations. Le lesbianisme aujourd'hui ne saurait être séparé du mouvement des femmes, ni de la libération gay, ni de la révolution sexuelle des années 70. C'est là que l'on trouve les bases idéologiques de l'identité lesbienne contemporaine. D'abord, l'idée d'une affectivité et d'une sexualité féminines indépendantes des hommes : ni l'identité, ni la maturité, ni le bonheur, ni le désir, ni le plaisir sexuels de la femme ne dépendent de l'homme. Ensuite, l'idée que la femme n'a pas besoin de se marier ni d'avoir des enfants pour se réaliser pleinement. Enfin, l'idée que deux femmes peuvent survivre du point de vue matériel et émotionnel sans l'appui d'un homme. Toutes ces conceptions, qui reflètent évidemment des changements sociaux et économiques réels, constituent le fond idéologique de l'identité et du couple lesbiens contemporains [1].

On ne peut examiner la dynamique de la relation entre femmes indépendamment de cette idéologie. Même les jeunes lesbiennes de l'an 2000 sont les enfants du féminisme, de la révolution sexuelle et de la libération gay, quoiqu'elles ne soient pas toujours prêtes à reconnaître leur héritage. Mais même si elles n'en ont aucune conscience, le fait qu'elles puissent aller dans un café pour femmes tenu par des femmes, qu'elles puissent y rencontrer d'autres lesbiennes, avec qui elles pourront avoir une relation sexuelle et avec qui elles pourront éventuellement décider de vivre, tout cela était littéralement inconcevable avant les grandes transformations qui ont précédé leur naissance d'un quart de siècle. Et cette dimension idéologique a des implications psychologiques très importantes, même si elles ne sont pas toujours conscientes ni visibles.

Le refus de la domination masculine

Le couple lesbien contemporain repose sur un fait qu'on ne saurait surestimer : deux femmes qui vivent en couple sont, par définition, des femmes qui ont choisi d'être indépendantes des hommes — tant du point de vue sexuel qu'affectif, économique et social. C'est facile à dire, mais difficile à faire. Que deux membres du « sexe faible » puissent s'affranchir entièrement des hommes est un fait radicalement nouveau, qui reste impensable pour beaucoup de gens. En effet, c'est souvent cela qui pose des problèmes aux hétérosexuels, hommes ou femmes, quand ils pensent au lesbianisme. Ils ne trouvent pas si surprenant que deux femmes aient des relations sexuelles, ni même qu'elles puissent tomber amoureuses l'une de l'autre ; ce qu'ils trouvent vraiment incompréhensible, c'est qu'elles puissent vivre sans les hommes (alors qu'elles pourraient bien en

1. Pour une histoire détaillée du lesbianisme et des idées qui le sous-tendent, voir Marie-Jo Bonnet, *Les Relations amoureuses entre les femmes*, Paris, éditions Odile Jacob, 1995.

trouver, si seulement elles faisaient un petit effort...). Et comment peuvent-elles renoncer, en plus, au mariage et aux enfants ?

C'est à cause de ce refus de jouer le jeu des règles de la société hétérosexuelle que la relation lesbienne est profondément subversive[1]. En rendant les hommes superflus, elle remet en question tout le système de pouvoir et les relations entre les sexes, qui sont à la base de la société telle que nous la connaissons. Il n'est donc pas étonnant que le lesbianisme soit si souvent dévalorisé ou minimisé : pour beaucoup d'auteurs classiques de la psychologie et de la psychanalyse, la relation amoureuse entre deux femmes est essentiellement infantile et peu digne d'attention. Dans le meilleur des cas, c'est un passe-temps inoffensif et divertissant auquel les femmes se livrent en attendant de trouver un homme, accédant ainsi à la sexualité véritable.

L'identité lesbienne aujourd'hui n'est pas seulement une orientation sexuelle, mais aussi un refus des règles du jeu établies par les hommes. Cela est souvent confondu avec une haine des hommes, dans un de ces mélanges faciles d'idéologie et de psychologie à dix sous qui sont utilisés pour disqualifier les minorités. En effet, toute l'idéologie féministe s'effondre si on considère qu'elle ne reflète que du ressentiment contre les hommes et qu'elle est l'affaire de femmes « mal baisées ». Dans le cas de l'homosexualité, cette idée prend la forme d'un vieux stéréotype : celui de la lesbienne qui a peur de l'homme, un peu comme les chiens enragés ont peur de l'eau. Or l'identité lesbienne ne découle pas d'une conduite de fuite, mais d'une série de choix.

Le choix du lesbianisme

Et ce sont des choix difficiles. Après tout, même dans les pays industrialisés, ce sont les hommes qui gouvernent et qui décident presque tout. L'avancement professionnel d'une femme dépend encore, la plupart du temps, d'un homme. Ce sont eux qui établissent les règles du jeu, dans les sphères privée et publique. Quand deux femmes s'affranchissent de ce système et disent, au moins implicitement, qu'elles n'en ont plus besoin ni envie, elles prennent une position politique mais aussi existentielle. En refusant la voie facile du mariage de convenance, elles choisissent de

1. Pour une analyse féministe de la révolution sexuelle lesbienne, voir Sheila Jeffreys, *The Lesbian Heresy*, Spinifex, 1995.

s'affirmer responsables de leur destin et de lutter contre des idées reçues encore très répandues.

Cela a un prix indéniable. D'abord, économique : le couple lesbien est, des trois types de couples (hétérosexuel, homosexuels masculin et féminin), celui qui a le niveau de vie le moins élevé. En général, les femmes gagnent moins que les hommes : aux États-Unis, elles gagnent en moyenne 74 % de ce que gagnent les hommes pour le même travail, et en France environ 80 %. Dans un couple formé par deux femmes, la différence de revenus par rapport aux autres couples devient considérable. À cela il faut ajouter les difficultés pratiques que peuvent rencontrer deux femmes vivant sans compagnie masculine, dans une société faite largement par, et pour, les hommes. Il y a encore beaucoup de domaines où les hommes se meuvent plus facilement que les femmes.

Les lesbiennes d'aujourd'hui surmontent généralement ces difficultés de la vie quotidienne en développant des capacités traditionnellement « masculines », qui vont du bricolage aux finances de la maison en passant par la mécanique. Et s'il y a des travaux lourds à faire, elles le font. Quand les hétérosexuels affirment que les lesbiennes sont « masculines », c'est souvent cela qu'ils veulent dire. Mais ce n'est pas qu'elles soient masculines par nature, ni qu'elles veuillent imiter les hommes ; simplement, elles ont appris par nécessité à faire beaucoup de choses qui ont toujours été considérées comme masculines.

Il est important de noter aussi que l'immense majorité des lesbiennes travaille et est indépendante du point de vue économique : ce sont, en tout cas dans les pays industrialisés, des femmes compétentes et autonomes, exerçant souvent des professions libérales. La plupart du temps, elles ont aussi fait plus d'études que les hétérosexuelles : une enquête aux États-Unis a montré que les deux tiers d'entre elles avaient fait des études universitaires [1]. Tout cela ne peut qu'avoir des effets positifs sur leur amour-propre et leur degré de bien-être général.

Une image plus précise du couple lesbien contemporain commence à se dégager : très souvent, il s'agit de deux femmes qui travaillent, qui se suffisent à elles-mêmes, et qui en sont fières. En outre, il est caractérisé par une relative égalité entre ses deux membres, en comparaison avec le couple hétérosexuel. Cela

1. JoAnn Loulan, *The Lesbian Erotic Dance*, San Francisco, Spinsters Book Company, 1990, p. 200.

indique déjà que le vieux stéréotype d'une femme dominante et d'une autre soumise dans le couple féminin est obsolète : la lesbienne d'aujourd'hui ne se laissera pas plus dominer par une femme que par un homme. Il y aura souvent des disputes, comme cela arrive quand il n'y a pas une personne qui prend seule toutes les décisions. Et nous pouvons deviner déjà que les deux femmes s'exprimeront avec plus de liberté que dans le couple hétérosexuel, et que cela fera parfois des étincelles.

L'intensité affective

Le trait le plus frappant du couple lesbien, c'est en effet son intensité affective. Toutes les émotions — l'amour, l'extase, le désir, la haine, la jalousie, la colère — s'y jouent d'une façon qui peut sembler démesurée, voire irrationnelle. Comme le dit une jeune femme qui alterne relations homosexuelles et hétérosexuelles : « J'ai parfois besoin de me distancier un peu de mes amies lesbiennes. Tout est si intense pour elles, avec leurs drames et leurs discussions, que j'ai parfois besoin de me retrancher dans mes amitiés masculines. C'est plus facile avec eux, on peut avoir des conversations normales sur n'importe quoi, sur le temps qu'il fait, sans entrer dans des analyses profondes de la relation. »

Ce côté dramatique du couple lesbien s'intègre parfaitement dans un vieux stéréotype sur les femmes en général : laissées à elles-mêmes, elles révèlent fatalement leur nature « hystérique » et « irrationnelle ». S'il n'y a pas un homme pour leur faire entendre raison, elles sont complètement dominées par leurs émotions. Cette vision des femmes n'est, cependant, qu'une réduction simpliste d'un phénomène beaucoup plus complexe.

Ce qui se passe entre les femmes, et notamment dans le couple lesbien, ce n'est pas que les sentiments soient démesurés ; c'est qu'ils sont *exprimés*, alors qu'ils ne le sont généralement pas dans le couple hétérosexuel, ni dans la société dans son ensemble. Ce n'est pas que les femmes aient un « excès » d'émotions, mais qu'elles en *parlent* beaucoup plus que les hommes quand elles en ont la possibilité. Et c'est ce qui arrive, précisément, dans le couple lesbien.

Genre et modalités de relation

Mais ce n'est pas seulement une question de liberté d'expression. De nombreux psychologues et linguistes ont établi que les femmes et les hommes ont des façons très différentes de former, de comprendre et de conduire leurs relations interpersonnelles. Dans son livre classique *In a Different Voice*, la psychologue américaine Carol Gilligan, par exemple, a étudié comment et pourquoi les deux sexes sont si différents dans ce domaine. Reprenant d'autres travaux sur l'enfance (et notamment les théories de Margaret Mahler), Gilligan explique que la formation de l'identité du genre (qui est parachevée à l'âge de trois ans) est très différente chez les garçons et chez les filles.

Dans les deux cas, la relation primaire pendant cette période implique la mère, puisque c'est elle qui s'occupe des enfants. Mais les filles, se reconnaissant en elle, développent leur identité féminine dans un contexte d'identification et d'attachement : elles deviennent filles *avec* leur mère. Les garçons, par contre, doivent se distinguer d'elle ; leur identité masculine se développe donc dans un contexte de contraste et de séparation, et ils deviennent garçons *contre* leur mère. Cela explique pourquoi les deux sexes vivent de façon si divergente toutes leurs relations ultérieures. Selon Gilligan : « Comme la masculinité est définie à travers la séparation alors que la féminité est définie à travers l'attachement, l'identité [...] masculine est menacée par l'intimité, alors que l'identité [...] féminine est menacée par la séparation. Ainsi, les hommes tendent à avoir des difficultés avec les relations, alors que les femmes tendent à avoir des problèmes avec l'individuation [1]. »

Cela veut dire que, dans les relations interpersonnelles, les femmes donnent une forte priorité à l'intimité, à la communication affective et à la coopération. Elles fonctionnent bien en groupe, et tendent à former des liens horizontaux (basés sur la similitude et l'égalité) plutôt que verticaux (basés sur la différence et la hiérarchie). Cela se voit à partir de l'enfance : les spécialistes dans ce domaine ont observé que les petites filles jouent le plus souvent à des jeux où il n'y a ni gagnant ni perdant : marelle, saut à la corde, dînette, poupée [2]... Les femmes cherchent à préserver la relation, plus que le pouvoir : dans une discussion, il est plus important pour elles de continuer à parler que d'avoir raison. Les femmes ont également une grande capacité pour l'empathie, c'est-à-dire la faculté

1. Carol Gilligan, *In a Different Voice*, Cambridge, Mass., Harvard University Press, 1982, p. 8.

2. Voir Janet Lever, « Sex differences in the games children play, » dans *Social Problems*, 23, 1976, 478-487.

de se mettre à la place d'autrui : c'est la fameuse « sensibilité féminine », qui fait que la femme s'identifie si facilement avec quelqu'un qui souffre.

Les hommes, par contre, valorisent l'autonomie, la compétition et la neutralité affective (qu'ils appellent souvent « objectivité »), et ont une grande capacité pour l'individuation. Ils tendent à former des relations verticales plutôt qu'horizontales et à se définir par opposition aux autres. Ils voient souvent leurs relations interpersonnelles en termes de pouvoir : le plus fort gagne, le plus faible perd. Ils ont aussi un sens très clair des limites et de leur espace personnel. Chez les femmes, les limites interpersonnelles sont plus floues (ou tout simplement moins importantes) : elles tendent plus à l'identification, voire à la fusion avec l'objet aimé, alors que les hommes préfèrent garder un peu de distance. Les femmes se sentent menacées par la séparation, qu'elles vivent comme un abandon, tandis que les hommes craignent davantage la fusion et la dépendance, qu'ils ressentent comme une perte d'identité.

Cette théorie a été reprise par nombre d'auteurs, sous différentes formes [1], pour expliquer divers problèmes qui peuvent surgir dans la relation hétérosexuelle. Mais elle peut également nous servir pour comprendre certaines dynamiques de la relation homosexuelle, tant chez les hommes que chez les femmes.

En particulier, elle nous aide à comprendre l'intensité dont nous parlions plus haut. Les femmes ont besoin de cette communication affective constante, qui leur manque si souvent dans leurs relations avec les hommes. Alors quand elles sont entre elles, et plus encore si elles forment un couple, elles parlent, beaucoup plus que les hommes, de tout ce qu'elles ressentent : d'elles-mêmes ; de la nature de leur relation ; et de tous les problèmes qui peuvent y apparaître. Là où le dialogue serait interrompu dans un couple hétérosexuel, parce que l'homme s'en lasserait, les femmes continuent à creuser ; et, en cas de dispute, elles feront tout pour rétablir la communication et la connexion affective. Là où un homme mettrait de la distance pour calmer les esprits, elles essaient de se rapprocher pour réparer la relation.

1. Voir, par exemple, Deborah Tannen, *You Just Don't Understand,* New York, Ballantine Books, 1990 ; et John Gray, *Men Are from Mars, Women Are from Venus*, New York, Harper Collins, 1992.

L'empathie et la surprotection

Mais cette communication constante ne sert pas seulement à maintenir une proximité affective. Un autre trait caractéristique des femmes, si nous en croyons les recherches, est leur disposition particulière à l'empathie. Celle-ci n'est pas nécessairement innée : on enseigne aux filles, depuis leur plus jeune âge, à s'occuper des autres. En jouant à la poupée, à la dînette, en prenant soin de leurs petits frères et sœurs, elles apprennent à détecter et à satisfaire les besoins affectifs d'autrui ; c'est en fait leur premier entraînement à la maternité. Plus tard, quand elles se marient et ont des enfants, elles ont déjà l'habitude de penser aux autres, de s'identifier à eux, de sentir leurs souffrances et leurs inquiétudes. Ce sont là des aptitudes qui les aideront à accomplir les tâches difficiles du mariage et de la maternité.

Mais que font de tout cet apprentissage les lesbiennes ? En un mot, elles font avec leur partenaire exactement ce qu'elles auraient fait avec leur famille : elles s'en occupent, s'en inquiètent, essaient de deviner et de satisfaire ses besoins affectifs. C'est pourquoi on observe parfois une sorte de surprotection réciproque dans les couples lesbiens, où les deux femmes se traitent avec des pincettes comme si elles étaient des enfants délicates, bien qu'elles soient en réalité des adultes parfaitement compétentes. Elles peuvent adopter des attitudes presque maternelles l'une envers l'autre, subordonnant leurs propres besoins ou désirs à ceux de leur partenaire.

En outre, dans notre société, les femmes ne sont pas très habituées à exprimer clairement leurs propres besoins ou désirs. Toujours prêtes à les reconnaître chez la personne aimée, souvent elles ne les voient même pas en elles-mêmes, ou bien les passent sous silence. Cela fait partie de la socialisation des femmes, depuis leur enfance : tandis que les garçons peuvent hurler jusqu'à obtenir ce qu'ils veulent, les petites filles doivent attendre sagement que ce soit leur tour. Alors, quand deux femmes tombent amoureuses l'une de l'autre, elles font exactement cela : dans beaucoup de cas, elles cèdent la place à l'autre ; elles écoutent avec attention et empathie, mais parlent peu de leurs propres inquiétudes. Cette tendance a un prix terriblement élevé pour la relation, comme nous le verrons un peu plus loin.

L'identification parfaite

Mais au début, la communication semble totale. Toute cette empathie et cette attention constituent une expérience amoureuse extraordinaire pour les femmes, surtout celles qui sont habituées depuis toujours à donner plus qu'à recevoir. Soudain, elles reçoivent d'une autre personne ce qui a toujours été exigé d'elles par leur famille, les hommes et la société en général. Elles se sentent comprises et adorées comme elles ne l'ont jamais été. Leur compagne est toujours prête à les écouter, à les aimer, à les soigner. Comme l'exprime une femme de quarante-quatre ans, qui vient d'entamer sa première relation homosexuelle : « Je ne savais pas qu'on pouvait être si proche d'une autre personne. Je me suis rendu compte que j'avais toujours voulu exactement cela, sans jamais le soupçonner. Je n'avais jamais autant parlé de ma vie : au bout d'une semaine, je me sentais avec elle comme si je la connaissais depuis toujours. »

Cette entente profonde, cette identification complète expliquent pourquoi tant de femmes qui tombent amoureuses d'une autre femme sont prêtes à faire des folies, après seulement quinze jours de relation. Une blague très appréciée dans le milieu lesbien américain l'exprime ainsi : « La première fois qu'une femme vient chez toi, elle arrive avec une valise. La seconde fois, elle débarque avec un camion de déménagement. » Cela n'est pas étonnant : cette communication est en effet, pour beaucoup de femmes, ce dont elles rêvaient depuis toujours. Le mot clef, que je retrouve systématiquement chez les femmes qui décrivent leur première relation homosexuelle, c'est « l'écoute » : « Je ne m'étais jamais sentie écoutée de cette façon. » C'est une expérience si inédite et si merveilleuse qu'une femme peut très naturellement être prête à tout sacrifier pour la prolonger. D'où les attachements subits, les projets de vie instantanés, que nous voyons parfois surgir entre deux femmes qui se connaissent à peine.

Les dangers de cette identification immédiate sont évidents. Elle peut mener à des décisions impulsives, des malentendus étonnants et des déceptions terribles. Mais elle présente aussi des risques à long terme, dans la relation qui dure plus de deux ou trois ans. Cette entente profonde, presque télépathique, est si facile et si réconfortante qu'on finit par s'y habituer — et s'y attendre. Il pourrait ne pas y avoir de meilleure recette pour la désillusion : quand l'autre femme n'est pas disponible, ou ne lit pas la pensée de sa compagne, celle-ci peut très naturellement se sentir incomprise, exclue ou carrément abandonnée.

La tendance à la fusion

Mais, surtout, cette identification sans bornes finit par développer à l'intérieur du couple lesbien une forte tendance à la fusion. Le dialogue et l'entente si intenses entraînent une relation symbiotique qui met en danger l'autonomie et même l'identité de chaque individu. Beaucoup plus que dans d'autres couples, les deux personnes tombent dans un mimétisme inconscient qui englobe leur apparence physique, leur langage corporel, leur façon de parler et de s'habiller; en plus, elles partagent souvent des vêtements ou accessoires. Peu à peu elles abandonnent les amis, les intérêts et les passe-temps qu'elles avaient avant de se connaître, s'adaptant l'une à l'autre dans une intimité et un isolement croissants. Elles s'accompagnent l'une l'autre partout et passent tout leur temps libre ensemble, plus que ne le font les couples hétérosexuels ou masculins, qui gardent généralement des amis et des activités en dehors de leur relation.

Les conséquences de cette symbiose galopante sont multiples et, dans des cas extrêmes, peuvent être très destructrices. Les deux femmes se sentent obligées de tout se raconter, de tout partager, convaincues qu'il ne doit pas y avoir de secrets entre deux personnes qui s'aiment. Si l'une d'elles fait quelque chose sans l'autre, comme, par exemple, sortir avec des amis, elle se sent coupable et inquiète pour celle qui est restée seule à la maison. La jalousie que nous observons si souvent dans le couple lesbien, la possessivité et le besoin de contrôler les mouvements de l'autre ne correspondent pas (comme on pourrait le penser) à une imitation déplacée de la domination masculine, mais plutôt à cette symbiose envahissante qui interdit l'autonomie. En effet, dans des cas extrêmes, toute tentative d'avoir des amis ou des activités propres est vécue par l'autre comme une trahison et un abandon, souvent avec beaucoup de peur. Il s'instaure alors une espèce de surveillance permanente et réciproque, qui fait que les deux femmes (et souvent l'une plus que l'autre) se sentent observées, emprisonnées, violées dans leur intimité.

Tout cela entraîne, bien sûr, une dépendance de plus en plus grande : n'oublions pas que la symbiose reproduit le lien avec la mère, et a donc un caractère profondément régressif. Il n'est pas rare, en effet, de voir que les deux femmes (ou l'une d'entre elles), qui sont mûres dans tous les autres domaines de la vie, se conduisent comme des enfants lorsqu'elles sont ensemble. Elles adoptent des voix enfantines pour se parler, ou se rappellent qu'il faut mettre un manteau avant de sortir, ou semblent incapables de décider quoi que ce soit sans consulter leur partenaire. Parfois l'une adopte des attitudes maternelles et l'autre joue le rôle de l'enfant (espiègle, impulsif, innocent…) qui doit constamment être rappelé à l'ordre.

Mère et fille

Il est évident que le lien amoureux entre deux femmes contient des éléments de la relation primaire entre mère et fille. Cela se voyait surtout autrefois, quand il y avait parfois un écart d'âge important dans le couple. Historiquement, cet écart a tendance à disparaître : les femmes qui forment des couples aujourd'hui sont généralement, sinon du même âge, au moins de la même génération.

Cependant, il n'est pas besoin d'une différence d'âge pour reproduire la relation mère-fille. Celle-ci peut prendre la forme de conduites ou d'attitudes maternelles d'un côté et infantiles de l'autre, les rôles étant distribués de façon définitive : si une femme adopte le rôle de l'enfant, il y a des chances pour qu'elle le garde, même si elle change de partenaire. Si l'autre femme aime son rôle maternel, il n'y aura pas de problème : les deux seront d'accord sur les règles du jeu. Mais si l'une d'elles n'est pas d'accord, ou a des problèmes avec sa vraie mère qui n'ont jamais été résolus, alors des interactions très toxiques et même dangereuses peuvent apparaître — exactement comme cela peut arriver dans un couple hétérosexuel, si l'un des deux a encore des comptes à régler avec ses parents.

Dans le couple lesbien, le risque est que la femme en question déplace sur sa compagne toutes les émotions qu'elle éprouve en réalité pour sa mère : amour, dépendance, jalousie, colère, haine, etc. Mais, comme en l'occurrence l'autre femme n'est pas sa mère et n'a pas les réactions attendues (qu'elles soient amoureuses, fâchées, punitives, ou indifférentes), la femme-enfant poussera plus loin, aura des conduites de plus en plus infantiles, jusqu'à susciter la réaction voulue — ou finira par abandonner la lutte, avec toute la frustration et la colère que cela peut impliquer. C'est alors que nous entendrons des commentaires du genre : « Elle ne fait jamais attention à moi, elle n'est jamais là pour moi, elle ne pense plus qu'à elle-même, elle ne m'aime plus. »

Pour sa part, la femme-mère peut s'acharner à « réformer » sa partenaire, en essayant de lui faire changer ses habitudes ou prendre soin d'elle-même ; nous l'écoutons souvent dire des choses comme « si seulement elle se mettait au travail, » « si seulement elle arrêtait de boire, » « si seulement elle s'occupait un peu du ménage ». Cela peut donner lieu à une lutte de volontés continuelle dans laquelle la mère essaie de contrôler la fille, qui alors se rebelle, en un cycle extrêmement rigide et douloureux. Si cette dynamique mère-fille n'est pas détectée et corrigée, elle peut causer la rupture. Mais, comme elle est difficile à percevoir quand on s'y trouve pris, il est possible que les deux femmes se disent tout simplement qu'elles sont incompatibles et décident de se séparer.

Autonomie et intimité

Cette dynamique peut tout aussi bien sévir dans un couple hétérosexuel, bien sûr, et avec les mêmes dangers. Mais elle est particulièrement toxique quand il s'agit de deux femmes, à cause de la tendance à la fusion qui fait qu'elles ne se laissent pas en paix. Dans la relation hétérosexuelle, les différences entre les sexes permettent un peu de distance quand celle-ci est nécessaire. En réalité, dans tous les couples, il y a une alternance de rapprochement et d'éloignement : les moments de grande intimité sont suivis par un retrait temporaire où chacun retrouve son espace. Puis, quand les deux personnes en ressentent le besoin ou l'envie, elles se rapprochent à nouveau dans un mouvement cyclique que nous pourrions appeler la « respiration naturelle du couple ». Cette alternance a lieu continuellement ; elle est nécessaire à la survie de la relation, surtout pendant certaines phases de celle-ci.

C'est ce qui arrive quand la « lune de miel » initiale, qui peut durer de quelques mois à deux ou trois ans, touche à sa fin. Dans toute relation de couple, il arrive un moment où les deux personnes (ou l'une d'entre elles) se lassent de l'intensité affective et sexuelle de la première phase, et décident peu à peu de retourner à une vie plus « normale » : revoir les amis, reprendre les activités qu'on a mises de côté à cause de la relation amoureuse. Dans le couple hétérosexuel, c'est souvent l'homme qui ressent cette nécessité de renouer avec la vie sociale et professionnelle qu'il avait auparavant, et la femme s'y adapte parce qu'il est « normal » que l'homme retourne dans le monde.

Dans le couple lesbien, quand l'une des deux femmes commence à émerger de la « lune de miel », l'autre le vit, dans beaucoup de cas, comme un abandon. Même si les deux ressentent ce besoin en même temps, elles en ont souvent très peur : « Peut-être qu'on ne s'aime plus. Au début, on passait des journées entières au lit, et maintenant elle a l'air de s'ennuyer avec moi… On dirait qu'elle aimerait mieux être ailleurs. » Peuvent alors survenir des doutes, des soupçons, des ressentiments, qui bien des fois resteront sans expression. Et chaque femme se demandera si l'autre ressent la même chose, sans vouloir cependant lui poser la question par crainte de la blesser, ou d'être blessée…

C'est à ce moment-là qu'il devient absolument nécessaire pour les deux femmes de prendre un peu de distance et de retrouver leur vie individuelle — en un mot, de respirer un peu d'air frais. Mais cela est très difficile après une telle proximité — surtout si on ne veut pas blesser l'autre, et qu'on n'a pas l'habitude d'exprimer ses besoins affectifs. Alors, le couple commence à étouffer : les deux femmes se sentent envahies et commencent à s'irriter pour des riens — mais ne comprennent pas ce qui leur arrive et peuvent encore moins en discuter. Très souvent le couple se sépare dans cette phase qui suit la lune de miel et où les deux personnes devraient récupérer une certaine autonomie et reprendre une vie normale. Si cela n'arrive pas, parce qu'il est interdit de se détacher et parce que l'autonomie est vue comme une trahison, de sérieux problèmes peuvent apparaître. Dans cette lutte frustrée pour échapper à l'étouffement, nous verrons souvent de la colère, des séparations et des réconciliations abruptes, et bien sûr des relations en dehors du couple.

Ce genre de problèmes ne se limite pas au début de la relation. Même chez les couples anciens, si les deux femmes n'ont pas trouvé un équilibre entre l'autonomie et l'intimité, nous observerons un cycle exacerbé d'éloignement et de rapprochement : des périodes de grande proximité suivies par des phases de détachement, voire de séparation, et puis par de nouvelles réconciliations… Ce mouvement de pendule peut provoquer une certaine usure dans la relation.

Le déclin de la relation sexuelle

Ces difficultés dans le domaine de l'autonomie expliquent en grande partie les deux problèmes les plus importants chez le couple lesbien. Celui-ci a le taux de séparation le plus élevé et la durée la plus courte (cinq ans en moyenne [1]) de tous les types de couples, et nombre d'auteurs ont signalé que la cause la plus fréquente en est le déclin de la relation sexuelle. JoAnn Loulan, une psychologue américaine qui a beaucoup étudié le couple lesbien, signale une réduction de 75 % dans l'activité sexuelle après trois ans de relation [2]. C'est trois fois plus que le chiffre équivalent chez les couples hétérosexuels [3]. Si les femmes dans une relation homosexuelle font l'amour plus de dix fois par mois en moyenne pendant la première année, entre la deuxième et troisième année ce chiffre tombe à cinq fois par mois ; à partir de la quatrième année, elles font l'amour deux ou trois fois par mois — et dans une proportion importante des cas, les chiffres continuent à baisser par la suite [4].

Cela veut dire que beaucoup de couples lesbiens cessent pratiquement de faire l'amour après quelques années. Les enquêtes révèlent que la fréquence des rapports sexuels féminins est très inférieure à celle des rapports hétérosexuels ou masculins. La relation lesbienne est la moins sexuelle de toutes, et il est très intéressant de se demander pourquoi. Cette sexualité espacée correspond-elle au désir réel des femmes quand il n'y a pas d'hommes pour les influencer, ou bien à quelque chose de particulier dans le couple lesbien?

Une sexualité féminine moins « sexuelle »?

Il y a de plus en plus d'indications sur le fait que les femmes sont en général moins intéressées par le sexe que les hommes. On sait que les hommes ont plus de pensées et de fantasmes sexuels [5],

1. Voir Partners Task Force for Lesbian and Gay Couples, *Partners National Survey of Gay and Lesbian Couples*, 1995.
2. JoAnn Loulan, *op. cit.*, p. 157.
3. Maryse Jaspard, *La Sexualité en France*, Paris, éditions La Découverte, 1997, p. 93.
4. Voir JoAnn Loulan, *Lesbian Passion : Loving Ourselves and Each Other*, San Francisco, Spinsters/Aunt Lute, 1987.
5. À la question « Avec quelle fréquence pensez-vous au sexe ? », 54 % des hommes américains répondent : « tous les jours, ou plusieurs fois par jour » ; seules 19 % des femmes apportent la même réponse. Robert T. Michael, John H. Gagnon, Edward O. Laumann, Gina Kolata, *Sex in America*, New York, Warner Books, 1994, p. 156.

qu'ils se masturbent beaucoup plus [1], et qu'ils sont plus conscients de leur niveau d'excitation physiologique [2]. En outre, une enquête récente aux États-Unis révèle qu'un tiers des femmes n'a pas envie de faire l'amour ; 26 % n'ont pas d'orgasmes, et 23 % ne trouvent aucun plaisir dans la relation sexuelle. Les chiffres sont très différents pour les hommes, dont seulement 14 % n'ont pas envie de faire l'amour, et dont 8 % n'y trouvent aucun plaisir [3]. Si, dans les années qui viennent, la recherche confirme ces différences entre la sexualité masculine et féminine, nous pourrons mieux comprendre ce qui se passe dans la relation lesbienne — qui nous donne une idée précieuse de ce que désirent et font les femmes indépendamment des hommes.

La dynamique sexuelle du couple

Mais il faut également prendre en considération une série de caractéristiques de la relation lesbienne en tant que telle pour expliquer le déclin du lien sexuel. En premier lieu, les femmes ne sont pas accoutumées à prendre l'initiative. Souvenons-nous que la sexualité féminine passe par toute une socialisation qui commence bien avant la puberté. On enseigne aux filles à taire leurs désirs et à les subordonner à ceux des garçons. Elles apprennent depuis leur enfance à ne pas ennuyer le monde (et surtout les hommes) avec leurs propres besoins. Ensuite, dans le domaine de l'amour et de la sexualité, elles apprennent à attendre que l'homme fasse le premier pas : même aujourd'hui, il n'est pas bien vu qu'une femme « poursuive » un homme, ou qu'elle prenne l'initiative si elle veut coucher avec lui.

Ce système fonctionne plus ou moins bien lorsqu'il y a un

1. L'enquête ACSF (« Analyse des comportements sexuels en France ») rapporte que deux fois plus d'hommes que de femmes se masturbent. Voir Maryse Jaspard, *op. cit.*, p. 99-101.

2. Dans une expérience très intéressante menée par Julia Heiman, on présente à des hommes et à des femmes des cassettes sexuellement explicites et on mesure leur degré d'excitation sexuelle à travers leurs réactions physiologiques. Hommes et femmes présentent le même degré d'excitation physiologique. Mais interrogés sur leur expérience subjective, tous les hommes qui ont été excités en sont conscients et le rapportent tandis que seulement la moitié des femmes ont pris conscience de leur propre état physiologique. Margaret Nichols, « Lesbian sexuality : Issues and developing theory », dans Boston Lesbian Psychologies Collective, *Lesbian Psychologies : Explorations and Challenges*, Illinois, University of Illinois Press, 1987, p. 105.

3. *Journal of the American Medical Association*, 281, 537-544, 10 février 1999.

homme pour le faire à sa place ; mais qu'advient-il s'il n'y a pas d'homme, comme dans la relation lesbienne? Les femmes ne jouent pas d'ordinaire un rôle actif dans la séduction, et cela se constate dans beaucoup de couples lesbiens. Chacune attend de voir si l'autre en a envie ou pas, sans vouloir trop insister ; ou bien l'intimité prend la forme de la conversation continuelle dont nous avons déjà parlé. Et puis il y a des facteurs purement physiologiques : beaucoup de femmes n'ont pas envie de faire l'amour pendant, ou dans les jours qui précèdent leurs règles ; quand le couple est constitué par deux femmes, cela élimine du coup une dizaine de jours par mois.

Il ne faut pas oublier non plus le rôle de l'homophobie intériorisée. Il est bien plus aisé de maintenir une relation sexuelle « interdite » si c'est l'autre qui prend l'initiative. Jusqu'à un certain point, il faut avoir assumé son homosexualité et accepté sa part de responsabilité dans la relation avant de pouvoir s'y livrer vraiment et y exprimer son désir sans inhibition. Un autre facteur très important dans la sexualité des lesbiennes, c'est que 90 % d'entre elles ont eu auparavant des relations avec des hommes ; le tiers ont été mariées [1]. Si elles sont maintenant dans des relations homosexuelles, c'est sans doute que ces relations n'ont pas été entièrement satisfaisantes : bon nombre de ces femmes ont peut-être fait l'amour avec des hommes par obligation, par intérêt, ou pour nier leur homosexualité. En tout cas, beaucoup de ces femmes se seront habituées à faire l'amour sans plaisir, ou à réprimer leur véritable désir : distancées de leur sexualité, elles auront très naturellement des difficultés pour en jouir pleinement, ou pour prendre l'initiative en matière sexuelle, dans leurs relations homosexuelles ultérieures.

Amour et sexualité

L'amour et la sexualité sont très intimement liés chez les femmes, bien plus que chez les hommes. Ceux-ci peuvent plus facilement entamer une relation sexuelle et en jouir sans être amoureux ; ainsi, une enquête récente en France révèle que les hommes ont des rapports sexuels avec leur partenaire, même s'ils ne sont « pas du tout amoureux » d'elle, plus d'une fois par semaine [2]. Cette

1. Voir Margaret Nichols. Quelques-unes des idées qui suivent sont tirées de cette excellente analyse de la sexualité lesbienne.
2. Enquête ACSF, citée dans Maryse Jaspard, p. 94.

distinction entre le lien sexuel et affectif joue beaucoup moins chez les femmes, probablement à cause d'une conception de la sexualité qui leur est inculquée depuis l'enfance : les filles apprennent qu'il ne faut coucher avec quelqu'un que si elles en sont amoureuses.

Cette identification de l'amour avec la sexualité a des conséquences importantes pour toutes les femmes, mais surtout pour les lesbiennes. En premier lieu, beaucoup de femmes tendent à tomber amoureuses dès qu'elles vivent une relation sexuelle satisfaisante : l'intimité physique semble déclencher en elles des fantaisies d'amour d'une façon presque instantanée. Quand deux femmes se rencontrent et font l'amour, il y a une sorte de réaction en chaîne qui fait qu'elles prennent la relation très au sérieux, très rapidement. Mais cela ne veut pas dire qu'elles soient réellement faites pour s'entendre ; et de nombreux couples échoueront tout simplement parce qu'ils se sont formés trop vite.

Une deuxième conséquence de cette identification entre amour et sexualité, c'est que la relation sexuelle est très vulnérable aux problèmes qui peuvent apparaître dans d'autres domaines. En général, une femme qui est fâchée n'a pas envie de faire l'amour, tandis que les hommes semblent trouver plus facile de maintenir les choses séparées. C'est pourquoi les thérapeutes de couple voient souvent des relations hétérosexuelles où tout va mal, sauf la relation sexuelle qui se maintient pratiquement intacte. Dans un couple lesbien, les problèmes d'ordre affectif envahissent davantage la relation sexuelle. Ainsi, deux femmes qui ont eu une dispute cessent de faire l'amour — parfois pendant des semaines. Cela n'aide pas à résoudre les problèmes ni à entretenir la relation sexuelle.

Enfin, cette confusion entre amour et sexualité fait que les femmes n'auront pas de petites aventures hors du couple comme les hommes, mais de grandes passions : ce seront des liaisons sérieuses qui mettront en danger le couple, et pas seulement des passades qui pourraient éventuellement le revitaliser.

Fusion et sexualité

Mais la raison principale du déclin de la relation sexuelle dans le couple lesbien semble être la tendance à la fusion. Plusieurs éléments sont en jeu. Il y a en partie, bien sûr, le tabou de l'inceste : on ne fait pas l'amour avec sa mère. Mais je crois que cette interprétation, chère aux psychanalystes, doit être nuancée. Si le facteur principal était le tabou de l'inceste, il jouerait davantage depuis le début de la relation — ce qui n'est pas le cas. Et puis il faudrait expliquer pourquoi il y a tant de couples lesbiens qui vont bien, pendant de très nombreuses années, avec des relations sexuelles fréquentes et satisfaisantes.

Un autre élément qui peut sembler logique, c'est qu'il faut un certain contraste entre deux personnes pour qu'elles puissent faire l'amour : ce qui nous ressemble est moins excitant que ce qui nous apparaît comme différent, nouveau, inconnu. Cette idée, sans doute séduisante, n'est pas nécessairement vraie : elle ne semble pas s'appliquer aux hommes gay, qui ont aussi des rapports sexuels avec des êtres semblables et qui présentent les taux d'activité sexuelle les plus élevés de toutes les populations.

Je crois que la tendance à la fusion dépasse ces facteurs, quoique ceux-ci y contribuent également dans une certaine mesure. Ce qui se passe dans la symbiose va au-delà de la ressemblance : le problème, c'est la disparition des limites interpersonnelles. Les individus se sentent en danger de perdre leur identité en tant que tels. Ce que décrivent les femmes prises dans cette situation est une sensation d'étouffement, voire de panique : l'intimité avec l'autre devient littéralement insupportable. L'extase initiale où l'on se fond en une seule personne est éclipsée par la crainte de se perdre complètement ; l'identification se transforme en une dépendance totale.

La femme qui éprouve tout cela n'a qu'un désir : se séparer de l'autre. Dans des cas extrêmes, ce besoin impérieux de récupérer l'autonomie se traduira par de la colère, de la haine ou de la répulsion. Très naturellement, la personne en conclura qu'elle n'aime plus sa partenaire et rompra la relation. Dans le cas le plus fréquent, elle entamera pour ce faire une relation avec une tierce personne, avec qui elle retrouvera l'entente merveilleuse du début. En effet, le motif le plus fréquent de rupture des couples lesbiens est justement la liaison d'une des deux partenaires avec une autre femme. Or, l'infidélité et l'inconstance ne sont pas habituelles chez les femmes. Il faut plutôt y voir un effort désespéré pour échapper à la fusion.

Cette situation extrême débouche généralement sur la rupture, et nous aide à comprendre pourquoi certains couples lesbiens se séparent après quelques mois à peine : la lune de miel se transforme en un drame de ressentiment et de jalousie. Mais la tendance à la fusion affecte également les couples qui durent au-delà de cette phase initiale. Avec le temps, les deux femmes se ressemblent de plus en plus ; leurs goûts, leurs amis, leurs loisirs, tout devient commun. Elles partagent vêtements, maquillage, opinions, lectures… Leurs amis les confondent au téléphone ; on les voit toujours ensemble. Elles apprennent à résoudre très efficacement les problèmes de la vie quotidienne, grâce à une communication constante et à un engagement affectif profond. Les différences entre elles s'estompent peu à peu et elles s'entendent de mieux en mieux, puisque les femmes cherchent la similitude plus que la différence dans leurs relations intimes. Au bout de quelques années, elles s'aiment plus que jamais et jouissent d'une harmonie peu commune — mais la relation sexuelle a disparu. Elles vivent, en fait, comme des sœurs.

Dans beaucoup de cas, elles ne s'en plaignent pas. Elles vivent une relation de couple stable et solide, avec une intimité physique pleine de tendresse : elles s'embrassent, elles se prennent la main, elles se font des massages, elles dorment ensemble... La relation sexuelle génitale ne leur manque pas trop, et elles justifient cette absence de passion en disant qu'elles n'en ont pas le temps, ou pas l'envie… Ce genre de relation peut durer des années ou des décennies entières — ou jusqu'à ce que l'une des deux femmes tombe amoureuse d'une autre. Alors il devient évident que quelque chose manquait dans la relation — et les deux femmes découvrent, trop tard, que c'était le rapport sexuel. Leur relation souffre de ce que les lesbiennes américaines appellent (non sans humour) « la mort du lit » (*bed death*). Que s'est-il passé?

Plusieurs auteurs ont parlé d'un « sacrifice de la sexualité » dans le couple lesbien [1]. Le rapport sexuel serait sacrifié au reste de la relation : fusionnées dans tous les autres aspects de la vie, les deux femmes gardent la distance nécessaire pour continuer ensemble en renonçant à l'union sexuelle. La symbiose a libre cours dans tous les domaines, sauf dans celui de la sexualité. C'est à ce niveau que les deux femmes maintiennent la séparation indispensable à toute relation amoureuse. Comme il arrive parfois dans les relations hétérosexuelles, la sexualité de la femme devient le dernier refuge de son individualité, le territoire réservé où nul ne peut entrer.

1. Voir, par exemple, Joyce P. Lindenbaum, « The shattering of an illusion : The problem of competition in lesbian relationships, dans *Feminist Studies*, 11, n° 1, printemps 1985.

Les liaisons hors du couple

Le grand danger suscité par ce déclin sexuel est évidemment la liaison hors du couple. C'est généralement de cette façon que se terminent les relations lesbiennes : l'une des deux femmes s'éprend de quelqu'un d'autre, déclenchant ainsi tout un cycle de déception ou de confrontation. Alors remontent à la surface tous les ressentiments et tous les différends qui ont été si longuement enfouis dans le confort de la symbiose ; et cela peut donner lieu à des ruptures abruptes ou même violentes.

La liaison hors du couple est donc, dans beaucoup de cas, une façon inconsciente de mettre de la distance. C'est pourquoi, quand cela arrive, nous devons tout de suite explorer la dynamique de la fusion dans la relation : très souvent, le nouvel attachement ne représente pas un nouvel amour et ne reflète pas une infidélité foncière de la personne impliquée ; il constitue plutôt un effort désespéré pour rompre la symbiose. Les liaisons de ce genre sont d'ailleurs facilitées par la confusion des sentiments et le manque de limites dont nous parlions au chapitre précédent : dans le monde homosexuel, il n'est pas du tout rare que des amis deviennent amants. L'énorme importance de l'amitié favorise aussi l'intrusion de tierces personnes dans la relation lesbienne, plus que dans le couple hétérosexuel qui est davantage protégé par la vie familiale.

La routine sexuelle

Et puis il y a l'habitude, comme dans tous les couples. Mais les autres couples, et ceux formés par deux hommes en particulier, font plus de choses pour renouveler leur relation érotique. En général, les hommes ont des fantasmes, des désirs et des pratiques sexuelles plus variés que les femmes. Ils aiment la pénétration vaginale et anale, mais aussi le sexe oral et les jeux sexuels, plus que les femmes. Ils pensent davantage au sexe, tendent plus à essayer différentes positions ou activités, se masturbent davantage, et utilisent plus souvent des matériels érotiques ou pornographiques (objets, livres, vidéos, revues) dans leur vie sexuelle[1]. Les homosexuels ont un répertoire sexuel plus vaste, puisqu'ils y incluent des activités de groupe et des pratiques particulières dont nous

1. Voir Maryse Jaspard, *op. cit.*, et Robert Michael *et al.*, *op. cit.*

parlerons dans le prochain chapitre. Par contraste, les femmes ont des préférences et des activités beaucoup plus limitées, et sont plus inhibées pour proposer ou essayer des choses nouvelles. Ce relatif manque de variété explique aussi, en partie, le déclin de la relation sexuelle dans le couple lesbien.

Mais que font-elles au lit?

En premier lieu, elles ne font pas ce que beaucoup de gens croient, et ce que montrent les films pornographiques. La relation sexuelle entre femmes n'est pas, la plupart du temps, un succédané du coït hétérosexuel avec pénétration par un godemiché. Quand elles pratiquent la pénétration, c'est généralement avec la main et non pas avec des objets : d'après une enquête américaine, près de 90 % des lesbiennes pratiquent la pénétration vaginale, mais seulement un tiers d'entre elles utilisent des godemichés.

Les pratiques sexuelles les plus répandues sont donc la pénétration vaginale avec la main, la stimulation bucco-génitale (cunnilingus), auxquelles se livrent très souvent presque toutes les lesbiennes, ainsi que la stimulation clitoridienne avec les doigts et le frottement des régions génitales (tribadisme). En ce qui concerne le plaisir sexuel, environ 50 % des lesbiennes disent qu'elles ont « toujours » des orgasmes (alors que seules 30 % des hétérosexuelles le disent [1]).

Beaucoup de gens pensent qu'il y a dans la relation sexuelle lesbienne une femme « masculine » qui prend l'initiative et le rôle « actif », et une femme « féminine » qui joue le rôle « passif ». Ce vieux stéréotype, copié de certaines idées reçues sur l'homosexualité masculine ou sur l'hétérosexualité, est très loin de la vérité. Dans une enquête de Loulan sur presque six cents femmes, près de 50 % se sont identifiées comme « androgynes », près de 20 % comme plutôt « féminines » et 15 % comme plutôt « masculines [2] ». Cependant, leurs conduites sexuelles étaient pratiquement les mêmes : les lesbiennes masculines ne prenaient pas plus l'initiative, et ne pratiquaient pas plus la pénétration, que les féminines. Dans la relation sexuelle lesbienne, il y a plutôt alternance d'activités, sans attribution de rôles : une femme stimule l'autre jusqu'à l'orgasme et est ensuite caressée par elle ; quelques couples développent des modalités pour jouir en même temps.

1. JoAnn Loulan, *op. cit.*, p. 262 ; Robert Michael, *op. cit.*, p. 124.
2. JoAnn Loulan, *op. cit.*, p. 266.

Cette absence de rôles masculin et féminin au lit ne veut pas dire, cependant, qu'il n'y ait pas une certaine division du travail : dans beaucoup de couples lesbiens (comme dans tous les couples), une femme tendra plus que l'autre à commencer la relation sexuelle. Cela peut correspondre au degré d'homophobie intériorisée : celle qui assume le mieux son homosexualité sera souvent celle qui prend davantage l'initiative. Nous voyons ainsi que, pour comprendre la relation sexuelle lesbienne, il faut toujours chercher plus loin qu'une hypothétique division en rôles masculin et féminin.

Lesbiennes masculines et féminines

D'ailleurs, toutes ces catégories sont en train de changer. Les termes « butch » et « femme » utilisés aux États-Unis pour signifier lesbiennes « masculine » et « féminine » n'ont plus la signification qu'ils avaient il y a seulement dix ans. Dans la formule classique, qui a longtemps prédominé dans le monde occidental, les lesbiennes masculines sortaient avec des lesbiennes féminines, et on pouvait très bien distinguer qui était qui dans le couple. Aujourd'hui, exactement comme dans le monde hétérosexuel, il s'est formé une espèce de territoire neutre, plus ou moins androgyne, où il serait très difficile de distinguer entre lesbiennes masculines et féminines. Par ailleurs, nous voyons de plus en plus de couples formés par deux butchs, ou bien par deux femmes, ce qui aurait été impensable il y a seulement quelques années.

Ce n'est pas uniquement les rôles qui ont changé : c'est aussi leur interprétation. Avant, il était évident pour tout le monde que les lesbiennes masculines étaient des hommes ratés, des femmes qui auraient préféré être des hommes. La recherche actuelle montre cependant que les butchs ne veulent pas être des hommes, et ne se voient pas comme tels : elles s'identifient pleinement comme des femmes. Le fait de s'approprier certains attributs masculins ne veut pas dire que l'on voudrait être un homme — exactement comme la grande majorité des homosexuels qui prennent des airs féminins n'ont nullement envie d'être des femmes. Pendant longtemps, on a confondu homosexualité et transsexualisme, dans lequel une personne a envie de changer de sexe ; c'était une erreur compréhensible, étant donné les rôles adoptés par les homosexuels. Aujourd'hui, les catégories traditionnelles s'estompent, ainsi que les explications qui y étaient attachées.

Il est intéressant de noter que les conduites sexuelles des homosexuels sont aussi en train de changer — exactement comme celles des hétérosexuels. Une des transformations les plus remarquables des vingt dernières années est que les mœurs sexuelles des femmes ressemblent de plus en plus à celles des hommes : grâce aux contraceptifs et à la révolution sexuelle, les femmes ont plus de partenaires et des attitudes qui se rapprochent peu à peu de celles des hommes. À cela il faut ajouter le rôle croissant d'une industrie du sexe et de la pornographie qui, en vendant des vidéos et des accessoires de plus en plus variés, est en train de transformer la sexualité dans le monde entier. Ainsi sont apparues dans le répertoire sexuel lesbien de nouvelles pratiques qui étaient auparavant réservées, la plupart du temps, aux homosexuels et aux hétérosexuels — par exemple, le sadomasochisme et la pénétration anale. Les rôles sociaux, aussi, sont en train de changer : dans certains milieux, les lesbiennes adoptent des conduites de plus en plus masculines comme la drague, les relations d'une nuit… Quel que soit notre jugement moral ou politique concernant cette évolution des mœurs, elle démontre sans le moindre doute que la sexualité des lesbiennes est en pleine transformation.

Les rôles dans la vie quotidienne

On constate aussi chez le couple lesbien des changements dans la vie quotidienne — comme chez le couple hétérosexuel, d'ailleurs. L'ancien modèle hétérosexuel, qui comprenait une division du travail en activités masculines et féminines, où les hommes travaillaient, s'occupaient de l'argent et des travaux pénibles ou mécaniques, et où les femmes prenaient à leur charge le foyer et les relations familiales, se désintègre depuis une bonne vingtaine d'années. Aujourd'hui, dans la plupart des cas, les deux membres du couple travaillent et se divisent les tâches selon des critères de temps, d'efficacité, ou de simple préférence. Cette évolution s'est reflétée d'autant plus dans le couple lesbien que les deux femmes travaillent. Comme dans toutes les relations, elles maintiennent une certaine division des tâches, mais celle-ci n'est plus fondée sur des rôles masculin et féminin.

Le fait qu'il n'y a pas de rôles prédéterminés présente à la fois des avantages et des inconvénients. Il permet aux deux personnes de choisir leurs fonctions dans le couple par goût ou par facilité, et non plus par obligation. (Cela ne veut pas dire, bien sûr, que la division du travail soit entièrement libre : les rôles que nous adoptons dans nos relations de couple sont souvent ceux que nous avons appris dans nos familles d'origine.) Mais cette flexibilité présente aussi un énorme potentiel de conflit, puisque rien n'est donné d'avance. Un autre danger, c'est que les personnes s'habituent à certaines fonctions sans vraiment en parler et se retrouvent coincées dans un système de plus en plus rigide. Quand cela arrive, c'est toujours une des deux femmes qui fait la cuisine, ou qui s'occupe de réparer la voiture, ou qui fait les courses... Cette routine obligatoire, longtemps typique du mariage hétérosexuel, n'est absolument pas nécessaire dans la relation homosexuelle. La clef pour ne pas tomber dans une division du travail rigoureuse et étouffante, c'est la renégociation et l'alternance. Il est utile, tous les quelques mois, de réviser les fonctions, les rôles, les habitudes de la maison — et de les modifier s'il en est besoin.

Il faut se disputer

Tous les problèmes qui peuvent surgir dans la relation seront aggravés par un trait que nous retrouvons chez beaucoup de femmes, homosexuelles ou hétérosexuelles. C'est la difficulté à exprimer et à gérer la colère. En effet, de nombreux auteurs [1] ont signalé que les femmes apprennent, depuis leur enfance, à réprimer la colère, surtout lorsque celle-ci concerne une personne aimée ou risque de troubler une relation proche. Dans le code traditionnel de la féminité, les femmes ne doivent pas être « agressives », mais toujours conciliantes, flexibles, patientes et tolérantes. Leur fonction n'est pas d'affronter, mais plutôt de réparer, d'apaiser, de trouver un terrain d'entente. Surtout, il leur appartient de sauvegarder les relations humaines. Alors, quand les femmes se mettent en colère, elles se sentent souvent coupables, égoïstes, cruelles ; contrairement aux hommes, elles essaient de la cacher ou de la minimiser. Ou bien, si elles la montrent, c'est souvent d'une façon inappropriée. La colère est déplacée sur une autre personne ; ou elle est décalée, surgissant des jours ou des semaines plus tard, ou bien à propos d'autre chose, qui n'a rien à voir avec sa véritable cause,

1. Voir Harriet G. Lerner, *The Dance of Anger*, New York, Harper Collins, 1989.

ou encore d'une façon disproportionnée, fruit d'un ressentiment longuement couvé dans le silence.

Tout cela peut provoquer des conflits sérieux dans le couple hétérosexuel ; mais ils sont bien pires quand il s'agit de deux femmes. Si on ajoute à la difficulté à se fâcher et à mettre des limites la tendance à la fusion, l'empathie, le besoin de plaire et la recherche de l'intimité — qui sont propres aux femmes dans leurs relations amoureuses —, on imagine sans mal les problèmes qui peuvent surgir dans les relations lesbiennes.

En outre, nombre de femmes ont une image idéalisée de la relation de couple — surtout si l'autre personne est aussi une femme. Leur conception de l'entente parfaite, sans nuages, est si forte qu'elles préfèrent se taire plutôt que d'exprimer leur désaccord pour ne pas troubler la paix conjugale. Leur désir d'harmonie est si profond qu'il n'est pas besoin de se pencher sur les détails désagréables. Alors, paradoxalement, la communication commence à se saborder elle-même : les deux femmes s'entendent si bien qu'elles cessent d'exprimer tout ce qui pourrait affecter leur relation. La communication est supplantée peu à peu par la projection. Au lieu de parler, on laisse deviner ; au lieu d'écouter, on imagine ; au lieu de se disputer, on maintient une paix confortable et rassurante, mais artificielle.

C'est pourquoi il faut se fâcher de temps en temps. La colère est indispensable dans toutes les relations humaines. Elle marque la différence, l'individualité, les limites. Bien canalisée, elle ne détruit pas les relations : elle les préserve, parce qu'elle oblige les couples à négocier et à résoudre leurs problèmes. Comme disent les thérapeutes de couple, le but n'est pas de cesser de se disputer, mais de *bien* se disputer, c'est-à-dire d'une façon constructive, en ouvrant de nouvelles possibilités. Lorsque la colère est exprimée d'une façon appropriée, elle permet au couple de réviser ce qui ne marche pas, de faire les changements nécessaires pour sa survie, d'aller de l'avant ; et, par-dessus tout, elle sauvegarde les limites entre les personnes.

Ce n'est d'ailleurs pas un hasard si, dans beaucoup de cas, les lesbiennes qui ne font plus l'amour ne se fâchent jamais. Les deux femmes s'aiment, mais leur relation a perdu sa vitalité. Ayant arrondi tous les angles, elles s'entendent à merveille ; mais, en ayant renoncé à leurs différences, elles ont aussi cessé d'être des individus à part entière.

Le défi du lesbianisme

Il est difficile d'être une femme à part entière. Comme épouses, comme amantes, comme mères, comme sœurs ou filles, les femmes courent toujours le risque d'être absorbées par ceux qui dépendent d'elles. Après avoir conquis l'égalité juridique et politique, et une égalité économique croissante vis-à-vis des hommes, ce qui doit suivre est le développement d'une identité autonome. La lutte pour l'individuation est en ce moment le grand défi des femmes ; et les lesbiennes sont à l'avant-garde de cette lutte, parce qu'elles constituent, pour la première fois dans l'histoire, une population féminine largement indépendante des hommes et de la maternité. Cette population est obligée de se définir autrement que par rapport à la famille et de se forger une identité hors des rôles traditionnels de la femme. Le lesbianisme d'aujourd'hui n'est plus le triste sort des femmes qui ne trouvent pas à se caser (si tant est qu'il l'ait jamais été) : il est un choix de vie qui fait appel à toutes les ressources des femmes en tant qu'êtres humains à part entière.

C'est pourquoi tant de lesbiennes, quand elles ont dépassé les difficultés de l'adolescence et de la jeunesse, deviennent des femmes sûres d'elles, indépendantes et compétentes : elles y sont bien obligées. Dans la maturité elles présentent, dans beaucoup de cas, des personnalités très riches et intéressantes. De la même façon, quand le couple lesbien marche bien, il offre une relation particulièrement profonde, égalitaire et solidaire.

Que faut-il faire pour améliorer ses chances? Que faut-il faire pour que le couple lesbien dure plus longtemps, pour qu'il puisse mûrir, pour qu'il maintienne une communication vraiment pleine, et une relation sexuelle vivante et satisfaisante? La réponse la plus concise que je puisse y apporter, c'est l'individuation. À l'intérieur du couple, cela veut dire le respect et le développement de la différence. Dans cette situation, difficile à atteindre mais certainement pas impossible, chaque femme respecte la personnalité de sa partenaire et l'aide à développer tout le potentiel de son individualité. Alors, les deux femmes sont non seulement meilleures amies et amantes, mais deviennent de véritables alliées dans la vie.

THÈMES DE RÉFLEXION POUR CONSOLIDER LE COUPLE LESBIEN

— Promouvoir des espaces physiques individuels. Il est utile de dessiner un plan du logement, et de voir à qui appartient chaque pièce — c'est-à-dire qui en décide la décoration et l'utilisation. Souvent aucune des deux femmes n'a un espace vraiment à elle, qu'elle puisse décorer à son goût et où elle puisse faire ce qu'elle veut. Désigner (ou créer) des espaces individuels et communs.

— Promouvoir des temps individuels. Très souvent, le temps libre est systématiquement partagé. Désigner au moins une période par semaine, par exemple, une soirée, où on fera quelque chose séparément : voir des amis, aller au cinéma…

— Promouvoir des activités individuelles. Il est utile de se demander ce qu'on ferait de son temps si on n'était pas ensemble, ce qu'on en faisait avant de se connaître, et ce qu'on a cessé de faire depuis qu'on est ensemble. Il est important de reprendre quelques-unes de ces activités, chacune de son côté, dans la mesure du possible.

— Il est indispensable de cesser de partager vêtements, bijoux, accessoires, maquillage, etc.

— On peut aussi promouvoir l'autonomie à travers les finances. Beaucoup de couples réunissent tous leurs fonds pour faire face aux dépenses conjugales, ce qui facilite les choses mais brouille encore une fois les frontières entre personnes. Si possible, il est donc utile que chacune puisse mettre de côté une certaine part de ses revenus, pour la dépenser à sa guise.

— Dans le cadre thérapeutique, il est capital que le thérapeute renvoie constamment aux deux femmes le reflet de leur différence, en les encourageant à la cultiver au lieu d'essayer toujours de la tempérer.

— Développer un nouveau style de résolution de conflits : au lieu de chercher des solutions de compromis, essayer l'alternance. Par exemple : si vous adorez la cuisine chinoise et votre amie la cuisine italienne, il vaut mieux ne pas aller dans un restaurant français que toutes les deux vous aimez moyennement ; il vaut mieux aller une fois au restaurant chinois, et une autre fois à l'italien. Le juste milieu n'est pas toujours la meilleure solution.

— Changer le style de communication : en un mot, parler moins. Si très souvent il faut promouvoir la communication dans le couple hétérosexuel, dans le couple lesbien il faut la restreindre.

On a tendance à tout se raconter ; mais il faut recréer un espace où il est permis de garder des choses pour soi, pour compenser la tendance à la fusion. Il est très important de cesser de tout partager.

— Changer les rôles : reconsidérer périodiquement qui fait quoi dans le couple, pour vérifier que chacune est satisfaite de sa fonction. C'est une chose d'aimer faire la cuisine, et une autre, très différente, d'y être obligée tous les jours pendant des années. Revoir aussi pourquoi chacune fait ce qu'elle fait : par goût, par habitude, parce qu'elle est plus féminine ou masculine, parce que c'est ce qu'elle faisait avant dans ses relations hétérosexuelles?

— Dans le domaine sexuel, la variété est essentielle. Changer les routines, les horaires, les endroits, les manières de faire l'amour. Essayer d'autres formes de stimulation, y compris les accessoires sexuels, les vidéos pornographiques, etc.

8

Le couple homosexuel masculin

Comme le lesbianisme contemporain, l'homosexualité masculine a été marquée par la révolution sexuelle et la libération gay ; mais dans son cas s'ajoute un autre facteur : le sida. Ces phénomènes ont transformé l'homosexualité masculine sur trois niveaux : ils ont donné naissance à une identité personnelle, une dynamique de couple et une communauté qui n'existaient pas auparavant. On ne peut comprendre la relation homosexuelle masculine sans examiner ce contexte social et idéologique.

La révolution sexuelle

La révolution sexuelle des années 60 et 70 a transformé le sens de la sexualité. Le plaisir est devenu un but en soi, indépendant de la procréation et de tout lien affectif ou légal entre individus. S'est ouverte ainsi la possibilité d'une grande variété de partenaires et de pratiques sexuelles. Les rencontres occasionnelles, le multipartenariat, les pratiques sexuelles autres que le coït — autant de modalités différentes qui sont entrées dans les mœurs.

Cette transformation de la sexualité a coïncidé avec l'essor d'une société de consommation qui préconise la gratification immédiate de tous les désirs, avec un choix infini d'objets à consommer. Selon cette vision, le plaisir est le but principal de l'existence, et le droit au plaisir une prérogative universelle. Elle exalte aussi la nouveauté et la variété : le neuf est plus excitant, et, quand les choses, les personnes ou les relations s'usent, il faut les remplacer. Il ne fait pas de doute que ces idées ont contribué à transformer les personnes en objets de consommation sexuelle et qu'elles se sont ajoutées au multipartenariat et à la recherche du plaisir préconisés par la révolution sexuelle pour constituer une nouvelle sexualité sinon plus libre, du moins plus facile.

Le marketing du corps

Les années 80 et 90 ont vu également l'essor d'une certaine conception du corps. Sont apparus de nouveaux types physiques, un peu déshumanisés : les femmes devaient être d'une minceur anorexique, et les hommes bronzés et musclés comme s'ils allaient tous les jours à la plage. Curieusement, les lesbiennes n'ont pas adopté le nouvel idéal féminin : ni la minceur, ni le maquillage, ni les modes vestimentaires. L'idéologie féministe les a peut-être protégées de l'assaut publicitaire (quoiqu'elle ne les ait pas empêchées de suivre les modes masculines, dans une certaine mesure…). Les homosexuels, par contre, ont adopté le nouveau look sans réserve, cultivant la séance quotidienne au gymnase, le bronzage artificiel, le blouson de cuir, les bottes, les cheveux courts, la moustache… L'idéal masculin gay est d'une virilité exagérée, comme si les homosexuels essayaient de se défaire une fois pour toutes de leur image classique d'hommes efféminés — quoiqu'il existe toujours, et continuera d'exister, des variations sur ce thème. L'idéal homoérotique incorpore aussi une éternelle jeunesse : dans le monde gay, il est interdit de vieillir. Ce culte de la masculinité et de la jeunesse — qui a une longue histoire, depuis les Grecs — est devenu, encore plus qu'avant, un élément central de l'imaginaire et de la vie sociale et sexuelle des homosexuels.

En même temps que ces transformations s'est développée une industrie du sexe qui en a profité pour inventer et pour vendre de nouvelles formes de stimulation sexuelle. S'appuyant sur des ressources financières immenses, elle a diffusé des fantasmes, des pratiques et des accessoires jusque-là réservés aux amateurs du voyeurisme, du fétichisme, de la pédophilie et du sadomasochisme. Quelques-unes de ces paraphilies, qu'on appelait naguère des « perversions », sont désormais devenues « normales » — voire banales — et sont entrées dans le vocabulaire quotidien de la sexualité. Les établissements spécialisés, les revues, les films et les vidéos pornographiques, ainsi que des accessoires de toutes sortes, ont contribué à abattre les barrières entre le « pervers » et le « normal », le privé et le public, et sont, eux aussi, entrés dans les mœurs.

La nouvelle homosexualité

La libération gay a fait de l'homosexualité non plus un destin malheureux mais un style de vie librement choisi. Elle a rendu possible de vivre publiquement une orientation qui avait toujours été clandestine. Les hommes homosexuels qui ont atteint l'âge adulte dans les années 70 ont été la population la mieux placée pour profiter de ces transformations. Plus libres que les hétérosexuels, plus aisés que les lesbiennes, ils se sont lancés dans l'exploration de nouvelles formes de stimulation et de satisfaction sexuelles. Pour beaucoup d'entre eux, la libération gay a signifié avant tout le droit au plaisir sous toutes ses formes, y compris dans le multipartenariat, le sexe en groupe et, dans quelques cas, la pédophilie. Après une longue histoire de persécution, tout était permis — et il est peut-être naturel qu'ils aient tenu à en profiter pleinement.

En fait, les homosexuels de la libération gay n'ont fait que pratiquer ouvertement ce que beaucoup d'hommes (hétérosexuels et homosexuels) avaient toujours fait en secret Cela a semblé très nouveau parce que ça se passait entre hommes, mais ces nouvelles modalités ne faisaient que reprendre des mœurs sexuelles qui avaient été largement développées et cultivées dans les bordels de l'ère moderne. Les bains publics, les saunas, les *backrooms* de la libération gay n'ont été que des variations sur le thème du bordel : c'étaient des endroits centrés sur le plaisir, où l'on pouvait boire, manger, consommer des drogues, regarder des spectacles ou des jeux sexuels, avoir des partenaires multiples (y compris des mineurs), pratiquer le sexe à plusieurs, obtenir du matériel pornographique, et ainsi de suite. Comme dans les bordels, les rapports sexuels étaient libres de toute contrainte affective ou juridique, complètement séparés du mariage et de la famille, et permettaient aux hommes de satisfaire leurs désirs sans trop s'inquiéter des conséquences. Et, dans les deux cas, c'étaient des espaces réservés à des activités considérées comme illicites par la société dans son ensemble.

Les établissements gay centrés sur le sexe n'ont fait que reprendre les mêmes activités et les mêmes règles du jeu, sauf pour la rémunération des partenaires sexuels. C'étaient, en fait, des bordels gratuits, qui offraient tous les services proposés par les anciennes maisons closes. Le problème, c'est que les homosexuels ont commencé à les fréquenter ouvertement, alors que leurs prédécesseurs le faisaient plus ou moins discrètement ; ils ont proclamé leurs aventures, au lieu de les cacher ; et puis ils y sont allés en masse, alors que les bordels étaient réservés aux élites. Insensiblement, dans la fièvre de la découverte, ils ont adopté comme style de vie quotidien et public ce que leurs prédécesseurs avaient cultivé de façon sporadique et secrète, en sauvegardant toujours mariage et famille et en maintenant une distinction entre relations conjugales et aventures sexuelles. Les homosexuels, par contre, ont peu à peu éliminé cette démarcation pour insérer la pluralité sexuelle à l'intérieur même du couple, comme nous le verrons.

Homosexualité « noire » et « blanche »

Pour mieux comprendre cette évolution, il est utile de rappeler la distinction qu'ont fait plusieurs auteurs entre une homosexualité masculine « noire » et une autre, « blanche [1] ». Cette dernière est l'homosexualité que nous trouvons dans la littérature et dans le cinéma de bon ton, avec des personnages sensibles et raffinés de classe relativement élevée. C'est l'homosexualité aristocratique d'Oscar Wilde, du *Maurice* de E. M. Forster, du cercle de Bloomsbury en Angleterre, et d'une pléthore d'écrivains français. Faite de beaux sentiments, traversée de mélancolie, c'est l'homosexualité innocente des écoles et des couvents, de l'amour qui n'ose dire son nom, et des amitiés particulières.

Mais à côté d'elle, et se confondant parfois avec elle, il existe une autre modalité que nous pourrions appeler l'homosexualité « noire » ou des bas-fonds : celle des « tasses », des parcs publics et des gares, des bains publics et des saunas, des backrooms, des rencontres furtives, des rapports sexuels anonymes et parfois payés. Il s'agit d'une sexualité impulsive, hasardeuse, parfois dangereuse — et que beaucoup d'hommes trouvent très excitante. Il faut dire que pendant très longtemps, elle a représenté la seule façon pour les homosexuels issus des classes populaires de se rencontrer — et cela est toujours le cas en dehors des grandes villes dans les pays industrialisés et dans la plupart des pays du tiers-monde.

Mais cette homosexualité « noire » n'a jamais été restreinte aux classes populaires : depuis très longtemps, elle a également attiré

1. L'expression est de Guy Hocquenghem. Voir Frédéric Martel, *Le Rose et le Noir*, Paris, éditions du Seuil, 1996, chap. 4.

des hommes de classe et d'éducation élevées, souvent d'un grand raffinement intellectuel et artistique. Parmi ses adeptes on a pu compter Proust, Genet, Gide et Pasolini, pour n'en nommer que quelques-uns. L'homosexualité noire permet un brassage de classes et un certain « tourisme sexuel », qui répondent au désir de beaucoup d'homosexuels d'avoir des relations avec des hommes « du peuple », avec des travailleurs beaux, musclés et spontanés, voire « primitifs », dans leur sexualité. On retrouve dans ce désir le culte d'une certaine masculinité, dont nous avons déjà parlé. Comme l'explique un homosexuel de quarante-cinq ans, exerçant une profession libérale : « Aller avec des hommes du peuple, c'est comme voyager dans un autre pays. On rencontre une énorme variété de gens, on découvre des choses nouvelles, et puis ils sont plus simples que nous, plus francs, moins viciés par la vie moderne. »

L'homosexualité « noire » n'a pas d'équivalent chez les lesbiennes. Elle constitue un espace purement masculin et semble correspondre à une sexualité masculine, faite de relations faciles, spontanées, rapides, anonymes et sans obligations. Ce monde des bas-fonds, longtemps considéré par la société hétérosexuelle comme un ultime recours pour des homosexuels affamés de sexe, est en réalité extrêmement attirant pour beaucoup d'entre eux.

La commercialisation de l'homosexualité

La libération gay s'est approprié l'homosexualité noire non pas comme un dernier recours, mais comme l'espace vital d'une sexualité masculine sans entraves — quoique domestiquée, dans une certaine mesure. À partir des années 70 sont apparus dans les grandes villes d'Europe et des États-Unis des établissements gay centrés sur le sexe, des bars et des discothèques qui offraient dans un cadre protégé l'équivalent des anciennes « tasses » et des bains publics. En particulier, ils ont créé le fameux backroom, chambre pratiquement obscure consacrée au sexe anonyme, soit individuel, soit en groupe. Désormais, au lieu d'aller draguer dans les parcs, les homosexuels pouvaient se séduire dans un cadre social fréquentable, avec tous les services et sans risquer de se faire brutaliser — pour le prix d'une entrée.

Cette commercialisation de la sexualité gay au cours des deux dernières décennies a contribué à rapprocher les deux types d'homosexualité. Les *backrooms* en particulier permettent une sexualité immédiate, gratuite et facile : tous ceux qui s'y trouvent sont disponibles, par définition. Ce sont des lieux qui privilégient le voyeurisme et le sexe collectif. Nombre d'auteurs ont essayé d'expliquer l'importance de celui-ci dans l'univers gay, en le décrivant, par exemple, comme « un retour à l'orgie traditionnelle, la promiscuité sexuelle multiforme permettant de satisfaire autant un besoin physiologique qu'un sentiment d'appartenance communautaire [1] ». Dans cette optique, le sexe en groupe sert à recréer une certaine camaraderie masculine, comme celle exaltée par Walt Whitman dans sa poésie et par Herman Melville dans ses romans de mer, dans lesquels le navire constitue un domaine purement masculin.

Cependant, malgré les apparences, l'homosexualité noire n'est pas seulement un espace consacré à la conquête sexuelle. Au-delà du sexe anonyme et des rencontres faciles il y a aussi très souvent, dans les bars et dans les backrooms, une quête de l'amour qui va beaucoup plus loin qu'un simple orgasme. Comme l'explique un homme de cinquante-six ans, qui a bien connu la scène gay du New York des années 70 : « Il y a aussi dans les backrooms une recherche de l'amour. Avant, les homosexuels étaient très réprimés et l'amour entre hommes était interdit. Alors, quand on allait dans les bars et qu'on faisait l'amour avec des hommes très beaux, on vivait chaque nuit une grande passion. On allait dans les bars avec l'illusion romantique de trouver le grand amour, dont on savait très bien qu'il allait durer une nuit : on avait le mirage de l'amour éternel pendant une demi-heure. La solitude disparaissait l'espace d'une nuit, et peu à peu on se construisait une vie affective basée sur cette recherche qui n'était pas seulement sexuelle, mais romantique. »

Le sida

Cette quête a pris un autre sens lorsque le sida est venu rompre tous les nouveaux schémas. Malheureusement, quand il a fait son apparition au début des années 80, les mœurs homosexuelles masculines étaient déjà solidement en place, et même la tragédie de l'épidémie ne les a pas affectées autant qu'on a pu l'espérer. Malgré vingt ans de campagnes de prévention, malgré les efforts incessants de nombreux groupements homosexuels pour encourager le

1 Frédéric Martel, *op. cit.*, p. 194.

safer sex[1] (sexe plus sûr), une proportion importante — 16,9 % selon une étude française de 1993[2] — des hommes gay ayant des rapports « occasionnels » avec pénétration anale n'utilisent jamais de préservatifs. Une enquête américaine a révélé, au début 1999, que 30 % de 2 500 jeunes homosexuels interrogés dans plusieurs villes ont des rapports occasionnels sans aucune protection. Le nombre d'homosexuels qui utilisent toujours des préservatifs lors de contacts occasionnels a diminué de 69,9 % en 1994 à 60,8 % en 1997, selon le Centers for Disease Control and Prevention aux États-Unis. Deux tiers des hommes gay interrogés à Chicago, à Denver et à San Francisco rapportent avoir eu au moins une rencontre sexuelle sans préservatif au cours des derniers dix-huit mois. Enfin, le taux d'infection par le sida augmente à nouveau, après des années de stabilité : dans la ville américaine d'Atlanta, par exemple, un centre d'analyses cliniques rapporte une augmentation de 50 % du nombre de résultats séropositifs depuis 1997[3].

Selon les experts, la nouvelle génération d'homosexuels n'a pas connu l'hécatombe des années 80 et ne voit plus dans le sida une condamnation à mort sans appel. Pendant les années 90, il y a eu une « normalisation » du sida : les nouveaux traitements symptomatiques permettent aux personnes séropositives de vivre pendant beaucoup plus longtemps et dans de bien meilleures conditions. Et puis les gens se sont habitués à l'existence du virus et ne font plus tellement attention aux campagnes préventives. Enfin, comme les hommes séropositifs ne meurent plus aussi rapidement, ils continuent à exercer leur sexualité librement, aggravant ainsi les risques de transmission.

Quelles que soient les raisons de la résistance au safer sex, et quelle que soit l'évolution de l'épidémie, il est certain que le sida a marqué, et continue de marquer presque partout, la vie des homosexuels. Ainsi, du moins dans les pays industrialisés, le nombre de

1. L'expression anglaise *safer sex*, qui a remplacé *safe sex* dans les campagnes anti-sida il y a quelques années, reflète l'idée qu'il n'existe pas de modalités sexuelles *absolument* sûres, mais uniquement *relativement* sûres. Il peut y avoir une petite lésion quelque part, le préservatif peut se rompre ou être défectueux… Une enquête française de 1993 révèle que même les homosexuels qui utilisent régulièrement un préservatif sont en risque : 30 % d'entre eux font état de ruptures, et 16 % de « glissements ». Cela semble résulter d'un emploi incorrect : en effet, presque 38 % des homosexuels qui utilisent des préservatifs omettent le lubrifiant. Voir Marie-Ange Schiltz, « Les homosexuels masculins face au sida, enquêtes 1991-1992 », rapport CNRS-EHESS, décembre 1993, cité dans Martel, p. 366-367.

2. Schiltz, 1993, cité dans Martel, p. 363.

3. Chiffres donnés par l'agence Associated Press, 31 janvier 1999.

partenaires sexuels a diminué, le sexe anal n'est plus aussi répandu lors de contacts occasionnels, et bien plus d'homosexuels engagent maintenant des relations de couple monogames plus stables et plus durables.

La sexualité homosexuelle masculine

La sexualité entre hommes est aussi en pleine transformation. Des catégories et des pratiques qui étaient communes il y a seulement vingt ans ont largement perdu leur signification et leur importance. En premier lieu, la division entre homosexuels « masculins » et « féminins » a quasiment disparu, exactement comme chez les lesbiennes. Ensuite, et parallèlement, il n'est plus aussi vrai qu'auparavant que les homosexuels soient exclusivement actifs ou passifs dans leur sexualité. Ils tendent plutôt, du moins dans les pays industrialisés, à élargir leurs pratiques et sont moins étroitement « spécialisés » : ils pratiquent davantage une alternance des rôles qui peut dépendre de leur humeur, du partenaire, de l'étape de la relation, ou des circonstances. Ensuite, la pénétration anale entre inconnus est moins courante : elle est davantage réservée aux relations entre amis ou en couple ; elle peut n'apparaître qu'après un certain temps, en attendant que les deux hommes se connaissent mieux et se sentent à l'abri des risques du sida. Les enquêtes montrent que la pénétration anale en général est moins répandue qu'on ne le pensait : lors de leur dernier rapport, seulement 36 % des hommes ont sodomisé leur partenaire, et 28 % ont été sodomisés [1].

Les pratiques les plus fréquentes chez les homosexuels sont la fellation (présente dans 72 % des derniers rapports), la masturbation réciproque (dans 82 % des derniers rapports) et la stimulation interfémorale (dans laquelle un homme place son pénis entre les jambes de l'autre). D'autres activités, beaucoup moins fréquentes, sont le *rimming* (la stimulation bucco-anale) et le *fist-fucking* (dans lequel un homme insère son poing dans l'anus de l'autre [2]). C'est dire que les conduites sexuelles entre hommes sont d'une grande variété et que la pénétration n'est nullement pour eux une composante essentielle du sexe, pas plus que pour les lesbiennes. Cependant, il est très difficile de généraliser dans ce domaine : les pratiques changent selon le pays, la classe sociale, l'époque et la mode.

1. Alfred Spira et Nathalie Bajos, *Les Comportements sexuels en France*, Paris, La Documentation française, 1993, p. 159.
2. *Idem.*

La seule chose certaine, c'est que les hommes jouissent entre eux d'une énorme liberté sexuelle. Cela fait que leurs relations sont riches et variées du point de vue érotique, mais pas nécessairement plus intimes.

En quoi consiste le couple masculin ?

La structure, et la définition même, du couple homosexuel est aussi en pleine évolution. La première chose que nous puissions dire, c'est qu'il ne ressemble pas du tout aux autres couples. Une des difficultés pour l'étudier et le traiter réside précisément dans le fait qu'aucun des paramètres de la relation hétérosexuelle ne s'y applique. Le couple d'hommes est plus complexe et plus difficile à comprendre que celui des femmes, parce qu'il ressemble encore moins au mariage avec son engagement à long terme et son accent sur la monogamie (du moins en théorie). La relation lesbienne ressemble davantage au modèle hétérosexuel : elle est généralement monogame (ou essaie de l'être) ; elle s'inscrit dans un discours amoureux ; et elle aspire à une stabilité à long terme.

Par contre, il peut arriver que deux hommes établissant une relation ne parlent pas d'amour, ne se promettent pas d'être fidèles, n'aient aucune intention d'être monogames et ne projettent pas d'avenir commun. On pourrait légitimement se demander si le terme « couple » est applicable à une telle relation — et, en fait, même les homosexuels ne semblent pas être tout à fait d'accord sur ce qu'ils entendent par là. Un homosexuel de trente-cinq ans raconte :

« Ce que je cherche dans une relation ressemble assez au mariage hétérosexuel : fidélité, stabilité, engagement à long terme. Mais la réalité est très différente, du moins dans mon expérience. On voit partout des relations doubles, c'est-à-dire des hommes qui vivent en couple mais ont des relations parallèles. Il y a un couple que j'admire beaucoup, parce que ce sont deux hommes qui s'aiment vraiment et qui sont ensemble depuis sept ans. L'un d'eux m'a fait des avances récemment ; il m'a dit que, si quelqu'un d'excitant apparaissait dans sa vie, il quitterait son partenaire sans hésiter… Et il dit l'aimer ! »

Cette anecdote montre bien qu'il n'y a pas de consensus sur la signification du couple, même à l'intérieur d'un petit cercle d'amis. Cependant, on pourrait se demander si la forme du couple traditionnel est vraiment nécessaire à des relations qui n'ont pas dans leurs fonctions celles de fonder une famille et d'élever des enfants. Une proportion importante des homosexuels d'aujourd'hui ne semblent pas désirer cet engagement particulier qui, rappelons-le, n'a rien d'universel : le mariage, tel que nous le connaissons aujourd'hui, n'est qu'une modalité parmi beaucoup d'autres dans l'histoire de l'humanité. Et il ne constitue pas le seul moyen d'avoir des relations amoureuses stables.

Cela dit, beaucoup d'homosexuels aspirent quand même à former des couples traditionnels. La libération gay, tout en critiquant le modèle hétérosexuel, a aussi permis aux homosexuels de vivre ouvertement en couple, et beaucoup d'entre eux ont choisi ce chemin plutôt que des partenaires multiples. Bien avant le sida, qui a entraîné une certaine revalorisation des relations stables et monogames, il y a eu une époque où le fait de vivre en couple publiquement était en soi une position contestataire adoptée avec fierté par de nombreux homosexuels, aussi bien masculins que féminins. Le rejet du couple traditionnel n'a jamais été universel parmi les gays, et il y a toujours eu, au contraire, une proportion importante d'homosexuels qui ont opté pour la stabilité et l'engagement à long terme — même si leurs relations diffèrent encore, en bien des points, du mariage hétérosexuel.

Les enquêtes montrent qu'il existe beaucoup de relations stables entre hommes, quelle que soit leur forme : près de 30 % des homosexuels français vivent en couple, et les relations durent sept ans en moyenne [1]. Mais certaines prémisses du couple hétérosexuel — en particulier la monogamie et, souvent, l'engagement à long terme — en sont absentes, ou ont un sens radicalement différent. C'est pourquoi entrer dans l'univers de l'homosexualité masculine est un peu comme arriver dans un pays exotique, dont les coutumes peuvent paraître singulières au premier abord ; et il est impossible de le comprendre si nous ne laissons pas de côté nos valeurs et nos préjugés habituels.

Caractéristiques du couple masculin

Le sexe joue un rôle très important dans le couple masculin. Celui-ci est en effet le type le plus actif dans ce domaine, faisant l'amour en moyenne dix fois par mois (cela, bien sûr, après la phase

1. Antoine Messiah, Emmanuelle Mouret-Fourme, « Homosexualité, bisexualité. Éléments de sociobiographie sexuelle », dans *Population*, vol. 48, septembre-octobre 1993. Cité dans Martel, p. 358.

initiale de lune de miel qui est dans toutes les relations une période d'activité sexuelle intense[1]). C'est un couple qui présente plus de différenciation que celui des femmes, sans doute parce que les hommes ont plus l'habitude que celles-ci d'exprimer leurs désaccords — et d'avoir raison dans les discussions. Il est intéressant de rappeler dans ce contexte les différences entre les jeux des enfants des deux sexes : les jeux chez les petits garçons sont plus compétitifs, se passent en général dans des groupes plus grands avec des variations d'âge plus importantes, et sont plus souvent l'objet de disputes que chez les filles[2]. Sans vouloir trop simplifier, nous retrouvons dans le couple homosexuel quelques-uns de ces caractères : la rivalité, l'importance du groupe, une différence d'âge significative dans beaucoup de cas et des différences d'opinion marquées.

La dynamique du couple masculin est déterminée davantage par le genre que par l'homosexualité, comme dans le couple lesbien. La psychologie, les modalités de communication et la sexualité masculines y ont libre cours, puisqu'il n'y a pas de femmes pour les influencer. Cela dit, les homosexuels sont en train d'inventer de nouvelles formes de masculinité : comme la plupart des hommes aujourd'hui, ils sont aussi, d'une certaine façon, des enfants du féminisme. Ils essaient sans doute plus que leurs pères d'avoir une communication plus intime et une relation plus égalitaire avec leurs partenaires. Et ils sont peut-être mieux placés que les hétérosexuels pour rompre les barrières traditionnelles entre les sexes, étant moins pris dans les stéréotypes masculin et féminin, et ayant souvent des amitiés importantes avec des femmes. Par ailleurs, la tragédie du sida a forcé les homosexuels à se soigner entre eux, à travailler en équipe et à former une communauté qui n'est plus basée uniquement sur l'orientation sexuelle ou sur un programme politique, mais aussi sur l'amitié, la loyauté et la coopération. Si les premiers groupements homosexuels de la libération gay ont souvent été des prétextes pour la drague, ceux qui existent actuellement autour du sida constituent avant tout des espaces de travail pour le bien commun. L'épidémie les a aussi obligés à forger des relations de couple plus stables, plus monogames, et peut-être plus intimes.

Malgré toutes les transformations en cours, les thérapeutes observent encore certaines difficultés qui semblent caractéristiques

1. Voir Partners Task Force for Lesbian and Gay Couples, *Partners National Survey of Gay and Lesbian Couples*, 1995.

2. Voir Janet Lever, « Sex differences in the games children play, » dans *Social Problems,* 23, 1976, 478-487.

de la relation homosexuelle masculine et qui compromettent sa stabilité. Trois problèmes en particulier reviennent dans les récits des hommes gay et dans les ouvrages qui leur sont consacrés : le manque de communication, le manque d'engagement dans la relation et le multipartenariat. Nous les examinerons successivement, en nous rappelant cependant qu'ils sont liés entre eux.

La communication entre hommes

La communication entre hommes est très différente de celle qu'entretiennent les femmes. En général, et malgré les transformations en cours, les hommes parlent moins de leurs sentiments, s'interrompent plus souvent, s'écoutent moins et se disputent plus facilement. Le pouvoir joue un rôle important dans leurs rapports : ils cherchent à gagner plutôt qu'à trouver une solution commune et ont tendance à s'affronter plutôt qu'à coopérer. Leur communication est plus hiérarchisée et verticale. Il est intéressant de noter que beaucoup d'homosexuels ont des femmes comme meilleurs amis, plutôt que des hommes, surtout si ceux-ci sont hétérosexuels ; dans bien des cas, ils s'entendent mieux avec leurs amies (homosexuelles ou hétérosexuelles) qu'avec leurs propres partenaires. On peut penser qu'ils trouvent chez les femmes une écoute et une compréhension qui n'existent pas (ou qui ne sont pas assez développées) dans leurs relations de couple.

Il manque surtout deux éléments dans le couple masculin au niveau de la communication : parler de la relation, et exprimer les sentiments amoureux. Quand les échanges dans ces deux domaines sont insuffisants, les malentendus sont inévitables. Et il y a souvent une contradiction dans la communication du couple gay : les deux hommes parlent de tout, sauf de leur relation, alors que les femmes en parlent continuellement (et peut-être trop). En raison de ce manque de réflexion commune sur le couple, les deux hommes ont fréquemment une vision très différente de la relation. Il peut arriver qu'un des deux partenaires croie que celle-ci est solidement établie et qu'il existe un engagement de couple, alors que pour l'autre il n'en est rien.

Les hommes ont généralement du mal à exprimer leurs sentiments, surtout quand il s'agit d'amour, et cela peut aussi provoquer des malentendus. Beaucoup d'hommes se plaignent d'un manque de sincérité, voire d'honnêteté, dans les relations gay, mais ce qui manque, ce n'est pas nécessairement l'honnêteté, c'est tout simplement la communication. Dans nombre de cas, c'est moins une question de mensonge que d'omission. Un homme de trente-cinq ans raconte, après une relation de courte durée :

« Je ne sais pas où il a pris l'idée qu'on allait rester ensemble. Je ne lui ai jamais rien promis, je ne lui ai jamais dit qu'on allait vivre ensemble, je ne lui ai jamais juré fidélité. S'il a compris autre chose, c'est son problème. »

Bien sûr, ce genre de malentendu n'est pas limité aux homosexuels. Mais, dans le couple hétérosexuel, ce sont les hommes qui sont réticents à exprimer leurs sentiments ou à s'engager dans la relation, alors que les femmes passent leur temps à les y pousser. Dans le couple homosexuel masculin, cette difficulté est multipliée par deux. Et elle constitue, sans nul doute, une barrière à l'intimité et à la stabilité.

L'attitude de l'homme que nous venons de citer est très révélatrice : elle nous indique que les deux hommes en question n'ont jamais parlé de la nature de leur relation ni de leur avenir comme couple ; en fait, il n'y avait même pas d'accord sur l'existence de celui-ci. Elle reflète aussi un certain manque d'engagement envers l'autre : en fin de compte, chacun mène sa vie à part. Quand cela arrive, on peut dire que chacun vit seul la relation ; celle-ci n'est pas la même pour les deux hommes, et dans ce sens il n'y a pas vraiment de couple. Après tout, la condition *sine qua non* pour qu'un couple existe, c'est que ses deux membres habitent une même relation.

Même quand deux hommes décident de former un couple, il peut exister entre eux une divergence profonde sur la nature de la relation qui ne sera cependant jamais explicitée. C'est pourquoi il est nécessaire, dès le début, d'accomplir un travail de définition : il est indispensable que les deux partenaires fassent l'effort d'expliciter ce qu'ils entendent par les mots « relation », « couple », « amour », « fidélité », « monogamie », « aventure », et ainsi de suite, pour être sûrs qu'ils sont d'accord sur les termes de la relation. Si la liberté de l'un est l'infidélité de l'autre, les malentendus ne se feront pas attendre. Et si les règles du jeu ne sont pas les mêmes pour les deux personnes, le jeu lui-même ne durera pas longtemps.

Il est important de renégocier ces règles de temps en temps. Les gens changent, les besoins et les désirs évoluent selon les étapes de la vie et de la relation, et il n'y a pas de raison que les règles du jeu adoptées au début restent figées pour toujours. Un homme de quarante-quatre ans raconte :

« Nous sommes ensemble depuis quinze ans. Pendant les dix premières années, nous avons été monogames. Et puis nous nous sommes rendu compte que nous avions tous les deux envie d'ouvrir le couple, d'avoir d'autres relations sexuelles. Et il n'est pas juste de réprimer ce genre d'envie — le couple ne peut pas marcher s'il y a de la répression. Alors, nous en avons parlé et avons commencé à avoir des rapports sexuels avec d'autres hommes — parfois ensemble, et parfois séparément. Nous étions déjà consolidés comme couple, et cela n'a jamais posé de problème. »

Dans cet exemple, la relation amoureuse a survécu à la pluralité sexuelle parce qu'il y avait un accord explicite entre les partenaires. Bien sûr, il peut arriver que les deux hommes ne soient pas d'accord sur la décision d'ouvrir la relation ni sur la manière de le faire ; mais, dans ce cas aussi, il vaut encore mieux en parler que commencer à avoir des relations clandestines. S'il y a amour et engagement, le reste doit en principe être négociable ; si le contenu est là, on peut toujours transformer la forme.

C'est là une des grandes différences entre le couple homosexuel et le mariage hétérosexuel, dans lequel il est beaucoup plus difficile de changer la forme de la relation. Si le couple homosexuel offre une plus grande flexibilité et permet une actualisation périodique de ses propres règles, il faut en profiter. Cela est peut-être particulièrement important pour le couple masculin, parce que les hommes varient plus que les femmes dans ce qu'ils attendent d'une relation : même jeunes, celles-ci aspirent à une certaine stabilité, chose que les hommes ne recherchent généralement que plus tard.

En un mot, il faut parler de la relation pour qu'elle dure. Dans le couple homosexuel, rien n'est donné d'avance : il n'y a ni mode d'emploi, ni garantie, ni règles fixes. Il faut donc les inventer. Malheureusement, les hommes ne sont pas entraînés à ce genre d'exercice, parce que, dans notre société, ce sont généralement les femmes qui s'occupent de la communication et des relations intimes. N'oublions pas que les femmes apprennent depuis leur enfance à valoriser le foyer, la famille, la coopération et la vie en commun, alors que les garçons sont poussés à développer plutôt l'initiative personnelle, la compétition et l'indépendance.

L'autonomie dans la relation

Ces traits, longuement cultivés chez les hommes, se manifestent de plusieurs façons dans le couple masculin. En tout premier lieu, on observe souvent chez les homosexuels une certaine réticence envers l'engagement à long terme — ou même à court terme. Un homosexuel de cinquante-deux ans raconte :

« Je vis seul depuis vingt ans et j'ai des relations occasionnelles, mais je ne me vois pas du tout vivant avec quelqu'un, partageant un même lit. J'ai parfois le fantasme d'avoir une grande maison, avec un gymnase et beaucoup de chambres, où les gens viendraient me rendre visite et où j'aurais une grande variété d'options. Si jamais j'avais une relation de couple stable, j'aimerais vivre un peu comme Sartre et Beauvoir — séparément, se voyant de temps en temps. Mais j'en doute. Ce que j'aime dans l'homosexualité, c'est justement la fugacité, le caractère gratuit des rencontres : l'aventure. Je regrette parfois que l'attraction dure si peu, chez moi en tout cas — je n'ai jamais eu de relation qui dure plus de deux mois. »

Ce souci d'indépendance se retrouve aussi, très souvent, dans les couples établis. Pour commencer, une bonne proportion des couples masculins ne vit pas ensemble. Sans vouloir dire que la cohabitation soit indispensable, le fait de vivre à part signifie qu'il n'y a pas de vie quotidienne en commun. Or, les couples qui partagent un même espace savent qu'une partie importante de leur entente se développe justement à partir des menus détails de la vie quotidienne : cela peut paraître prosaïque, mais les gens qui dorment ensemble et se réveillent ensemble tous les jours, qui font les courses et la vaisselle ensemble, arrivent à mieux se connaître, à mieux se comprendre et à mieux s'accepter. La cohabitation exige également une considération pour l'autre, une flexibilité et une certaine habitude de la négociation, qui poussent les gens à mûrir comme individus et comme couples. Il y a aussi dans la vie en commun un élément social : les partenaires qui cohabitent deviennent une unité face à leurs amis, à leurs familles et à la société en général. Cela peut sembler secondaire, mais cette identification sociale comme couple contribue sans doute à la stabilité de celui-ci.

Même si deux hommes vivent ensemble, ils gardent souvent une large autonomie. Cela se traduit, par exemple, dans une indépendance économique qui est sans doute satisfaisante pour les deux individus, mais qui limite d'une certaine façon leur engagement comme couple. Un homme de cinquante-six ans, qui vit depuis vingt ans avec son partenaire et qui compte passer avec lui le reste de sa vie, déclare :

« Nous maintenons une séparation rigoureuse de l'argent. Chacun a son propre compte en banque, et quand nous allons au restaurant chacun paie la moitié ; quand nous faisons des dépenses pour la maison, nous alternons. »

Nous pourrions penser, et beaucoup d'homosexuels le pensent, que cette séparation des biens matériels tient au statut juridique de la relation homosexuelle. Il est difficile d'établir des contrats de logement, des comptes bancaires, et ainsi de suite, en commun — mais le fait est que beaucoup de couples lesbiens s'arrangent bien pour le faire. L'équivalent d'un contrat de mariage aiderait, mais ne résoudrait pas à lui seul le problème.

Les décisions dans le couple

Car le besoin d'autonomie se manifeste encore, et par-dessus tout, dans la prise de décisions. Beaucoup d'hommes sont habitués à prendre seuls les décisions qui affectent leur propre vie et celle du couple. Cela fonctionne très bien dans de nombreux domaines, mais pas nécessairement dans une relation amoureuse — surtout s'il s'agit d'un couple masculin. Dans les relations hétérosexuelles cela ne pose pas tant de problèmes, parce qu'il semble « normal » que les hommes prennent les décisions importantes de la maison. Mais, quand il s'agit de deux hommes, les choses peuvent se compliquer, surtout si l'un ou les deux hommes sont habitués à un certain pouvoir de décision depuis leur enfance — s'ils ont été, par exemple, fils uniques ou fils aînés. Nous verrons alors, dans bien des cas, des affrontements continuels — et le besoin d'autonomie tendra à aggraver les conflits, plutôt qu'à les résoudre.

Enfin, cette dynamique est exacerbée par une certaine vision sociale des hommes : on attend d'eux qu'ils agissent de façon indépendante, surtout s'ils ne sont pas mariés. Par exemple, on comprendra qu'un homme marié prenne en considération sa famille s'il est invité à sortir, s'il doit changer d'emploi ou aller vivre ailleurs pour son travail ; il semblera naturel qu'il ne soit pas aussi disponible qu'un homme seul. Mais cette compréhension ne sera pas étendue si facilement à un homosexuel, qui n'est pas marié et qui n'a pas d'enfants. La société attend d'un célibataire qu'il prenne ses propres décisions et qu'il se déplace librement, dans tous les domaines. Cela ne peut qu'exacerber la tendance à l'autonomie, qui est déjà encouragée chez les hommes depuis leur enfance.

C'est bien à cause de tout cela que beaucoup d'hommes gay préfèrent vivre seuls, qu'ils soient en couple ou non. Dans bien des cas, ils n'ont pas envie de renoncer à leur liberté de mouvement ;

la vie en commun peut leur sembler une contrainte inacceptable. S'il y a un facteur qui menace les relations masculines plus que tous les autres, c'est peut-être ce besoin d'indépendance. Pour les homosexuels qui veulent avoir un couple stable — et ils sont nombreux — le grand obstacle à vaincre, c'est celui de l'autonomie.

Relation et multipartenariat

Une autre décision très importante que doivent prendre les couples masculins est celle d'avoir un couple « ouvert » ou « fermé », c'est-à-dire monogame ou non. Les enquêtes révèlent qu'environ la moitié des hommes vivant en couple homosexuel sont (ou se disent) monogames, alors que les chiffres oscillent entre 70 et 80 % pour les hétérosexuels dans plusieurs pays européens et aux États-Unis [1]. Mais, quand nous parlons de monogamie, les définitions ne sont pas toujours claires : les statisticiens comptent le nombre de partenaires sexuels dans les douze derniers mois pour la mesurer ; dans la vie réelle les gens ne procèdent pas nécessairement de la même façon. Un homosexuel déclare :

« Nous sommes un couple fidèle : il n'y a rien de plus important pour nous que notre relation. Bien sûr, nous couchons parfois avec d'autres personnes — mais cela ne compte pas, cela n'a aucune importance pour la relation. Au contraire, nos petites aventures nous aident à rester ensemble. »

La mesure et la logique de la monogamie sont donc relativement subjectives. Par ailleurs, dans ce contexte les mots « fidélité » et « monogamie » n'ont pas nécessairement le même sens. Le même homosexuel explique :

« La monogamie, c'est le fait de coucher avec une seule personne. La fidélité n'a rien à voir : c'est le fait d'être affectivement lié à une seule personne. »

Ce qui importe beaucoup plus que les chiffres ou la définition exacte de « monogamie » ou de « fidélité », c'est qu'il y ait entre les deux partenaires un accord *explicite* sur les règles du jeu de la relation.

Car il ne semble pas y avoir une modalité qui marche mieux que les autres : les recherches dans ce domaine ne sont pas concluantes. Certaines études montrent que les couples masculins ouverts durent plus longtemps, et d'autres le contraire. Il n'y a probablement pas

1. Robert T.Michael, John H. Gagnon, Edward O. Laumann, Gina Kolata, *Sex in America*, New York, Warner Books, 1994, p. 106.

de formule qui soit applicable à toutes les relations. Ce qui est certain, par contre, c'est que la communication explicite est un ingrédient indispensable dans tout arrangement, quel qu'il soit. Quelques couples font une distinction entre monogamie sexuelle et émotionnelle, la seconde étant la plus importante ; ou entre relation primaire et aventures passagères. Certains couples décident de permettre les aventures, mais seulement si elles sont partagées, c'est-à-dire s'ils pratiquent une sexualité à trois, avec un ou plusieurs hommes successifs. D'autres participent à des activités de groupe, sans que leur relation primaire soit affectée. D'autres sont d'accord pour avoir des aventures à côté, mais seulement si le partenaire est au courant. Et d'autres encore stipulent que les relations hors du couple sont permises, mais seulement si elles ne sont pas communiquées. L'important n'est pas nécessairement la modalité choisie, mais le fait d'établir des règles explicites et de les respecter. Car ce qui paraît affecter la relation, plus que les aventures sexuelles, c'est le mensonge. L'honnêteté et la confiance semblent être des ingrédients indispensables dans toute relation amoureuse.

Un mot de précaution en ce qui concerne l'interprétation du couple homosexuel ouvert : très souvent, les thérapeutes et la société en général considèrent que les relations sexuelles hors du couple sont le signe de problèmes à l'intérieur de celui-ci. Dans cette logique, les gens ont des aventures quand la relation de couple va mal. Cette idée, très répandue et certainement séduisante dans sa simplicité, n'est pas toujours applicable à la relation masculine — pour les hommes, le fait d'être attirés par quelqu'un d'autre ne signifie pas forcément qu'ils n'aiment plus leur partenaire. Et leurs aventures n'affecteront pas nécessairement la relation — si les deux hommes sont d'accord, bien sûr, sur les règles du jeu.

Il faut également prendre en compte que la recherche de partenaires sexuels multiples n'est pas toujours une question de simple préférence : elle peut être l'expression naturelle d'une sexualité pleinement intégrée, mais elle peut aussi répondre à un besoin compulsif. Si le multipartenariat ne reflète pas des difficultés dans le couple, il peut être le signe d'un problème individuel. Il peut servir à combler un manque affectif, ou à pallier l'anxiété ou la dépression, ou à masquer une incapacité dans les relations intimes. Il peut couvrir un besoin d'être reconnu, à travers la séduction continuelle. N'oublions pas que les hommes souffrant d'une image de soi dévalorisée cherchent parfois à la consolider à travers le sexe, et que les homosexuels en particulier ont souvent une longue histoire de sentiments d'infériorité. La multiplicité de partenaires peut aussi se développer dans un contexte d'abus de drogues ou d'alcool, ou répondre à un besoin d'appartenance dans une certaine sous-culture gay. Par ailleurs, les homosexuels sont plus habitués que les hétérosexuels à séparer les domaines affectif et sexuel à cause de l'homophobie intériorisée. La recherche de partenaires multiples peut également refléter le culte de la masculinité dont nous avons déjà parlé et aider les hommes à se sentir plus désirables dans la mesure où ils peuvent séduire d'autres hommes plus beaux ou plus jeunes. Enfin, il est possible que la séduction en chaîne ait une dimension de classe : conquérir des objets sexuels, surtout s'ils sont convoités par les autres, est sans doute un moyen pour beaucoup d'hommes, qui se sentent inadéquats par ailleurs, de remonter dans leur propre estime et dans celle des autres.

La jalousie

Même si les deux hommes sont d'accord sur les règles de la relation, il peut surgir des problèmes. Le danger n'est pas tellement celui que courent les lesbiennes, qui ont tendance à confondre amour et sexualité et à tomber amoureuses quand elles couchent avec quelqu'un d'autre. Chez les hommes, les registres sexuel et affectif sont plus séparés, et le danger réside plutôt dans la jalousie. Celle-ci prend souvent les gens par surprise : on peut croire qu'on n'est pas jaloux, ou qu'on ne le sera pas si l'autre a des relations hors du couple — mais on se fait souvent des illusions dans ce domaine. Le phénomène de la jalousie est compliqué par la honte et le silence qui l'entourent. Ainsi, il est très difficile aujourd'hui de reconnaître qu'on est jaloux : c'est un sentiment qui n'est pas à la mode, parce qu'il ne s'accorde pas très bien avec l'idéologie de la libération sexuelle. Il est facile de dire, comme un homosexuel qui vit en couple ouvert depuis cinq ans : « La jalousie n'existe pas entre nous. » Cependant, les sentiments ne se décrètent pas, et l'exclusivité sexuelle semble encore nous importer bien plus que nous ne le voudrions. Il existe un décalage entre idéologie et réalité affective, qui peut causer bien des problèmes. Les relations « ouvertes » marcheraient très bien si les gens n'étaient pas jaloux — mais cela n'est pas toujours le cas.

N'oublions pas que la jalousie, dans les relations homosexuelles, est souvent accompagnée d'envie, surtout si l'un des deux hommes est plus jeune, plus beau ou plus sexy que l'autre. Comme nous l'avons remarqué au chapitre 6, il est important de faire la distinction entre ces deux sentiments. Un autre danger dans les couples ouverts est le risque des maladies sexuellement transmissibles et en particulier, bien sûr, du sida. C'est pourquoi une proportion considérable des couples vivant en relation ouverte se met d'accord pour pratiquer systématiquement le safer sex lors de ses contacts sexuels extérieurs, gardant pour ses propres rapports la liberté de faire l'amour sans préservatif. Mais, là non plus, il n'y a pas de règles généralisables. Ainsi, en France, 46 % des homosexuels n'utilisent « jamais » un préservatif dans la relation de couple, alors que 43 % l'utilisent « toujours [1] ». Mais quel qu'il soit, tout arrangement dans ce domaine dépendra toujours d'une communication honnête, explicite et régulière.

Sexualité et amour

L'un des problèmes qu'affrontent les couples masculins, c'est que leurs relations partent souvent d'une rencontre sexuelle. Cela est moins souvent le cas chez les couples féminins ou hétérosexuels, dans lesquels les femmes attendent davantage de nouer un lien émotionnel avant de faire l'amour. Les hommes ont plus tendance à avoir des rapports sexuels avant de développer une relation affective. Le problème, c'est que la seule relation sexuelle ne suffit pas pour établir un couple. En particulier, si le sexe devient le critère central pour continuer ensemble, la relation aura tendance à se dissoudre dès que la lune de miel touchera à sa fin — ce qui est inévitable. Un des deux hommes ou les deux se diront alors qu'ils ne sont plus excités par leur partenaire et chercheront quelqu'un d'autre qui puisse rallumer les feux éteints du désir.

Le grand défi pour le couple masculin (et pour les autres aussi, mais dans une moindre mesure) est donc de passer du sexe à l'amour. Ce n'est pas facile, quand il y a tant d'autres hommes disponibles. Il est aussi beaucoup plus simple de chercher ailleurs que de se pencher sur une relation qui commence à poser des problèmes. Mais il est indispensable de le faire, si l'on ne veut pas tout simplement recommencer le même jeu. Les relations amoureuses sont dans ce sens un peu comme l'étude de la musique : si

1. Marie-Ange Schiltz, « Les homosexuels masculins face au sida, enquêtes 1991-1992 », rapport CNRS-EHESS, décembre 1993. Cité dans Martel, p. 363.

on saute les passages difficiles au lieu de les répéter, on ne pourra jamais jouer le morceau d'un bout à l'autre.

Sans vouloir minimiser la sexualité, il s'agit plutôt d'élargir le répertoire : d'avoir, dès le début, des activités aussi diverses que possible et de choisir, autant que faire se peut, des personnes avec qui on a des affinités réelles. Cela n'est pas évident, car l'homosexualité masculine est plus hétérogène que la féminine : il y a souvent entre les deux hommes plus de différences d'âge, de classe et d'éducation. Cela est dû tout simplement aux lieux où les gens se rencontrent : les homosexuels se connaissent souvent dans des lieux publics (bars, discothèques), alors que les lesbiennes se rencontrent généralement dans des réunions d'amies où les milieux sont plus homogènes.

Les différences dans le couple

En effet, il y a souvent chez les couples masculins des différences d'âge ou de classe qui peuvent compliquer la relation. Historiquement, il y a toujours eu dans l'homosexualité masculine une modalité particulière qui, tout en étant beaucoup moins fréquente de nos jours, reste importante : c'est la liaison entre un homme jeune et un autre beaucoup plus âgé, parfois d'une vingtaine d'années. Dans ce genre de relation, l'homme plus âgé joue souvent le rôle d'un mentor qui veille sur le jeune homme, l'aide dans sa profession et lui offre un appui économique. Nous pourrions également voir dans ces cas un désir de paternité, qui fait que le jeune homme est en quelque sorte adopté.

Ce genre de relation, longtemps considérée comme « typique » des homosexuels masculins, est en réalité plutôt typique du genre masculin : sociologiquement parlant, dans toutes les cultures, les hommes après la quarantaine ont tendance à chercher des partenaires plus jeunes, que ceux-ci soient hommes ou femmes. Cela ne pose aucun problème dans la société hétérosexuelle, où nous observons très souvent des hommes mûrs avec des femmes beaucoup plus jeunes; il semble d'ailleurs y avoir un grand nombre de jeunes femmes disposées à entretenir des relations avec des hommes plus âgés. Mais, dans le monde homosexuel, les choses ne sont pas si simples. Comme nous l'avons noté plus haut, il y a dans la sensibilité gay de notre époque un culte du corps et de la jeunesse qui fait que les hommes cessent d'être des objets érotiques après la cinquantaine.

Quelques auteurs ont même fait état d'un « vieillissement

accéléré» des hommes gay, qui fait qu'ils se sentent trop vieux pour être désirables plus tôt que les hétérosexuels. Ainsi, selon une enquête australienne, les homosexuels considèrent que la vieillesse commence vers les soixante-trois ans, mais croient qu'ils sont perçus comme vieux *par les autres homosexuels* à partir de l'âge de cinquante-quatre ans en moyenne [1]. Un homme de quarante-deux ans explique :

«Je ne voudrais pas d'un partenaire plus âgé que moi, je ne pourrais jamais me sentir attiré par un homme de cinquante ans. Je veux quelqu'un de plus jeune, dans les vingt ou les trente ans. Le problème, c'est que les jeunes ne veulent pas d'un homme de mon âge. Alors, après la quarantaine, il devient très difficile d'avoir les partenaires sexuels qu'on voudrait, à moins de pouvoir se les payer.»

Il est en effet très possible que les relations avec un écart d'âge important incluent une certaine transaction, qu'elle soit explicitée ou non, dans laquelle l'homme plus âgé offre au plus jeune une sécurité matérielle, en échange d'affection et de sexe — exactement, d'ailleurs, comme dans bien des couples hétérosexuels. Cet arrangement résout certains problèmes, mais en crée d'autres. En particulier, l'écart d'âge s'accompagne très souvent de différences considérables dans les revenus, le statut professionnel et social, et donc dans le pouvoir. Ainsi, si les deux hommes habitent ensemble, ce sera généralement dans le logement plus grand et plus confortable de l'homme plus âgé, avec son argent et selon ses règles et son style de vie. Or il est très difficile d'avoir une relation égalitaire dans ce genre de situation. Cette disparité dans le pouvoir ne pose généralement pas de problème dans le monde hétérosexuel, car elle est considérée comme «normale» entre hommes et femmes.

Entre deux hommes, cependant, la dynamique est différente. Il peut surgir des ressentiments, des problèmes de rivalité ou de lutte pour le pouvoir, et même des «passages à l'acte» où l'homme le plus jeune se «rebelle» contre son partenaire plus âgé. Celui qui est plus jeune peut avoir besoin de relations sexuelles plus fréquentes, ou plus variées, et sentir qu'il a le droit d'exercer librement sa sexualité hors du couple. De son côté, l'homme plus âgé peut se sentir dévalorisé (et jaloux, et envieux)

1. Keith C. Bennett et Norman L. Thompson, «Accelerated aging and male homosexuality : Australian evidence in a continuing debate», dans John Alan Lee (éditeur), *Gay Midlife and Maturity,* New York, Harrington Park Press, 1991.

si son partenaire maintient d'autres relations sexuelles. Le jeune homme peut cesser de désirer son partenaire, créant ainsi une relation essentiellement asexuée. Et puis il existe toujours le danger que l'un des deux tombe amoureux de quelqu'un d'autre, et que le couple se sépare. Ce type de relation présente donc de nombreux problèmes.

Cela dit, c'est une relation qui dure parfois très longtemps ; les annales de l'homosexualité abondent en exemples de couples de ce genre. Il faut peut-être y voir un arrangement qui n'est pas très différent de celui qui prévaut dans bien des mariages hétérosexuels, dans lesquels la relation sexuelle devient de moins en moins importante en comparaison avec les autres dimensions de la relation : amitié, solidarité, et une vie conjugale et sociale qui fonctionne au bénéfice des deux personnes. L'écart d'âge dans les relations masculines a néanmoins tendance à diminuer de nos jours : on voit de moins en moins de couples formés par des hommes de générations différentes. Comme les « folles » et les couples masculin-féminin d'autrefois, la relation classique entre hommes d'âge différent est encore une modalité dans la riche histoire de l'homosexualité qui est en train de disparaître.

Une grande variété de couples

Cette esquisse rapide des différents types de couple masculin nous permet de constater qu'il n'y a pas de relation « typique », de quelque point de vue que ce soit. Cela n'est pas surprenant : si la relation hétérosexuelle n'a plus de modèle universel, pourquoi le couple homosexuel en aurait-il un ? Toutes les modalités traditionnelles sont en pleine évolution, et il est probable que nous continuerons à voir une prolifération de types de couple et de famille dans l'avenir. Cela était d'ailleurs prévisible, à partir du moment où la contraception, la possibilité du divorce, la révolution sexuelle, le mouvement des femmes et la libération gay ont changé toutes les anciennes normes régissant la sexualité, la communication et le mariage. Dans le passé, ces normes étaient peut-être nécessaires pour cultiver et soutenir la plante fragile qu'est l'amour. Mais il est possible, dans l'état actuel des choses, que l'amour n'ait plus besoin de tous ces soutiens (qui étaient aussi des contraintes) et qu'il puisse dorénavant fleurir plus librement.

Pour le moment, c'est le couple masculin qui est le plus libre :

détaché des nécessités de la procréation et du mariage, plus aisé que celui des femmes, il est en mesure d'explorer de nouvelles formes d'amour et de sexualité. En particulier, il a l'opportunité d'aller au-delà des limitations traditionnelles de la communication masculine. Si les hommes gay développent davantage l'intimité et la coopération au sein de leurs couples, ils trouveront peut-être la combinaison de stabilité et de liberté que tant d'entre eux recherchent.

Des modèles alternatifs ?

A priori, il n'y a pas de raison pour vouloir adapter la relation masculine au modèle du mariage hétérosexuel. Cependant, beaucoup de gays aujourd'hui aspirent à une certaine stabilité de couple. Pourrait-il y avoir d'autres modèles, qui prennent en compte à la fois l'autonomie et la pluralité sexuelle ? Je pense que oui, et l'histoire et l'anthropologie nous offrent des enseignements précieux. Dans d'autres sociétés, le mariage ne comprend pas nécessairement l'amour romantique, ni la monogamie, ni l'engagement à perpétuité. Dans l'Europe prémoderne et dans bien des sociétés non occidentales, par exemple, le mariage a été ou est toujours une transaction qui vise des objectifs et qui est gouvernée par d'autres critères — qui ne seraient d'ailleurs pas applicables à notre culture. Mais il y a dans ces cas une négociation antérieure au mariage, dans laquelle toutes ses conditions sont discutées et stipulées avant d'aboutir à un contrat. Chaque partie y accepte des obligations et des responsabilités, tout en y acquérant une série de droits.

Sans vouloir simplifier les choses, il me semble que des pourparlers de ce genre ne seraient pas une mauvaise idée pour le couple homosexuel. La relation de couple basée uniquement sur l'amour romantique ou la relation érotique, imitant le mariage tel qu'il est vécu aujourd'hui, ne semble pas le modèle le plus indiqué pour les relations homosexuelles dans leur grande variété actuelle. Par contre, des négociations qui rendraient explicites les règles du jeu, les droits et les obligations de chacun contribueraient à éviter bien des malentendus et des désillusions. La décision de former un couple, et plus encore de vivre ensemble, serait plus claire si les gens savaient exactement à quoi s'en tenir. Les hétérosexuels le savent, plus ou moins, quand ils se marient ; mais les homosexuels n'ont pas de modèle préétabli. C'est là une des grandes faiblesses du couple homosexuel, et aussi une de ses grandes forces.

THÈMES DE RÉFLEXION POUR CONSOLIDER LE COUPLE MASCULIN

— La plupart des exercices conseillés à la fin du chapitre 6 seraient également applicables au couple masculin.

— Peu à peu (et non pendant ou après une discussion), négocier quelques règles de base pour la relation. Par exemple : ne pas draguer quand on sort ensemble ; ne pas avoir des rapports sexuels avec autrui dans la maison commune ; ne jamais découcher ; se raconter (ou non) les aventures hors du couple ; et ainsi de suite. Même si ces règles ne sont pas respectées, en parler permettra au moins aux deux hommes d'exprimer leurs besoins et leurs désirs, et de dire ce qu'ils attendent de la relation.

— Pour consolider l'engagement du couple : même si les deux hommes maintiennent leurs finances séparées, créer un fonds commun (avec participation égale, si possible) destiné à des activités de couple — voyages, vacances, achats pour la maison.

— Même si les deux hommes ne vivent pas au même endroit, essayer de se ménager un espace commun : une des deux chambres à coucher, une des deux cuisines, un des deux living-rooms, qui soit décoré ensemble et réservé si possible à la relation de couple.

— Pour les hommes qui ne sont pas en couple : essayer d'être plus sélectifs dans le choix des partenaires sexuels, se limitant si possible à des personnes avec qui l'on a des affinités à part l'orientation sexuelle ou la relation sexuelle.

— Pour les hommes qui sont en couple : se demander à quoi servent en réalité les relations hors du couple : par exemple, à se sentir plus désirables, ou moins seuls, ou à éviter la dépendance ou l'intimité dans le couple ? Y aurait-il d'autres façons d'atteindre le même objectif ?

— Comment fonctionnerait le couple si les deux hommes étaient monogames ? Et, si non, y aurait-il des arrangements possibles pour éviter le mensonge ?

— Qu'arriverait-il au couple si les deux hommes décidaient de rester ensemble pour toujours ? En quoi changeraient leur style de vie, leur communication, leur relation sexuelle ? Pourquoi ?

PRÉCAUTIONS POUR LE THÉRAPEUTE

— Ne jamais essayer de ramener le couple masculin au modèle hétérosexuel ; l'imitation forcée de celui-ci ne résoudra pas nécessairement les problèmes de la relation. Et même si les deux hommes veulent cohabiter comme un couple marié stable et monogame, ils ne vivent pas dans un milieu qui respectera ce genre d'arrangement. Il vaut mieux reconnaître les réalités de la culture gay, les prendre en compte et en parler, que faire comme si elles n'existaient pas.

9

Le mirage de la bisexualité

Beaucoup d'auteurs ont écrit que nous sommes tous bisexuels.

D'autres ont écrit que personne n'est bisexuel.

Et d'autres disent que la bisexualité n'existe pas.

Mais il y a, sans nul doute, un nombre croissant de personnes qui se définissent comme bisexuelles, dans le monde entier. Il y a des manifestations, des publications, des associations, des sites Web, des T-shirts, pour bisexuels. Et la bisexualité occupe une place privilégiée dans la mythologie, dans l'art, dans les fantasmes et dans les rêves de l'humanité, depuis toujours.

Le mot existe, les conduites existent. Mais s'agit-il d'une orientation sexuelle alternative, d'une sorte de troisième voie dans l'ordre sexuel, comme le prétendent les militants et les théoriciens de la bisexualité ? D'autres questions surgissent : comment les gens savent-ils qu'ils sont bisexuels, et non pas homosexuels ou hétérosexuels ? Ne sont-ils pas tout simplement des indécis ? Comment peut-on se sentir attiré par les hommes et les femmes à la fois ? Et, sur le plan affectif, comment peut-on aimer deux personnes en même temps ? Quel chemin faut-il parcourir pour en arriver là ? Ou bien naît-on bisexuel ? Et si oui, trouvera-t-on un jour un « gène de la bisexualité » ? Est-il vrai que tout le monde est, au fond, bisexuel ? Alors pourquoi, dans leur immense majorité, les gens se définissent-ils soit comme homosexuels, soit comme hétérosexuels ? S'agit-il d'un mythe, d'une mode, ou d'une réalité jusqu'ici peu comprise ?

Ces questions, qui peuvent sembler absurdes au premier abord, reflètent bien la complexité de la chose. La bisexualité est difficile à comprendre sur plusieurs plans : sémantique, idéologique, sociologique et, bien sûr, psychologique.

Ce que la bisexualité n'est pas

Peut-être devrions-nous commencer par dire ce que la bisexualité n'est pas. Elle n'a rien à voir avec le concept biologique de la bisexualité, dans lequel les plantes et les animaux sont dits *bisexués* lorsqu'ils possèdent à la fois des organes reproductifs mâles et femelles. C'est le cas de la plupart des plantes à fleurs et de beaucoup d'invertébrés. La bisexualité existe bel et bien dans la nature ; elle y est même très répandue. Mais normalement il n'y a pas d'équivalent chez l'être humain. Les personnes bisexuelles ne sont pas bisexuées : elles sont entièrement mâles ou femelles, et ne diffèrent en rien du reste de l'humanité du point de vue biologique. Il y a des individus, rarissimes, qui possèdent à la fois des organes reproductifs mâles et femelles, et qui sont appelés « hermaphrodites » ; mais les bisexuels ne sont pas hermaphrodites, pas plus que les homosexuels.

Les bisexuels n'ont rien à voir non plus avec les transsexuels qui, tout en ayant les attributs physiques d'un sexe, sont convaincus qu'ils appartiennent en réalité à l'autre. Ces individus, très rares (un sur trente mille mâles et une sur cent mille femelles [1]), s'identifient à partir de leur enfance avec l'autre sexe ; révulsés par leur corps et par leurs organes génitaux, ils n'ont généralement pas d'activité sexuelle. Ils sont souvent obsédés par l'idée de changer de sexe, chose « possible » depuis l'apparition des hormones sexuelles synthétiques dans les années 60. Alors, dans un très petit nombre de cas (car les coûts et les critères de sélection sont prohibitifs), ils suivent des traitements hormonaux et se font opérer pour changer leurs caractéristiques sexuelles secondaires, c'est-à-dire leurs organes génitaux et leur apparence. Rien à voir avec les bisexuels, qui s'identifient pleinement avec leur sexe, n'ont aucune envie d'en changer et ont des relations sexuelles « normales » — mais avec des personnes des deux sexes.

Il ne faut pas confondre non plus les bisexuels avec les travestis. Ceux-ci, comme les transsexuels, voudraient acquérir certains traits de l'autre sexe — mais sans changer de corps. Généralement de sexe masculin, ils se nomment, s'habillent, se conduisent et forment des relations amoureuses avec d'autres hommes comme s'ils

1. Voir Francis Mark Mondimore, *A Natural History of Homosexuality*, Baltimore, The Johns Hopkins University Press, 1996, chap. 13.

appartenaient à l'autre sexe. Ils font tout leur possible pour ressembler aux femmes à travers le maquillage et l'épilation (et parfois les hormones), et arrivent même à cacher leurs organes génitaux de telle façon qu'un autre homme puisse penser, sous certaines conditions, qu'il a fait l'amour avec une femme. Le travestisme est parfois, dans des pays ou des milieux homophobiques, le seul moyen pour les hommes d'avoir des relations sexuelles avec d'autres hommes sans être taxés d'homosexualité. Il peut obéir à des critères ou à des objectifs divers : il y a des hommes qui se déguisent en femmes pour se prostituer, pour s'amuser, ou pour gagner leur vie dans le monde du spectacle. Car le travestisme n'est pas seulement un phénomène psychologique, mais aussi culturel, avec des fonctions sociales qui varient selon le contexte.

La bisexualité et l'androgynie sont aussi des choses très différentes : les deux sont à la mode, et semblent au premier abord dériver d'une certaine indifférenciation des sexes. Mais la première est un phénomène personnel, qui concerne le choix d'objets amoureux ou sexuels : on aime ou on désire des personnes des deux sexes. L'androgynie, par contre, est un fait plutôt culturel (et non psychologique), dans lequel une personne s'approprie les traits qu'elle considère comme désirables chez les deux sexes : on aime paraître homme et femme à la fois. Un individu androgyne peut ainsi combiner des vêtements masculins, du maquillage féminin et une coiffure unisexe. Il peut être hétérosexuel, homosexuel, ou bisexuel, de même que les bisexuels peuvent adopter une apparence pleinement masculine, féminine, ou androgyne. Cela dit, il est certain que beaucoup d'androgynes jouent sur leur apparence ambiguë pour attirer à la fois des hommes et des femmes — mais cela ne veut pas dire qu'ils se sentent, eux, attirés par les deux sexes.

Toutes ces distinctions sont importantes, pour éviter les confusions et pour montrer qu'il existe une classification à la fois vaste et précise des mœurs sexuelles. Au cours du dernier siècle et demi, il y a eu une prolifération impressionnante des catégories et des définitions appliquées à la sexualité humaine. Nous pouvons supposer que tous (ou presque tous) les phénomènes ainsi décrits existaient auparavant, mais qu'ils avaient d'autres fonctions et d'autres significations.

C'est le cas de la bisexualité. Le mot lui-même n'est apparu qu'au XIXe siècle, mais le phénomène auquel il se réfère a toujours existé. En effet, il y a toujours eu des individus maintenant des rapports sexuels et amoureux avec les deux sexes : l'histoire en est pleine, depuis l'Antiquité jusqu'à l'ère contemporaine, en passant bien sûr par la Renaissance. Un grand nombre de personnalités de la politique, d'artistes et d'écrivains ont eu des relations intimes et importantes avec les deux sexes.

Ces hommes et femmes étaient peut-être en réalité des homosexuels qui se mariaient par intérêt ou par obligation ; dans ce cas, nous ne saurions parler d'une authentique bisexualité. Mais il y a sans doute eu parmi eux des personnes qui, grâce à leur situation sociale, pouvaient s'affranchir sans danger des contraintes de leur époque et alterner librement entre relations homosexuelles et hétérosexuelles, dans une bisexualité choisie et non pas obligée. Enfin, la bisexualité a eu des significations rituelles ou religieuses dans une grande variété de cultures. Elle a donc toujours existé, mais dans des contextes, et avec des connotations, très différents des nôtres.

Le concept de bisexualité

Les bisexuels d'aujourd'hui se définissent comme des gens qui peuvent tomber amoureux, se sentir attirés, ou avoir des relations sexuelles avec des personnes des deux sexes, plus ou moins indistinctement. Dans cette optique, chacun de ces trois éléments — sentiments, désirs et conduites — est une condition nécessaire et suffisante pour se considérer comme bisexuel. Ainsi, même un individu qui n'a jamais eu de relations sexuelles avec quiconque peut cependant se définir comme tel. L'autodéfinition est centrale dans la bisexualité — ce qui est normal, si nous considérons que les bisexuels cherchent, justement, à se libérer des étiquettes imposées par la société et à conceptualiser l'orientation sexuelle d'une façon radicalement nouvelle.

Il y a en effet dans cette autodésignation un élément de rejet envers les deux orientations reconnues par la société : les bisexuels se définissent *par opposition* aux catégories d'homosexuel et d'hétérosexuel, qu'ils ressentent comme trop restreintes. Les textes programmatiques des associations bisexuelles en Europe et aux États-Unis proclament qu'ils ne sont ni l'un ni l'autre, mais qu'ils représentent une troisième option tout aussi valable. Si celle-ci n'a jamais été reconnue comme telle, c'est précisément parce qu'elle est entre deux chaises : elle est invisible, parce que l'ordre sexuel traditionnel impose une vision binaire de la sexualité, dans laquelle on est soit hétérosexuel, soit homosexuel. Mais son invisibilité ne la rend pas moins réelle. Dans cette perspective, il faut se défaire des étiquettes traditionnelles pour pouvoir apprécier la richesse de la sexualité en général, et l'existence de la bisexualité en particulier.

Une fois posée la possibilité théorique et culturelle de la bisexualité, ce qui est arrivé au cours de la révolution sexuelle, beaucoup de personnes s'y sont reconnues et se sont mises à la tâche de bâtir une communauté. En effet, c'est à partir des années 70 que commencent à apparaître d'abord aux États-Unis et puis en Europe des associations consacrées à promouvoir des espaces de dialogue et de rencontre, et à plaider la cause des bisexuels — avant tout, leur droit à être reconnus en tant que tels. En particulier, elles s'érigent contre les interprétations traditionnelles de la bisexualité, et la vision binaire de la sexualité en général. Pour ce faire, les militants et théoriciens de la bisexualité s'appuient sur les recherches en sexologie qui démontrent que l'orientation sexuelle est beaucoup plus fluide, et les catégories beaucoup plus perméables, qu'on ne le pensait. Ils avancent dans ce sens deux arguments principaux.

Une orientation sexuelle variable

D'abord, ils soutiennent que l'orientation sexuelle n'est pas « donnée » une fois pour toutes à partir de l'enfance, mais qu'elle peut varier à travers le cycle vital. On ne naît pas hétérosexuel ni homosexuel, et on n'est jamais ancré dans une orientation ou l'autre de façon définitive — même tard dans la vie, on peut se découvrir une attraction ou un amour contraire à son orientation habituelle. Cela ne devient possible, bien sûr, qu'à partir du moment où la société cesse d'enfermer les gens dans une « hétérosexualité obligatoire », et où ceux-ci se libèrent des contraintes d'une vision binaire. Grâce à l'évolution des mœurs, l'hétérosexualité n'est plus la seule orientation permise, et l'homosexualité n'est plus la seule alternative : il peut y en avoir d'autres, comme la bisexualité. Grâce à cette liberté sociale et psychologique, les gens peuvent changer d'orientation selon leurs besoins ou désirs, ou selon les étapes de la vie. Et cela prouve bien que l'orientation sexuelle n'est pas fixe ; elle peut varier, quand les conditions sociales, idéologiques et personnelles le permettent.

D'autre part, les militants et théoriciens de la bisexualité soulignent le fait que les orientations traditionnelles — hétérosexualité et homosexualité — ne sont pas aussi incompatibles qu'on le pensait. De nombreuses enquêtes depuis les travaux de Kinsey dans les années 40 et 50 ont montré qu'une minorité significative de la population hétérosexuelle se sent aussi bien attirée par des personnes de son propre sexe. Kinsey avait trouvé que 13 % des femmes et 37 % des hommes américains avaient eu au moins une fois des contacts homosexuels allant jusqu'à l'orgasme. D'autres études américaines ont trouvé des chiffres qui vont de 6 % de la population jusqu'à 17 % des femmes et 22 % des hommes, pour ceux ayant eu des rapports homosexuels dans l'âge adulte [1]. En France, 4,1 % des hommes et 2,6 % des femmes rapportent avoir eu au moins un contact sexuel avec quelqu'un de leur sexe au cours de leur vie ; et 4 % des hommes et 2,5 % des femmes citent des pratiques avec des personnes des deux sexes [2]. Ces statistiques ne correspondent cependant qu'à des actes. Il n'y a aucun doute que le nombre de personnes ayant été amoureuses de quelqu'un du même sexe, ou ayant senti une attraction sexuelle dans ce sens, serait beaucoup plus élevé.

Mais la bisexualité ne se limite pas aux hétérosexuels qui présentent des conduites, des désirs ou des sentiments homosexuels ; le terme s'applique aussi aux homosexuels qui se sentent attirés par des personnes de l'autre sexe. Et là, les chiffres sont encore plus élevés. L'on estime en effet qu'entre 30 % et 40 % des homosexuels, hommes et femmes, ont parfois des désirs ou des sentiments hétérosexuels, quoique moins de 10 % passent aux actes [3]. Il peut certainement exister dans ces cas une part d'« hétérosexualité obligatoire », dans laquelle un grand nombre de pressions sociales, familiales et culturelles convergent pour promouvoir la relation hétérosexuelle.

Mais on observe également une certaine perméabilité du désir, qui nous ramène bien sûr à Kinsey mais aussi à Freud, qui a postulé « une bisexualité originelle dans tout individu humain [4] ». Il a également

1. Voir Edward O. Lauman, John H. Gagnon, Robert T. Michael et Stuart Michaels, *The Social Organization of Sexuality : Sexual Practices in the United States*, Chicago, University of Chicago Press, 1994 ; et Samuel S. Janus et Cynthia L. Janus, *The Janus Report on Sexual Behavior*, New York, John Wiley and Sons, 1993.

2. Alfred Spira et Nathalie Bajos, *Les Comportements sexuels en France*, Paris, La Documentation française, 1993, p. 136-140.

3. Martin S. Weinberg, J. Williams Colin et Douglas W. Pryor, *Dual Attraction*, New York, Oxford University Press, 1994, p. 150-151. Voir aussi Alan P. Bell, Martin S. Weinberg, *Homosexualités*, Paris, éditions Albin Michel, 1980.

4. Sigmund Freud, « Psychogenèse d'un cas d'homosexualité féminine » (1920). Passage traduit de l'espagnol par l'auteur.

écrit : « Notre libido oscille normalement, pendant toute la vie, entre l'objet masculin et féminin[1] » ; et « toutes les personnes normales doivent reconnaître, à côté de leur hétérosexualité manifeste, une force considérable d'homosexualité latente ou inconsciente[2] ».

Cependant, pour Freud, cette bisexualité « originelle » ne subsiste pas (ou ne devrait pas subsister) dans l'âge adulte : les vicissitudes du développement psychosexuel font que les gens finissent par devenir soit hétérosexuels, soit homosexuels. Comme Freud l'explique : « Pour la psychanalyse, le manque de toute relation de dépendance entre le sexe de l'individu et son choix d'objet, et la possibilité d'orienter ce dernier indifféremment vers des objets masculins ou féminins — faits démontrés aussi bien dans l'enfance individuelle que dans celle des peuples — semblent constituer l'attitude primaire et originelle, à partir de laquelle se développe ensuite le type sexuel normal ou inverti, par l'action de diverses restrictions et selon le sens de ces dernières[3]. »

Donc, si pour Freud tout le monde est bisexuel à l'origine, tout le monde ne le reste pas ; et les deux orientations possibles sont normalement incompatibles entre elles. Cependant, écrit-il : « Nous savons qu'à toutes les époques il y a eu, et il y a maintenant, des personnes qui peuvent prendre comme objets sexuels des membres de leur propre sexe aussi bien que de l'autre, sans qu'une des deux impulsions n'affecte l'autre. Nous disons de ces personnes qu'elles sont bisexuelles, et acceptons leur existence sans trop nous en étonner[4]. » Les théoriciens actuels de la bisexualité se rapprochent de cette position, quand ils affirment que certaines personnes ne deviennent ni hétérosexuelles ni homosexuelles, mais restent bisexuelles le long du cycle vital.

Interprétations traditionnelles

Quelles formes peut prendre la bisexualité chez les adultes ? Il est important, tout d'abord, de faire une distinction entre deux phénomènes différents. La bisexualité est *successive*, quand un indi-

1. Freud, *Trois essais sur la théorie de la sexualité* (1905). Passage traduit de l'espagnol par l'auteur.
2. *Idem.*
3. Freud, *Trois essais sur la théorie de la sexualité* (1905), addition de 1915. Passage traduit de l'espagnol par l'auteur.
4. Freud, *Analyse terminée et analyse interminable* (1937). Passage traduit de l'espagnol par l'auteur.

vidu a changé d'orientation une ou plusieurs fois dans sa vie, ayant des relations successives avec des hommes et des femmes à différentes époques. Elle est *simultanée*, lorsqu'un individu entretient des rapports avec les deux sexes en même temps.

La bisexualité successive est plus facile à comprendre : les gens évoluent, et les circonstances de la vie peuvent les amener à des choix d'objets différents. Si l'orientation sexuelle n'est pas « donnée » dès l'enfance, mais peut changer, si la société permet l'expérimentation et une grande variété d'alternatives, et si les gens donnent libre cours à leurs désirs, alors la bisexualité successive n'a rien d'étonnant. Les personnes qui vivent ce genre de transformation (qui peut arriver même tard dans la vie) expliquent qu'elles ont pu développer ainsi en elles-mêmes des aspects de leur personnalité ou de leur sexualité contre lesquels elles avaient toujours lutté, ou bien dont elles ne soupçonnaient même pas l'existence.

Par contre, la bisexualité simultanée est plus compliquée, parce qu'elle implique qu'un individu peut se sentir attiré par les hommes et les femmes, et se lier avec deux personnes en même temps. Dans l'approche traditionnelle (dans laquelle il n'y a, rappelons-le, que deux orientations possibles qui sont, de plus, incompatibles), cela pose un problème : comment peut-on être à la fois homosexuel et hétérosexuel ? Et, au niveau affectif, comment peut-on maintenir des relations avec deux personnes à la fois ?

Diverses explications ont été avancées depuis le siècle dernier. La plus répandue a toujours été de dire que la bisexualité n'existe pas en tant que telle. Ainsi, de nombreux auteurs l'ont vue comme une *défense* — soit contre l'homosexualité, soit contre l'hétérosexualité. Dans le premier cas, l'homophobie intériorisée empêche la personne de reconnaître qu'elle est homosexuelle et fait qu'elle se considère comme bisexuelle. Dans le second, l'homosexuel qui a des tendances hétérosexuelles se défend contre elles en se définissant comme bisexuel. Cette position a souvent été, et continue d'être, adoptée par les homosexuels, qui voient chez les bisexuels une trahison envers leur « véritable » orientation — qui est l'homosexualité.

Cette approche, qui fait de la bisexualité une défense contre une orientation sexuelle plus « authentique », est, à mon avis, beaucoup trop simpliste. Elle dénie l'importance des fantasmes, des désirs et des sentiments, et des relations complexes entre eux, dans la vie affective et sexuelle. Toute orientation sexuelle contient des éléments de toutes les autres, y compris une infinité de sentiments, de fantasmes et de désirs « interdits ». Dans l'inconscient, personne n'est exclusivement homosexuel ou hétérosexuel : toutes les orientations coexistent, indépendamment de la façon dont l'individu se définit.

Dans une autre explication de la bisexualité, celle-ci constitue une phase de *transition* entre hétérosexualité et homosexualité, ou vice versa. Dans une telle transition il se peut, par exemple, qu'une lesbienne se sente attirée par les hommes, qu'elle se considère donc bisexuelle et qu'elle « aboutisse » un jour à une relation hétérosexuelle. Nous pourrions dire que la bisexualité a été une transition, dans ce cas — mais certainement pas dans tous les cas. Une telle interprétation générale présente à mon avis deux problèmes. En premier lieu, elle ne prend pas en compte l'expérience des gens qui transitent dans un sens et puis dans l'autre, une ou plusieurs fois. En deuxième lieu, elle n'explique pas l'expérience des personnes qui *restent* bisexuelles pendant des années ou une vie entière. Et enfin, elle continue de poser une dichotomie entre homosexualité et hétérosexualité, en les postulant comme des états définitifs et en réduisant à un simple accident de parcours un phénomène qui semble bien plus complexe. La bisexualité peut servir de transition dans certains cas, et dans d'autres non.

La bisexualité peut aussi avoir une dimension de ratification du genre : bien des personnes qui sont en réalité homosexuelles maintiennent des relations avec l'autre sexe, uniquement pour confirmer leur identité masculine ou féminine et pour garder les apparences face à la société, à leur famille, ou à elles-mêmes. C'est là qu'intervient ce que la poétesse et féministe américaine Adrienne Rich a appelé « l'hétérosexualité obligatoire ». Dans des cas extrêmes, certains homosexuels (surtout les femmes) sont littéralement obligés de se marier mais ne cessent pas pour autant de désirer des personnes de leur sexe et même d'entretenir des relations intimes avec elles.

Un autre élément important, c'est que la grande majorité des lesbiennes (selon une étude américaine, 90 %) a eu des rapports hétérosexuels, et que le tiers d'entre elles a été marié [1]. Nous pourrions nous demander, cependant, s'il s'agit d'une authentique bisexualité, et si les lesbiennes en question (comme beaucoup de femmes)

1. Margaret Nichols, « Lesbian sexuality : Issues and developing theory », dans Boston Lesbian Psychologies Collective, *Lesbian Psychologies : Explorations and Challenges*, Illinois, University of Illinois Press, 1987, p. 106.

n'ont pas couché avec des hommes simplement par conformisme ou par obligation, et sans grand plaisir. Dans ces cas, nous pourrions parler d'une bisexualité fausse, en quelque sorte — parce qu'elle a été imposée, et non choisie.

Quelques auteurs parlent aussi d'une bisexualité accidentelle, suscitée par des circonstances particulières — par exemple, le manque d'options hétérosexuelles. C'est peut-être là qu'il faudrait placer la bisexualité de beaucoup d'hommes dans les pays du tiers-monde ou dans les pays islamiques conservateurs, où les mœurs rendent difficiles les rapports hétérosexuels hors du mariage. Il y a aussi la bisexualité dont nous avons parlé dans des chapitres antérieurs, qui est très répandue en Amérique latine et en Asie, dans laquelle beaucoup d'hommes ont des rapports sexuels aussi bien avec des hommes qu'avec des femmes, sans pour autant se considérer comme bisexuels. Dans cette logique, l'homme qui joue le rôle actif se considère comme pleinement « viril » et donc hétérosexuel. Il présente ainsi les conduites, mais non pas l'autodéfinition, de la bisexualité.

La dimension idéologique

Or, l'autodéfinition est extrêmement importante dans la bisexualité. Il y a beaucoup d'hommes et de femmes qui ont des rapports sexuels avec les deux sexes, sans se considérer comme bisexuels. Et il y a des jeunes qui se disent bisexuels sans jamais avoir eu d'expériences sexuelles, ni homosexuelles ni hétérosexuelles. Enfin, il y a des personnes qui se considèrent comme bisexuelles sans jamais avoir eu des relations hors de leur orientation habituelle. Dans ce dernier cas, nous pourrions peut-être parler d'une bisexualité « idéologique » ou « politique », dans laquelle certaines personnes (surtout dans les pays industrialisés) adoptent l'étiquette uniquement par principe ou par conviction politique. Beaucoup de féministes, en particulier, se trouvent dans cette situation. Nous pourrions aussi parler d'une bisexualité « abstraite », où la personne fait littéralement abstraction du sexe de la personne aimée. Une bisexuelle qui a eu des relations importantes avec des hommes et avec des femmes explique :

« Je suis tombée amoureuse de ma partenaire actuelle non pas à cause de son sexe, mais à cause de sa personnalité. Si elle avait été homme, j'en serais tombée amoureuse exactement de la même façon. »

Ce genre de raisonnement est devenu très commun depuis la révolution sexuelle et la libération gay, surtout parmi les jeunes. Dans cette approche, on peut très bien tomber amoureux de quelqu'un indépendamment de son sexe : on forme des relations avec des *personnes,* et non pas avec des hommes ou avec des femmes. Une variation sur ce thème est l'idée jungienne, reprise par le courant New Age, selon laquelle tout être humain a des composantes masculines et féminines, et qu'il est donc naturel qu'il se sente attiré par les deux sexes. Ce genre de discours correspond évidemment à un certain contexte culturel et serait sans doute inacceptable pour la plupart des gens, même dans les pays industrialisés. Mais il sera vraisemblablement de plus en plus répandu dans les années qui viennent.

En effet, il était peut-être inévitable que la bisexualité monte en flèche à partir de la révolution sexuelle, de la libération gay et du mouvement des femmes, accompagnés de transformations sociales et économiques profondes. Il n'y a aucun doute que l'institution du mariage est en crise, et que les relations entre les sexes sont difficiles en ce moment : nous vivons une crise importante du couple hétérosexuel. Beaucoup d'hommes et de femmes ne sont plus satisfaits des relations traditionnelles entre les sexes, et cherchent des alternatives : l'une d'entre elles est, justement, la bisexualité. Comme nous le verrons un peu plus loin, un nombre significatif d'hétérosexuels se tournent vers celle-ci en cherchant à combler les lacunes qu'ils ressentent au sein de leur couple.

Les recherches sur la bisexualité semblent confirmer cette idée. Ainsi, une étude approfondie de cent bisexuels qui se définissent comme tels, faite à San Francisco dans les années 80, conclut que la bisexualité est en général quelque chose qui vient *s'ajouter* à l'hétérosexualité. La plupart des personnes interrogées ont d'abord été hétérosexuelles, et ont ensuite élargi leurs horizons affectifs et sexuels pour inclure des individus du même sexe[1]. Mais, chose intéressante, les hommes et les femmes ne l'ont pas fait pour les mêmes raisons.

La bisexualité chez les femmes

Il semble en effet y avoir des modalités différentes de la bisexualité chez les hommes et chez les femmes. Les recherches dans ce domaine ont montré que l'orientation sexuelle est beaucoup plus instable, ou plus flexible, chez les femmes. Celles-ci ont bien plus

1. Voir *Dual Attraction.*

de chances de passer de l'hétérosexualité à l'homosexualité, et vice versa. Et, malgré le nombre plus élevé de contacts homosexuels chez les hommes, une femme a plus de chances de tomber amoureuse d'une autre femme qu'un homme d'un autre homme. Pourquoi ?

Plusieurs auteurs ont observé que les femmes, en général, donnent plus d'importance au lien affectif qu'à la relation sexuelle. Cela étant, elles sont plus prêtes à s'attacher à une personne qui satisfasse leurs besoins émotionnels, indépendamment de son sexe. Et, comme nous l'avons vu dans des chapitres antérieurs, la communication entre femmes est plus intime, plus personnelle, que celle qui existe entre les hommes ou entre les deux sexes. Ce n'est pas pour rien que les meilleurs amis des femmes sont généralement d'autres femmes ; dans quelques cas, ce lien affectif peut évoluer vers une relation sexuelle qui n'aurait jamais eu lieu autrement. Ensuite, nombre de femmes cherchent une relation sexuelle plus tendre, moins pressée et « génitale » que celle qu'elles ont avec les hommes, et l'idée de coucher avec une autre femme peut les attirer dans ce sens. Enfin, beaucoup de femmes souhaitent des relations de couple plus égalitaires que celles qu'elles peuvent avoir, en général, dans un contexte hétérosexuel.

Les recherches sur la bisexualité féminine confirment ces hypothèses. Ce que les femmes hétérosexuelles cherchent, quand elles établissent des relations avec d'autres femmes, ce sont en effet des choses qui leur manquent dans l'hétérosexualité. Les bisexuelles interrogées dans l'étude citée plus haut rapportent qu'elles trouvent dans leurs relations homoérotiques une façon plus « sensuelle » de faire l'amour, moins axée sur la génitalité, moins pressée, plus tendre et aussi plus égalitaire : elles se sentent moins dans une position de « soumission » qu'avec les hommes. Elles apprécient également chez les femmes une sensibilité, une communication et une entente affective qui leur manquent avec les hommes. Elles ont plus d'affinités, d'intérêts et d'activités en commun.

Un autre élément important, c'est l'égalité dans la relation avec une femme, par opposition aux rôles stéréotypés masculin-féminin et aux déséquilibres dans le pouvoir qu'elles ont connus dans leurs relations hétérosexuelles. Beaucoup de bisexuelles, selon la même enquête, expriment un certain refus de la domination masculine[1]. Alors pourquoi, si elles aiment tellement les femmes, ne deviennent-

1. *Ibid.*, p. 366.

elles pas carrément lesbiennes ? Parce qu'il leur manque, d'un autre côté, la relation sexuelle avec les hommes, les avantages sociaux et économiques de l'hétérosexualité, et bien sûr la possibilité d'avoir des enfants, ou de les élever, dans un contexte hétérosexuel. Il est également possible qu'elles se sentent attirées par les femmes, mais non pas par l'univers marginalisé de l'homosexualité.

Une bisexuelle de quarante-six ans raconte :

« Je suis bisexuelle parce que je me sens sexuellement attirée par les hommes et les femmes. J'ai commencé à avoir des rapports sexuels avec des hommes à l'âge de seize ans, puis avec des femmes à vingt ans. Pendant longtemps je me suis demandé si j'étais lesbienne, et j'ai exploré le monde lesbien — mais je ne l'ai pas aimé. J'ai rencontré chez les femmes la même jalousie, la même possessivité, que chez les hommes. Je pensais que les femmes auraient moins de préjugés, que je pourrais avoir avec elles des relations plus libres. Mais j'ai trouvé exactement les mêmes rapports. Je me suis rendu compte que ce n'était pas pour moi. À cette époque, je pensais qu'on pouvait être soit homosexuel, soit hétérosexuel ; je ne savais pas qu'on pouvait être les deux. Ce n'est qu'à l'âge de trente ans que j'ai enfin décidé que j'étais bisexuelle.

« Je partage plus de choses avec les femmes. Je m'identifie plus avec elles, avec leurs préoccupations et leur attitude envers la vie. J'aime aussi le fait qu'elles changent. Les hommes sont plus prévisibles, ils m'ennuient. Avec les femmes, je peux avoir une amitié indépendamment de l'attraction sexuelle — avec les hommes, non. Je n'ai pas d'amis hommes — le désir sexuel est plus important avec eux. Au lit, c'est plus tendre avec une femme, et aussi plus égalitaire, plus réciproque. L'homme veut toujours dominer dans l'acte sexuel. Avec les hommes, c'est plus passionné ; avec les femmes, il y a plus de tendresse.

« J'ai toujours eu des aventures à côté de mes relations, avec les deux sexes. Je ne suis pas monogame. Il est très important pour moi d'avoir beaucoup d'options, d'ouvrir la gamme des possibilités. La seule chose qui soit inconcevable pour moi, c'est d'avoir une relation basée sur le mensonge. Il faut qu'elle soit ouverte et honnête. »

La bisexualité chez les hommes

De leur côté, les hommes bisexuels cherchent dans leurs relations avec d'autres hommes les choses suivantes, qui leur manquent dans leurs relations hétérosexuelles : des rapports sexuels plus fréquents, plus intenses et plus variés, ainsi que des affinités plus importantes. Ils apprécient la liberté que leur offrent leurs relations masculines, qui n'impliquent pas nécessairement l'engagement affectif ni les responsabilités inhérentes aux relations hétérosexuelles. Pourquoi ne deviennent-ils pas homosexuels, tout simplement ? Parce qu'ils ressentent aussi le besoin de relations plus intimes que celles, souvent impersonnelles, qu'ils trouvent avec d'autres hommes ; et il leur manque la stabilité et les enfants du couple hétérosexuel.

Opinion d'un bisexuel de cinquante-deux ans :

« J'ai une gamme beaucoup plus grande de possibilités avec les hommes. Le nombre de femmes avec qui je pourrais entrer en relation est très restreint, il faudrait quelqu'un de très spécial. Alors qu'avec les hommes j'ai davantage d'intérêts en commun ; sur le plan sexuel, tu sais exactement comment fonctionne la sensualité de l'autre. Le problème avec les hommes, c'est que ça dure très peu. Les hommes, c'est comme la chasse : tu vas à la recherche d'une proie, et quand tu la prends c'est terminé, cela perd son intérêt. Puis il y a aussi un aspect tribal, qui est très excitant. Avec les femmes, c'est comme l'agriculture : tu cultives la relation, tu en prends soin, et puis tu la vois pousser, tu en vois les fruits ; elle a ses cycles, comme la nature. C'est une relation plus profonde et plus prolongée.

« Mes meilleurs amis sont des femmes. Je trouve en elles une compréhension, une confiance et une acceptation qui sont très gratifiantes. C'est avec elles que j'ai le plus de continuité et de constance dans l'amitié — j'ai avec elles des relations beaucoup plus longues qu'avec les hommes. Avec mes amis j'ai eu des rapprochements très intenses, mais momentanés. Les personnes qui ont eu des effets durables en moi, qui ont influencé ma personnalité et ma façon d'être, qui ont changé ma vision du monde, ont été des femmes. Je n'en ai pas d'équivalent masculin dans ma vie. Cependant, la plupart de mes fantasmes sexuels sont avec des hommes. Pour moi, le sexuel et l'esthétique se trouvent du côté des hommes ; l'affectif, plutôt du côté des femmes. La bisexualité me semble le choix idéal. »

Nous voyons ainsi que la bisexualité n'est pas seulement une question d'érotisme. Elle comprend une série d'éléments affectifs, sociaux et idéologiques qui font d'elle une option peut-être « idéale », mais certainement complexe et difficile à vivre.

Différents types de bisexualité

Dans des cas comme le dernier cité, la bisexualité semble correspondre à un clivage entre les domaines affectif et sexuel : le désir porte la personne dans une direction, et l'affinité émotionnelle dans l'autre. C'est comme si les deux sexes répondaient à des couches ou à des besoins divergents de la personnalité. Il n'est donc pas entièrement vrai que le choix d'objet soit indifférent, ou que les bisexuels puissent entrer en relation indistinctement avec l'un ou l'autre sexe. Ils ont des relations très différentes avec les deux — ou, plutôt, c'est comme si des *parties* d'eux-mêmes entraient en relation avec des parties de leurs partenaires, hommes ou femmes.

Il est peut-être nécessaire de faire ici la distinction entre plusieurs sortes de bisexualité : une, purement sexuelle ; une autre, à la fois affective et sexuelle ; et une dernière, que nous pourrions qualifier d'imaginaire. Dans le premier cas, une personne peut désirer et avoir une relation érotique satisfaisante avec des hommes et des femmes. Les deux sexes lui plaisent pour différentes raisons : les hommes parce qu'ils sont hommes, les femmes parce qu'elles sont femmes. Il n'y a généralement pas d'engagement affectif important, mais simplement différentes façons de passer un bon moment. Ce genre de bisexualité ne pose pas trop de problèmes, puisqu'il se limite au sexe et, parfois, à l'amitié. D'où aussi, de temps à autre, une certaine frustration : les relations restent plus ou moins superficielles. Cependant, il s'agit probablement du genre de bisexualité le plus répandu. Il correspond en effet à l'idéologie de la révolution sexuelle et du consumérisme, et aux rythmes rapides et impersonnels de la séduction à notre époque.

Par contre, la bisexualité qui comprend à la fois des rencontres sexuelles et des relations affectives est beaucoup plus complexe. Elle implique la possibilité de tomber amoureux d'un homme ou d'une femme, et correspond probablement à un profil psychologique et à une histoire personnelle et familiale assez particuliers. Elle repose également sur un contexte social et culturel qui encourage (ou du moins permet) une certaine flexibilité psychique. C'est sans doute pourquoi cette forme de bisexualité, à la fois affective et sexuelle, est moins fréquente que la première. Elle implique également un problème d'identité personnelle et sociale plus ou moins constant : il est difficile d'assimiler, et d'expliquer aux autres, le fait d'avoir des relations avec des hommes et des femmes en même temps.

Enfin, il existe une modalité qui ne se vit ni sur le plan des actes ni sur celui des sentiments, mais seulement au niveau de l'imagination. Il n'y a aucun doute que celle-ci occupe une place centrale dans cette bisexualité potentielle ou latente. Beaucoup de personnes ont des fantasmes érotiques contraires à leur orientation habituelle : il y a des hétérosexuels qui imaginent des rencontres homosexuelles, et des homosexuels des aventures hétérosexuelles. De quoi s'agit-il ? Pour comprendre ce genre de bisexualité, il faut se rappeler l'énorme importance de l'inconnu et de l'interdit dans la vie psychique et sexuelle. Ces vastes continents de l'inconscient, desquels nous ne percevons, dans nos rêves ou nos fantasmes, que les vagues contours, forment une partie cachée mais toujours présente de notre paysage interne et de notre identité profonde. C'est à cause d'eux que beaucoup de personnes se considèrent comme bisexuelles, même si elles n'ont jamais eu de relations hors de leur orientation habituelle. Cependant, le fait d'imaginer la bisexualité sans jamais la vivre dans les faits peut amener, à la longue, une certaine frustration.

Ces trois modalités sont très différentes entre elles. Il y a des personnes qui établissent des relations sexuelles avec les deux sexes, mais ne se lient affectivement qu'avec l'un d'eux. D'autres ont été amoureuses hors de leur orientation habituelle, sans jamais passer aux actes. Et puis il y a les personnes qui se considèrent comme bisexuelles seulement au niveau imaginaire, d'une façon plus ou moins abstraite. Et il existe des bisexuels qui ont des relations sexuelles avec des hommes et des femmes sans jamais tomber amoureux de personne, qui ne veulent (ou ne peuvent) développer un lien émotionnel avec quiconque.

Limites de la bisexualité

Dans ce dernier cas (qui est peut-être le plus répandu), on observe un manque d'engagement affectif dans *toutes* les relations, soit homosexuelles, soit hétérosexuelles, et on voit parfois se développer un schéma récurrent. Quand ce type de bisexuel est en relation avec une personne d'un sexe, il lui manque des éléments de l'autre ; et, quand il se tourne vers l'autre, il lui manque des aspects du premier. Comme corollaire, quand il rencontre des problèmes de couple, il croit que c'est à cause du sexe de l'autre personne, sans chercher à résoudre les difficultés de la relation en elle-même. Ainsi, s'il a des problèmes avec un homme, c'est parce que c'est un homme ; s'il en rencontre avec une femme, c'est parce que c'est une femme. Alors, dans sa relation suivante, il choisit un partenaire de l'autre sexe. Et il alterne entre les deux, ou maintient des relations simultanées avec des hommes et des femmes. Ce schéma, assez fréquent, constitue en général une solution de facilité : c'est une façon de se soustraire au travail sur soi et à l'engagement envers autrui si nécessaires dans toute relation — et dans le développement personnel.

Ce n'est pas pour rien que presque tous les bisexuels refusent la monogamie : logiquement, celle-ci exclut l'alternance entre un sexe et l'autre et implique un engagement affectif avec *une* seule personne. Selon l'étude de San Francisco, presque tous les bisexuels qui n'ont pas une relation primaire stable pratiquent la pluralité sexuelle. Et, parmi ceux qui vivent en couple, 90 % ont des relations « ouvertes [1] ».

Écoutons un homme de vingt-neuf ans qui a des aventures avec les deux sexes :

« Je ne suis ni homosexuel ni hétérosexuel. Je suis bisexuel parce que j'aime les femmes, mais je m'entends mieux avec les hommes. La plupart de mes relations ont été avec des femmes, mais avec les femmes on a toujours des ennuis, elles veulent se marier ou avoir des enfants. C'est toujours sérieux, alors qu'avec les hommes tu peux aller avec eux, puis ne plus les voir, et il n'y a pas de problème. Et avec eux c'est plus excitant et on peut mieux parler ; avec les femmes c'est toujours la même chose. Je ne crois pas que je pourrais tomber amoureux d'un homme, et difficilement d'une femme. Si je m'imagine dans vingt ans, j'aimerais vivre seul, avec des tas de relations différentes — un peu comme maintenant. »

Nous pouvons observer dans cette vision de la vie une certaine réticence, sinon incapacité, à nouer des relations intimes. L'homme qui parle (qui est marié et a deux enfants) ne semble pas particulièrement attaché à sa femme — ni à ses amantes, ni à ses amants. Ce qui compte le plus pour lui, c'est l'amitié et le sexe occasionnel avec de nombreux partenaires… mais pas une relation de couple. Il établit donc des relations partielles qui lui permettent de satisfaire différents besoins ; ses amis sont des hommes gay avec qui il couche de temps en temps. Cet exemple — qui n'est pas

1. Voir *Dual Attraction*, p. 107-108.

nécessairement typique — nous donne cependant une idée des problèmes psychologiques que peut recouvrir la bisexualité. Ainsi, une autodéfinition de bisexualité peut servir à camoufler des difficultés à établir des relations intimes et engagées.

Elle peut également cacher de la confusion pure et simple. Cela ne devrait pas nous étonner : selon la même étude, les deux tiers des bisexuels interrogés sont passés par une phase plus ou moins longue de confusion avant de s'assumer en tant que tels. Il est difficile de reconnaître en soi des besoins ou des désirs qui sont en dehors des normes sociales. Dans le cas de la bisexualité, il y a à la fois un élément de difficulté et un autre, de facilité.

Ainsi, la bisexualité peut refléter une réelle incertitude quant à l'orientation sexuelle. D'un autre côté, il existe un engouement indéniable de la bisexualité depuis une vingtaine d'années, surtout chez les jeunes, qui peut masquer bien des choses. Elle peut correspondre à un choix conscient et pleinement assumé. Mais elle peut aussi constituer une réponse superficielle qui n'engage personne. Il est plus aisé de se dire bisexuel que de se poser des questions. La bisexualité apparaît alors comme une formule passe-partout qui laisse toutes les options ouvertes, mais ne résout rien. Bien sûr, tous les bisexuels ne se trouvent pas dans cette situation. Beaucoup d'entre eux ont des relations amoureuses importantes avec des hommes et des femmes, même si elles ne sont pas monogames.

En fin de compte, tous les bisexuels se heurtent à un problème central qui n'a pas de solution : ils ne trouveront jamais *une* personne qui soit à la fois homme et femme. Ils ont peu de chances d'avoir *un* partenaire qui puisse satisfaire leurs besoins sexuels et affectifs en même temps. Donc, *toutes* leurs relations sont condamnées à être partielles. Voilà la réponse à l'une des questions posées au début de ce chapitre : comment peut-on aimer deux personnes à la fois ? La seule façon de le faire, c'est de les aimer seulement en partie. Et c'est pourquoi il est aisé de trouver des individus bisexuels — et difficile de trouver des couples bisexuels. Dans cette optique, la bisexualité est en effet le choix idéal pour les personnes (et surtout les hommes) qui cherchent des aventures, mais pas un couple ; et qui veulent *des* relations, pas *une* relation.

Problèmes de l'identité bisexuelle

Si la bisexualité apparaît parfois comme une réponse facile à des problèmes psychologiques ou interpersonnels, elle constitue aussi un choix et un style de vie difficiles. En tout premier lieu, elle implique une instabilité plus ou moins permanente : si tout est possible, il devient presque impossible d'imaginer ou de planifier l'avenir. En deuxième lieu, la bisexualité n'est pas encore comprise ni acceptée par la société. En particulier, les bisexuels sont souvent considérés comme étant en réalité des homosexuels. Il en découle que beaucoup d'hétérosexuels s'en méfient, alors que les homosexuels les voient comme des lâches qui n'osent pas assumer leur véritable orientation. De nombreuses lesbiennes éprouvent ainsi un certain sentiment de rejet envers les bisexuelles : déloyales dès le départ parce qu'elles couchent avec « l'ennemi », elles sont aussi perçues comme des partenaires incertaines parce qu'elles pourraient à tout moment quitter leur amante pour un homme. Pour leur part, les hommes bisexuels sont souvent mal vus par les femmes, qui craignent chez eux les maladies sexuellement transmissibles (et en particulier le sida) si fréquentes chez les hommes ayant des rapports avec d'autres hommes.

Cette situation est assez bien illustrée par une femme de vingt-quatre ans qui a suivi un parcours typique de la bisexualité. Après plusieurs relations hétérosexuelles peu satisfaisantes, elle est tombée amoureuse d'une autre femme avec qui elle a eu, également, une relation difficile et finalement éphémère. Cette évolution l'a conduite à se définir comme bisexuelle — mais pas pour tout le monde. Elle explique :

« Je le dis seulement à mes amis hommes, qui n'ont aucun problème avec la bisexualité ; au contraire, ils trouvent cela assez excitant. Par contre, je n'en parle jamais avec mes amies lesbiennes, qui n'accepteraient jamais que je couche également avec des hommes. Alors, c'est un peu compliqué, comme si je vivais deux vies séparées. »

Il est du reste tout à fait compréhensible que les homosexuels sentent un certain rejet envers la bisexualité. Après tout, ils ont lutté pendant des années pour se forger une identité qui soit acceptée par la société, et pour se gagner un bout de territoire dans le paysage changeant des mœurs actuelles. Ayant conquis une certaine « normalité » et même une certaine respectabilité, ils ne sont naturellement pas très contents de voir leur petite parcelle rongée sur les bords par une nouvelle minorité qui renie aussi bien l'homosexualité que l'hétérosexualité.

Il est certain, en outre, que nous ne sommes pas habitués à penser la sexualité hors des catégories traditionnelles de l'hétérosexualité et de l'homosexualité. Il y a dans ce domaine une polarisation qui dérive en partie de l'homophobie : il y a nous, les hétérosexuels, et puis les autres, les homosexuels. Nous discernons le noir et le blanc, mais acceptons difficilement qu'il puisse y avoir des tonalités de gris en matière d'orientation sexuelle. En plus, nous avons tendance à classer les gens selon leurs relations du moment : une femme qui couche avec une femme est une lesbienne ; un homme qui couche avec un homme est un homosexuel ; et une personne qui couche avec quelqu'un de l'autre sexe est hétérosexuelle — alors que tous les trois peuvent très bien être bisexuels. À cause de tout cela, la bisexualité reste largement invisible aux yeux de la société.

En un mot, les bisexuels n'ont pas encore d'identité sociale. En essayant d'aller au-delà des catégories sexuelles reconnues et d'ouvrir une troisième option, ils se retrouvent peu nombreux et mal compris. Il y a d'ailleurs un paradoxe dans leur autodéfinition : pour se libérer des étiquettes, ils ont été obligés d'en créer une autre. D'autre part, la catégorie de la bisexualité recouvre trop de définitions et de conduites ; elle a des significations très différentes pour les hommes et les femmes, pour les homosexuels et les hétérosexuels…

Il y a trop de types de bisexualité pour les inclure dans une seule classification. Il est probable que nous verrons surgir dans l'avenir des groupements spéciaux pour femmes bisexuelles, pour hommes bisexuels, pour adolescents bisexuels, pour artistes bisexuels, pour bisexuels plutôt homosexuels ou plutôt hétérosexuels, et ainsi de suite. Finalement, nous retournerons peut-être au point de départ de tout ce processus, selon lequel tout le monde est bisexuel — mais pas pour les mêmes raisons ni de la même façon.

Bisexualité et liberté

Si la bisexualité « simultanée » pose des problèmes difficiles à résoudre, si elle est mal acceptée par la société, sa modalité « successive » n'est peut-être pas si éloignée de l'évolution actuelle des mœurs. D'une part, l'homosexualité est de plus en plus tolérée par la population générale. D'autre part, l'institution du mariage « jusqu'à la mort » ne semble plus répondre aux besoins réels des gens et cède la place peu à peu à une suite de relations monogames, correspondant aux différentes étapes de la vie. La bisexualité non simultanée ne représente finalement qu'une variation sur ce thème.

Si, dans l'avenir, il est possible de changer de partenaire plusieurs fois dans la vie, si la sexualité n'est plus liée indissolublement à la procréation, si le mariage n'est plus obligatoire, si les femmes et les hommes sont libres de suivre leurs désirs, et si l'homosexualité est enfin acceptée par la société, il n'est pas inconcevable qu'un certain nombre de gens pratiqueront une alternance non seulement dans leurs relations, mais aussi dans le sexe de leurs partenaires.

Nous retrouvons là une idée très répandue depuis le siècle dernier, et qui fait partie d'une certaine tradition utopique : l'existence d'une bisexualité originelle et universelle, que seules les contraintes sociales nous empêchent de pratiquer. Nombre de penseurs et de créateurs l'ont défendue et ont préconisé sa généralisation, en tant que potentiel inhérent au genre humain. Les théoriciens actuels de la bisexualité semblent souscrire à cette vision. Si le mouvement gay a cherché à libérer l'homosexuel dans chacun de nous, les militants bisexuels d'aujourd'hui cherchent à y libérer le bisexuel. Il est possible que cette idée fasse son chemin et que cette « troisième voie » devienne de plus en plus tolérée.

Cependant, il est clair que pouvoir choisir entre diverses modalités ou orientations sexuelles ne résoudra pas les problèmes qui affectent tant de couples aujourd'hui. La bisexualité en elle-même ne saurait améliorer la communication entre les sexes ni combler les manques affectifs et la solitude dont souffrent tant de personnes. Il est de plus en plus évident que toute relation, quelle que soit sa nature, exige un effort et une constance à long terme qui seuls peuvent nous faire accéder à l'amour profond et — pourquoi pas — au bonheur.

RECOMMANDATIONS POUR LE BISEXUEL

— Dans la mesure du possible, rapprochez-vous d'autres bisexuels ou des associations spécialisées. Il est probable que les meilleurs partenaires pour vous soient des personnes qui partagent vos valeurs et votre mode de vie — en un mot, d'autres bisexuels.

— Essayez d'expliciter et de comprendre ce qui vous attire chez les deux sexes. Pour la grande majorité des bisexuels, ce n'est pas la même chose d'être en relation avec un homme ou avec une femme, et il est important de ne pas chercher d'un côté ce qui n'existe que de l'autre.

— Essayez de définir par vous-même, et indépendamment de vos partenaires éventuels, quel genre de relations vous voulez :

monogames, ouvertes, sans ou avec engagement — et cherchez ensuite des personnes qui partagent votre point de vue.

— Si une relation ne marche pas, prenez le temps et faites l'effort de comprendre pourquoi, au lieu de chercher ailleurs ce que vous n'y trouvez pas. Il est probable que changer de partenaire, ou se tourner vers quelqu'un de l'autre sexe, ne résoudra pas le problème.

RECOMMANDATIONS POUR LE THÉRAPEUTE

— Lorsqu'on voit une personne bisexuelle qui présente des difficultés dans ses relations intimes, on peut facilement tomber dans le piège de considérer que son problème central, c'est la bisexualité. Mais celle-ci ne fait souvent que masquer d'autres problèmes intrapsychiques ou interpersonnels. La bisexualité n'est pas nécessairement, en elle-même, *le* problème ni *la* solution, même si l'individu considère qu'elle résoudrait toutes ses difficultés. Comme chez les homosexuels ou les hétérosexuels, il y a des bisexuels malheureux… et heureux.

— Ne pas supposer automatiquement que le bisexuel est « en transit » vers l'homosexualité ou l'hétérosexualité, et encore moins le pousser dans un sens ou dans l'autre. D'abord, il est impossible de prévoir son évolution future ; et ensuite, beaucoup de bisexuels le resteront toujours et ne sont nullement « en transit ».

— Se méfier des stéréotypes suivants : la bisexualité est un prétexte à la promiscuité ; la bisexualité est une preuve de confusion ou d'immaturité psychosexuelle ; les bisexuels sont incapables d'avoir des relations intimes. Si ces problèmes sont parfois présents, ils ne le sont certainement pas dans tous les cas.

— Ne pas supposer que les bisexuels sont obligatoirement androgynes. Quelques-uns se présentent comme tels, mais beaucoup d'autres sont clairement masculins ou féminins dans leur identification, leur image de soi et leur apparence.

— Se rappeler qu'il n'y a pas une seule définition ni un seul type de bisexualité. Il est important d'abord de se mettre d'accord sur la signification du terme. Il est indispensable aussi de faire une distinction entre la « bisexualité » de quelqu'un qui n'a encore jamais eu de relations intimes avec personne (chose fréquente chez les adolescents), et la bisexualité d'un adulte qui a déjà eu des relations avec des personnes de l'un ou des deux sexes. La conscience de la bisexualité peut apparaître à divers moments de la vie, et elle a un sens très différent selon l'âge et l'expérience de chacun.

— La relation primaire d'une personne ne donne aucune indication sur son orientation « véritable ». En particulier, un individu marié n'est pas nécessairement « plutôt » hétérosexuel. La première relation n'indique rien non plus ; la plupart des bisexuels ont commencé par être hétérosexuels (ainsi que bon nombre d'homosexuels). Cela veut dire que leur histoire sexuelle ne constitue pas non plus un indicateur fiable de leur « véritable » orientation.

— Être sceptique quand une personne affirme qu'il est exactement pareil pour elle d'avoir des relations avec des hommes ou avec des femmes. Généralement, il y a des différences importantes dans la façon qu'a un bisexuel d'entrer en relation, de se conduire, de s'exprimer et de se sentir avec des personnes de l'un ou de l'autre sexe. Diverses parties de sa personnalité peuvent être en jeu — ou en conflit.

— Prendre en compte que les bisexuels, par opposition aux homosexuels ou aux hétérosexuels, n'ont pas d'identité sociale reconnue, ni de communauté à laquelle s'affilier. Au contraire, ils sont souvent vus avec méfiance par les deux groupes. Cela veut dire qu'ils sont souvent isolés, qu'ils n'ont pas les réseaux d'appui que peuvent avoir les homosexuels ou les hétérosexuels, et qu'ils se sentiront parfois incompris ou dévalorisés par leurs proches et par la société en général.

— Les bisexuels ont encore moins de modèles à suivre que les homosexuels. Ils sont toujours très peu nombreux et peu visibles, et doivent donc tout inventer au fur et à mesure de chaque relation.

— Un des grands risques de la bisexualité, c'est que la personne se sente divisée — qu'elle ressente un clivage entre deux modes de vie, selon le sexe du partenaire. Il faut alors l'aider à développer le concept et la pratique de *rôles* variables, qui ne font que se superposer à une seule identité et à une seule image de soi, qui demeurent constantes. Il y aura presque toujours un travail de synthèse à faire.

Conclusion

Une nouvelle homosexualité

Avant de devenir sage, il faut avoir été longtemps libre.
PIERRE WALDECK-ROUSSEAU

Il y a un petit quartier dans la ville de San Francisco qui est fait de maisons en bois, joliment peintes, fleuries et soignées. Si l'on s'y promène un dimanche matin, on y verra les habitants souriants assis sur le pas de leur porte ou flânant dans les rues pleines de cafés et de restaurants élégants et sympathiques. Les gens sont jeunes et aimables, habillés avec l'insouciance un peu enfantine que les Américains ont érigée en art de vivre.

Si on regarde de près, on observera cependant plusieurs détails curieux. En premier lieu, il n'y a presque pas de femmes. Et les hommes se promènent en couple, bras dessus, bras dessous, ou en se tenant par la main. Il ne semble pas y avoir d'enfants — ce qui est étrange, pour un dimanche matin aux États-Unis. Enfin, on voit partout des drapeaux dans les jardins, suspendus aux fenêtres, ou collés aux vitrines… mais ce ne sont pas des emblèmes de pays, ni de religions, ni de compagnies multinationales. Ils représentent un arc-en-ciel formé par des couleurs vives : c'est le symbole du mouvement gay, qui englobe le pluralisme dans l'unité, l'inclusion dans la diversité.

Cet arc-en-ciel, qui flotte maintenant dans les quartiers gay du monde entier, est beaucoup plus qu'un emblème dans le quartier Castro : il est élevé, ici, au rang de drapeau. L'homosexualité serait-elle donc une nationalité ? Est-ce que l'on habite l'homosexualité comme on habite un pays ? Les homosexuels du monde ont-ils une identité commune, une culture propre, au-delà des frontières ? Les homosexuels sont sans doute légion, mais sont-ils une nation ?

On pourrait bien le croire, en parcourant les librairies de Castro Street. On y trouve des centaines de livres, de revues, de vidéos, de calendriers et de posters qui ont été faits par des homosexuels, pour des homosexuels. Il y a ici toute une culture, qui a ses propres héros, ses propres écrivains et artistes, sa propre presse. On y trouve également des bottins avec de longues listes de bars, de restaurants, d'agences de voyages, de cabinets d'avocats, de cliniques, de garages, de thérapeutes — tous gay. Et le petit cinéma du quartier passe des films à thématique gay, presque exclusivement.

Mais ne nous y trompons pas : le district Castro n'est nullement un ghetto. Pour commencer, il est beaucoup trop prospère pour être comparé aux anciens ghettos des Juifs, ou aux quartiers des Noirs ou des autres minorités mises au ban de la société à travers l'histoire. En effet, les biens immobiliers dans ce district sont parmi les plus chers aux États-Unis : un petit studio se loue entre douze cents et quatorze cents dollars par mois ; un deux-pièces deux mille dollars ; et une petite maison coûterait au moins trois cent cinquante mille dollars. Les homosexuels qui vivent ici ne sont ni des ratés, ni des marginaux, ni des malades mentaux : ce sont, de toute évidence, des hommes à succès.

Car il est possible, aujourd'hui, de se proclamer gay et de réussir dans la vie. Cela n'a pas toujours été vrai. Or les choses ont beaucoup évolué au cours du dernier quart de siècle. La société dans son ensemble accepte mieux l'homosexualité, grâce à plusieurs facteurs. La libération gay a transformé un problème personnel, secret et médical en un mouvement social, politique et culturel. Le sida a également joué un rôle important, en obligeant les gays à s'organiser en communauté pour faire face au virus et aussi à l'indifférence — voire à l'hostilité — des autorités et de la société. Les organisations gay, les organismes des droits de l'homme et un grand nombre d'individus courageux ont réussi peu à peu, grâce à des efforts incessants, à dépénaliser l'homosexualité et à élargir les droits des homosexuels.

Mais, si l'attitude de la société envers les homosexuels a changé, il est aussi vrai que ceux-ci s'y sont adaptés. Les positions contestataires de la libération gay, qui mettaient en cause les structures patriarcales et autoritaires de la société hétérosexuelle, se sont diluées dans un vaste effort d'assimilation. Les homosexuels ont découvert, au cours des vingt dernières années, qu'ils pouvaient sortir du placard à une condition : pour ne pas être diabolisés, il fallait qu'ils ressemblent aux hétérosexuels. C'est ainsi qu'en devenant plus visibles ils sont aussi devenus davantage comme tout le monde. Dans ce processus de « normalisation », ils ont parfois oublié en quoi ils sont différents, et en quoi leur existence visible constitue une menace pour les institutions hétérosexuelles.

La société, elle, ne l'a pas oublié : il existe toujours, dans d'importants secteurs, une homophobie profonde. Et cela n'a rien d'étonnant. L'existence *visible* de l'homosexualité menace les fondements mêmes de la société hétérosexuelle. Elle prouve, sans le moindre doute, que n'importe qui peut devenir homosexuel, et que cela n'a rien de pathologique ; que les gens peuvent être heureux hors du mariage ; qu'ils n'ont besoin ni de la famille, ni de l'Église, ni de l'État pour former des couples stables. Encore plus grave, elle démontre que les femmes ne dépendent pas des hommes, ni des enfants, pour réaliser leur potentiel et mener une vie pleinement satisfaisante. Elle remet ainsi en question tous les rôles traditionnels de l'homme et de la femme. Et enfin elle prouve que l'hétérosexualité n'est pas la seule orientation légitime, et encore moins la seule qui soit « naturelle ».

Dans son livre *Virtual Equality*, l'avocate et activiste lesbienne Urvashi Vaid[1] décrit brillamment les événements, les raisonnements et les contradictions internes qui ont conduit le mouvement américain de libération gay à s'éloigner de sa critique radicale de la société, pour revendiquer de plus en plus les droits civiques et les avantages matériels recherchés par toute minorité discriminée. Les organisations gay d'aujourd'hui cherchent davantage l'accès aux structures du pouvoir que leur transformation ; l'inclusion dans les schémas de la vie hétérosexuelle que leur réforme profonde. La critique gay de la sexualité, du genre, des rôles masculin et féminin, de la famille et de la société s'est diluée dans la recherche d'une série d'aides et de droits, par exemple, de subventions pour le sida, d'un statut légal et d'avantages fiscaux pour le couple. Il en va de même pour le mouvement des lesbiennes, qui représentait autrefois l'aile la plus radicale de l'idéologie féministe. L'analyse de classe, la critique de la « phallocratie » et du couple hétérosexuel, la quête d'un discours original et d'une nouvelle sexualité

1. Urvashi Vaid, *Virtual Equality,* New York, Anchor Books, 1995

féminine ont pratiquement disparu, en faveur de revendications de type juridique, médical et économique [1].

Cette évolution du mouvement gay a sans doute apporté aux homosexuels des succès importants et indispensables — mais à un prix élevé. Car le plus gros du travail reste à faire. Comme l'explique Urvashi Vaid, les droits conquis par les homosexuels devant la loi et la société ne constituent qu'une égalité « virtuelle » : les homosexuels jouissent à l'heure actuelle d'une acceptation fragile et superficielle qui n'est finalement qu'apparente. En premier lieu, l'accent mis par les associations gay sur les réformes législatives et l'action gouvernementale a rendu le mouvement entièrement dépendant des vicissitudes de la politique. Ensuite, la quête de droits réservés jusqu'ici aux hétérosexuels est en train d'éveiller l'hostilité d'autres secteurs de la population. Mais, surtout, les grands problèmes de fond, la discrimination réelle et l'homophobie réelle, restent intacts.

L'expérience des Noirs aux États-Unis a clairement démontré que la conquête d'une égalité juridique, en elle-même, n'affecte en rien le racisme. De la même façon, les droits civiques pour les homosexuels ne serviront pas à éliminer l'homophobie foncière qui sévit encore dans de vastes secteurs de la population hétérosexuelle. Le mouvement gay a peut-être commis l'erreur de confondre visibilité et acceptation, présence et pouvoir, en supposant que les homosexuels seraient mieux tolérés s'ils se montraient nombreux. Cependant, il est vrai que les préjugés perdent un peu de leur virulence quand on connaît les personnes visées. De nombreuses enquêtes ont montré que les gens acceptent mieux l'homosexualité quand ils ont des contacts, dans le contexte de leur vie quotidienne, avec des homosexuels en chair et en os. Il est un peu plus difficile de sentir le même rejet si un gentil couple gay habite à côté, ou si on a une nièce lesbienne.

Cependant, cette acceptation n'est qu'apparente, et il est bien possible que les enquêtes dans ce domaine ne reflètent pas les attitudes réelles des gens. Il est facile de dire, dans le cadre d'un sondage, qu'on accepte l'homosexualité — mais cela n'indique absolument rien sur les réactions que l'on peut avoir dans la vie quotidienne. Il y a encore trop de commentaires comme celui-ci, entendu dans un pub anglais : « Je n'ai aucun problème avec les

1. Voir Sheila Jeffreys, *The Lesbian Heresy. A Feminist Perspective on the Lesbian Sexual Revolution,* Spinifex, 1995.

homosexuels, j'ai même de bons copains gay — mais je n'aime pas qu'ils viennent s'asseoir à côté de moi. Et gare à celui qui s'approche trop ! » La tolérance abstraite n'équivaut pas à l'acceptation. Une enquête sur quatre cents homosexuels, faite à La Nouvelle Orléans en 1991, a montré que 28 % des hommes et 10 % des lesbiennes avaient été agressés physiquement à cause de leur orientation sexuelle ; 26 % avaient reçu des menaces ; et 64 % avaient été harcelés verbalement [1].

Dans une autre variation sur ce thème, les homosexuels sont acceptés dans la mesure où ils souscrivent aux valeurs de la société hétérosexuelle — en particulier, à une certaine vision de la sexualité, du couple et de la famille. Les homosexuels les mieux tolérés sont ceux qui s'intègrent et qui réussissent dans la société actuelle : de préférence des Blancs de classe moyenne, vivant tranquillement en couple comme tout un chacun. Mais il faut que ces « gentils homosexuels » respectent certaines règles du jeu : les enquêtes mettent en évidence en effet qu'une majorité de la population n'a plus de problème avec l'homosexualité — sauf si les homosexuels se font « trop » visibles, s'ils essaient de se marier, s'ils se mettent à avoir des enfants, ou s'ils « s'infiltrent » dans certaines professions comme l'enseignement ou la politique.

Un exemple notoire de cette dichotomie — de cette « égalité virtuelle » — a été l'échec total des efforts menés par les associations gay aux États-Unis pour abroger l'interdiction de l'homosexualité dans les forces armées de ce pays, en 1993. Malgré la bonne volonté et la popularité du président Clinton, malgré un lobbying intense, malgré l'absurdité des normes dans ce domaine qui excluaient régulièrement de la profession militaire des hommes et des femmes hautement qualifiés et attachés à leur patrie, le résultat final a été un fiasco complet. Aujourd'hui, les militaires homosexuels américains sont menacés d'exclusion non seulement s'ils commettent des actes homosexuels, mais aussi s'ils disent qu'ils sont gay ou le révèlent en s'abonnant, par exemple, à des revues gay.

Paradoxalement, les homosexuels ne sont considérés comme « normaux » que s'ils restent en marge de la vie « normale » ; ils ne sont acceptés comme tout le monde que s'ils n'essaient pas de devenir réellement « comme tout le monde ». Le grand défi pour les homosexuels (et les hétérosexuels) de notre époque est de redé-

1. Urvashi Vaid, *op. cit.*, p. 12.

finir en quoi ils sont semblables, et en quoi ils divergent, du reste de la société — et de décider quelles similarités, et quelles différences, ils veulent garder. Cela s'applique non seulement au mouvement gay dans son ensemble, mais à tous les homosexuels vivant cette période de transition, où qu'ils se trouvent. En fin de compte, en quoi consiste — ou devrait consister — l'identité homosexuelle, lorsque les homosexuels cessent d'être les pécheurs, les criminels et les malades mentaux qu'ils ont été, depuis toujours, aux yeux de la société hétérosexuelle ? En un mot, qu'est-ce qui différencie les homosexuels des hétérosexuels, d'une part, et des autres minorités ayant connu la discrimination, d'autre part ?

Nous avons détecté, au long de cet ouvrage, une série de particularités dans la psychologie des homosexuels et dans leur développement, dans leur façon de vivre et d'entrer en relation avec autrui. Nous avons précisé une sensibilité, des valeurs et des schémas de couple qui leur sont spécifiques. À cela il faudrait ajouter un autre élément du monde gay également noté par Urvashi Vaid et par d'autres auteurs : la place accordée au désir librement vécu, par opposition au désir réprimé et pénalisé qui a caractérisé pendant si longtemps la culture occidentale. L'homosexualité contemporaine a redonné au désir sa citoyenneté dans la cité des mœurs ; elle nous rappelle le côté spontané et ludique que peut avoir la sexualité, lorsque nous l'affranchissons des contraintes sociales et idéologiques de l'hétérosexualité moderne. Elle nous rappelle aussi l'importance de l'amitié dans le couple — et c'est là un élément qui manque dans bien des relations hétérosexuelles.

Les homosexuels ont ainsi un rôle innovateur, parfois iconoclaste, dans la société contemporaine. Ce n'est pas un hasard que tant de créateurs, d'artistes et d'écrivains éminents de notre époque aient été des homosexuels. Ceux-ci constituent une communauté qui remet en question bien des valeurs, des habitudes, des préjugés et des schémas mentaux — comme toute minorité qui arrive à rompre les chaînes de la discrimination. Mais les homosexuels sont aussi différents d'autres minorités discriminées.

Ce qui distingue les homosexuels de toutes les autres minorités, ce qui les rend uniques comme collectivité, c'est qu'ils ne diffèrent en rien du reste de l'humanité, sauf par un trait psychologique. Ils sont noirs et ils sont blancs, ils sont riches et ils sont pauvres, ils sont catholiques et ils sont musulmans. On pourrait très facilement vivre à côté d'un homosexuel pendant des années, ou travailler avec lui, sans jamais s'en rendre compte — chose peu probable s'il s'agit d'un Noir dans une société blanche, par exemple, ou d'un Juif dans une société catholique. Les homosexuels forment une minorité qui est vraiment invisible. Excepté dans quelques grandes villes, ils n'ont pas de quartiers à eux. Ils n'ont pas une origine ethnique, ni un accent, ni une langue spécifiques, ni de professions qui leur soient réservées, ni une façon de s'habiller qui leur soit particulière. Ils n'appartiennent pas plus à une classe sociale qu'à une autre.

La seule caractéristique sociologique qui leur soit propre, du moins dans le monde industrialisé, c'est qu'ils sont généralement plus éduqués que le reste de la population. En effet, on estime que 60 % des homosexuels aux États-Unis ont fait des études universitaires, alors que 21 % seulement des hétérosexuels en ont fait [1] ; en France, il y a également parmi les homosexuels une surreprésentation des diplômés. Cela correspond probablement à la liberté dont jouissent les homosexuels, qui n'ont pas les responsabilités du mariage et de la famille, et aussi au phénomène de surcompensation décrit au chapitre 5 : dans beaucoup de cas, les homosexuels essaient de faire mieux, pour se « racheter » aux yeux de leur famille et de la société. En plus, les homosexuels tendent à se concentrer dans les grandes agglomérations : en France, 86 % d'entre eux vivent dans les villes de plus de cent mille habitants [2].

Cette combinaison d'éducation et de concentration urbaine a permis l'essor d'une culture gay qui est parfaitement reconnaissable. Mais, au-delà de cette culture, les homosexuels partagent aussi une histoire personnelle, ainsi qu'une certaine vision des relations humaines, de l'amour et de l'amitié. Ils vivent sur les marges de la société hétérosexuelle, et savent exactement ce que cela signifie. Deux homosexuels de pays différents se rencontrant pour la première fois auront probablement plus de choses à se dire que deux hétérosexuels. En quoi consiste ce terrain d'entente ? Est-il suffisamment important pour parler en termes de peuple distinct, c'est-à-dire d'un « ensemble d'hommes habitant ou non sur un même territoire et constituant une communauté sociale ou culturelle » (Larousse) ? S'agit-il d'une collectivité de personnes partageant une histoire, des valeurs et des croyances ?

Nous disions au chapitre 6 qu'un des problèmes pour les couples homosexuels des deux sexes est qu'ils sont souvent formés par des

1. *Ibid.*, p. 250.
2. Alfred Spira et Nathalie Bajos, *Les Comportements sexuels en France,* Paris, La Documentation française, 1993.

individus qui n'ont rien en commun sauf leur orientation sexuelle, et que cela ne constitue pas une affinité réelle. Le moment est venu de nuancer ce point de vue. Si deux personnes sont homosexuelles, elles ont déjà un monde en commun. Riches ou pauvres, croyantes ou athées, françaises ou mexicaines, elles ont une histoire et une sensibilité semblables à bien des égards. Elles ont vécu le sentiment d'être différentes ; elles se sont senties à part, et souvent exclues ; elles ont lutté avec l'incertitude, la honte, la peur d'être anormales et de ne jamais pouvoir être heureuses ; elles ont probablement eu des difficultés avec leurs familles et s'en sont éloignées ; elles ont écouté avec abattement les blagues, les insultes, les moqueries antigay si fréquentes dans nos sociétés. Alors, quand deux personnes homosexuelles se rencontrent pour la première fois, elles partagent déjà un univers d'expériences, une sensibilité particulière et une conscience aiguë de leur identité — en un mot, elles participent d'une culture, d'un langage et d'un code de conduite qui leur sont propres. Si les homosexuels ne sont pas une nation, ils sont peut-être un peuple.

En même temps, les homosexuels forment une minorité invisible qui a encore intérêt à le rester, dans la plupart des pays. Les homosexuels sont différents, mais doivent sembler pareils. C'est comme s'ils menaient deux existences à la fois : celle qu'ils ont en réalité et une autre, à usage externe, qui est attendue d'eux par la société hétérosexuelle. Tout cela veut dire que les homosexuels, plus que toute autre minorité, vivent vraiment dans deux mondes : celui qui leur est propre et celui de la majorité. D'autres minorités sont moins intégrées à la société dans son ensemble, ou n'y ont pas le même accès ; mais les homosexuels circulent librement dans toutes les strates, dans tous les milieux de la société hétérosexuelle. Ils ont donc une culture propre, et puis aussi celle de la majorité : ils ont accès aux deux et font partie des deux.

C'est peut-être cette double perspective qui explique une des caractéristiques de la culture gay, qui est l'humour. Les homosexuels font souvent preuve d'un sens de l'humour et de l'ironie tout à fait remarquable et très original. Or, comme l'a écrit Arthur Koestler, un facteur essentiel de l'humour semble être cette possibilité de se mouvoir et de s'exprimer sur deux ou plusieurs niveaux à la fois. Quand les gays parodient les mœurs hétérosexuelles, ils y apportent une sensibilité radicalement différente ; quand ils se moquent d'eux-mêmes, ils se voient comme on les verrait du dehors. Il y a toujours, chez eux, une critique des stéréotypes, un jeu de miroirs, la double perspective d'une minorité qui se fond dans la majorité.

Mais, selon Koestler, ce n'est pas seulement l'humour qui dépend de cette capacité de vivre et de penser sur plusieurs niveaux à la fois. Celle-ci est également à la base même de toute créativité. La possibilité de se dédoubler en quelque sorte, et de questionner constamment les données de la vie, est une source de renouvellement continuel. C'est en partie à cause de cela que les homosexuels sont si souvent des innovateurs, pleins de vitalité et de jeunesse. Citons les paroles d'une lesbienne de quarante-cinq ans : « Les gens gay sont plus ouverts, plus jeunes dans leurs façons de vivre et de penser. Ils sont plus indépendants, parce qu'ils ont souvent vécu seuls ; ils sont plus flexibles, parce qu'ils n'ont pas de règles fixes ; alors ils sont beaucoup plus actifs, ils ont plus d'énergie... Et ça se voit : les homosexuels âgés font moins vieux que leurs contemporains hétérosexuels. » Bien sûr, un autre élément crucial de cette jeunesse constamment renouvelée est le fait que les homosexuels échappent à bon nombre des contraintes de la société hétérosexuelle. Libres, dans la plupart des cas, des responsabilités du mariage et de la famille, ils peuvent réinventer continuellement leur style de vie et renégocier les règles de leurs relations.

Et c'est cela aussi qui permet aux homosexuels d'aujourd'hui de proposer des visions alternatives de la société et de faire l'expérience de nouvelles modalités dans l'amour et la sexualité, l'amitié et la famille. En particulier, les homosexuels se trouvent à l'intersection des deux sexes : non pas parce qu'ils sont des « hermaphrodites psychiques » ou des êtres bisexués, mais tout simplement parce qu'ils sont affranchis des limitations, de plus en plus évidentes, des rôles masculin et féminin. Cela leur permet d'établir des relations essentiellement différentes avec hommes et femmes à la fois, et avec la société dans son ensemble. Dans ce sens, ils peuvent constituer une interface entre les deux sexes, ouvrant la possibilité de nouvelles formes d'entente et de communication. Que cela ne soit pas toujours le cas, que beaucoup d'hommes gay soient misogynes et que beaucoup de lesbiennes se méfient des hommes est indéniable. Mais le potentiel est là, et sera peut-être réalisé plus pleinement par les générations nouvelles.

Si les homosexuels aspirent à tous les droits et à toutes les garanties dont jouissent les hétérosexuels, il n'est pas nécessairement dans leur intérêt, ni dans celui de la société, d'imiter leur mode de vie. Il est normal, et légitime, que les homosexuelles veuillent accéder aux institutions hétérosexuelles — mais elles pourraient également contribuer à leur transformation. Et c'est bien la peur qui sous-tend l'opposition conservatrice à des initiatives comme le PACS. Le grand danger pour l'état actuel des choses, ce n'est pas que les homosexuels deviennent comme les hétérosexuels, c'est que ceux-ci deviennent comme les homosexuels, c'est-à-dire qu'ils cessent de se marier et d'avoir des enfants. Mais le fait est que les hétérosexuels eux-mêmes s'éloignent du modèle du mariage traditionnel de toute façon, depuis une bonne trentaine d'années. Ce n'est donc pas les homosexuels qui menacent le couple traditionnel : celui-ci est en train de s'effondrer tout seul. Par contre, ils peuvent offrir des modes de vie et de relation alternatifs qui méritent considération.

Être gay aujourd'hui est une expérience collective sans précédent. Pour la première fois dans l'histoire, les homosexuels forment une communauté qui est basée non plus sur la honte et l'isolement, mais sur la fierté et la coopération ; ce n'est plus un ghetto, mais une communauté qui, dans quelques petits endroits du globe — comme certaines villes, ou le district Castro —, peut se permettre de vivre ouvertement. Dans ces districts — qui se trouvent généralement dans les grandes villes — les homosexuels jouissent de leur vie de quartier, fréquentent leurs voisins, élisent leurs autorités locales, lisent leurs journaux et respirent la culture qui leur appartient comme n'importe quelle population urbaine de nos jours. Tous ces droits et toutes ces habitudes, acquis depuis si longtemps par les citoyens des pays industrialisés, n'existent vraiment pour les homosexuels que là où ils se sont organisés en communauté.

Mais il ne suffit pas de vivre dans sa communauté. Pour développer pleinement son potentiel comme être humain, il faut aller plus loin. L'existence individuelle s'insère dans une série de cercles concentriques grandissants : couple, famille, amis, communauté, société, nation, monde. Si les homosexuels refusent de prendre leur place dans chacune de ces sphères, s'ils perdent de vue le vaste monde dans lequel nous vivons tous, alors ils seront à nouveau écartés et rejetés sur les marges. Et les marges, dans ce contexte, sont à la fois larges et dangereuses. En 1998, il a suffi, aux États-Unis, qu'un jeune homme gay baisse la garde pendant une soirée, dans un endroit situé hors du petit territoire où l'homosexualité est acceptée, pour être brutalement torturé et assassiné.

L'homophobie, la honte et l'isolement règnent encore presque partout dans le monde. Or, un bon nombre des traits psychologiques que nous avons dépeints dans ce livre dérivent de cette situation, qui limite à bien des égards le développement personnel des homosexuels. L'homophobie intériorisée, les difficultés de la clandestinité et certaines dynamiques de couple sont intimement liées à la discrimination subie par les homosexuels depuis des siècles. Est-ce qu'elles disparaîtront dans une société plus ouverte ?

Des initiatives comme le PACS faciliteront bien des choses pour la population homosexuelle. La vie quotidienne, la relation de couple, la prévision de l'avenir seront beaucoup plus simples ; et les homosexuels seront enfin libérés d'une grande quantité de peurs, de doutes et de souffrances inutiles. Mais l'égalité juridique ne saurait être une fin en elle-même ; elle ne peut être qu'un moyen pour se réaliser plus pleinement, dans le cadre d'une plus grande liberté. Mais les homosexuels sauront-ils en profiter ?

Car les réformes juridiques et législatives ne résoudront pas, en elles-mêmes, toutes les difficultés psychologiques décrites dans ce livre. Après tout, les homosexuels seront toujours une minorité. Et un long travail sera encore requis pour qu'ils trouvent des modes de vie et des formes de relation qui leur permettent de jouir pleinement de leurs droits nouvellement acquis. Personne ne peut savoir comment évolueront les mœurs des homosexuels dans une société qui les autorise (du moins en théorie) à vivre ouvertement. Est-ce qu'il y aura davantage d'homosexuels ? Ou bien seront-ils simplement plus nombreux à sortir du placard ? Est-il vrai qu'ils établiront des relations de couple plus stables ? Chercheront-ils à fonder des familles ? Le contexte nouveau apportera quelques réponses, mais aussi bien des questions qui ne s'étaient jamais posées.

Nous pouvons supposer que nos connaissances sur l'homosexualité seront aussi très différentes dans l'avenir. N'oublions pas que la psychologie ne saurait être intemporelle ; comme toutes les sciences humaines, elle est inscrite dans l'histoire. De la même façon que la psychologie des femmes, des filles, des enfants et des adolescents a beaucoup changé en cinquante ans, celle des homosexuels sera radicalement transformée dans quelques générations.

Nous pouvons espérer que ce livre sera alors totalement périmé, et que les esprits curieux qui le feuilletteront un jour s'étonneront d'y voir exposées des mœurs, des façons de sentir et de penser — et aussi des préjugés — qui auront cessé d'exister depuis longtemps.

Bibliographie

Almaguer, Tomás, « Chicano men : A cartography of homosexual identity and behavior », dans *Differences*, vol. 3, n° 2, été 1991.

Bailey, J. Michael, et Richard C. Pillard, « A genetic study of male sexual orientation », dans *Archives of General Psychiatry*, 48, 1991, 1089-1096.

Bell, Alan P., Martin S. Weinberg, *Homosexualités*, Paris, éditions Albin Michel, 1980.

Berzon, Betty, *Permanent Partners : Building Gay and Lesbian Relationships That Last*, New York, E. P. Dutton, 1988 ; *The Intimacy Dance*, New York, Plume Books, 1996.

Bieber, Irving, H. Dain, P. Dince, M. G. Drellich, H. G. Grand, R. H. Grundlach, M. W. Kremer, A. H. Rifkin, C. B. Wilbur, et T. B. Bieber, *Homosexuality : A Psychoanalytic Study of Male Homosexuals*, New York, Basic Books, 1962.

Blumenfeld, Warren J., et Raymond, Diane, *Looking at Gay and Lesbian Life*, Boston, Beacon Press, 1989.

Bonnet, Marie-Jo, *Les Relations amoureuses entre les femmes*, Paris, éditions Odile Jacob, 1995.

Borhek, Mary V., *Coming Out to Parents*, New York, Pilgrim Press, 1993.

Carl, Douglas, *Counseling Same-Sex Couples*, New York, W. W. Norton & Company, 1990.

Carrier, Joseph, *De los otros. Intimacy and Homosexuality among Mexican Men*, New York, Columbia University Press, 1995.

Cass, Vivienne C., « Homosexual identity formation : A theoretical model », dans *Journal of Homosexuality*, 4, 1979, 219-235.

Clark, Don, *Loving Someone Gay*, Berkeley, California, Celestialarts Publishing, 1977, remis à jour en 1997.

Clunis, Merilee D., et Green, Dorsey G., *Lesbian Couples*, Seattle, WA, Seal Press, 1988.

De Cecco, John (ed.), *Gay Relationships*, New York, Harrington Park Press, 1988.

D'Emilio, John, *Sexual Politics, Sexual Communities : The Making of a Homosexual Minority in the United States, 1940-1970*, Chicago, University of Chicago Press, 1983.

Falco, Kristine L., *Psychotherapy with Lesbian Clients*, New York, Brunner/Mazel Inc., 1991.

Fee, Elizabeth, et Daniel M. Fox (eds.), *AIDS : The Burdens of History*, Berkeley, University of California Press, 1988.

Foucault, Michel, *Histoire de la sexualité*, vol. 1, Paris, Gallimard, 1976.

Freud, Sigmund, *Obras completas*, troisième édition, trad. Luis López-Ballesteros y de Torres, Madrid, Editorial Biblioteca nueva, 1973.

Gibson, P., « Gay male and lesbian youth suicide », dans U.S. Department of Health and Human Services, *Report of the Secretary's Task Force on Youth Suicide*, Washington, D.C., U.S. Government Printing Office, 1989.

Gilligan, Carol, *In a Different Voice*, Cambridge, MA, Harvard University Press, 1982.

Gonsiorek, John C. (ed.), *A Guide to Psychotherapy with Gay and Lesbian Clients*, New York, Harrington Park Press, 1985.

Gray, John, *Men Are from Mars, Women Are from Venus*, New York, Harper Collins, 1992.

Green, Richard, « Gender identity in childhood and later sexual Orientation », dans *American Journal of Psychiatry*, 142, 1985, 339-341.

Greenberg, David F., *The Construction of Homosexuality*, Chicago, University of Chicago Press, 1988.

Hamer, Dean, Stella Hu, Victoria L. Manguson, Nan Hu, et Angela M. L. Pattatucci, « A linkage between DNA markers on the X chromosome and male sexual orientation », dans *Science*, 261, 1993, 321-327.

Hardy, Richard P., *Loving Men*, New York, Continuum Publishing Company, 1998.

Herdt, Gilbert (ed.), *Gay and Lesbian Youth*, New York, Haworth Press, 1989.

Hetrick, Emery, et A. Damien Martin, « Developmental issues and their resolution for gay and lesbian adolescents », dans *Journal of Homosexuality*, 1987.

Hoagland, Sarah Lucia, *Lesbian Ethics*, Palo Alto, Institute of Lesbian Studies, 1989.

Inness, Sherrie A., *The Lesbian Menace*, Amherst, University of Massachusetts Press, 1997.

Isay, Richard A., *Becoming Gay*, New York, Henry Holt and Company, 1996.

Isensee, Rik, *Love Between Men*, Los Angeles, Alyson Publications, 1990.

Jagose, Annamarie, *Queer Theory*, New York, New York University Press, 1996.

Janus, Samuel S., et Cynthia L. Janus, *The Janus Report on Sexual Behavior*, New York, John Wiley and Sons, 1993.

Jaspard, Maryse, *La Sexualité en France*, Paris, éditions La Découverte, 1997.

Jeffreys, Sheila, *The Lesbian Heresy. A Feminist Perspective on the Lesbian Sexual Revolution*, Spinifex, 1995.

Katz, Jonathan Ned, *The Invention of Heterosexuality*, New York, Penguin Books USA Inc., 1996.

Kaufman, Gershen, et Lev Raphael, *Coming Out of Shame*, New York, Doubleday, 1996.

Kinsey, Alfred, Wardell Pomeroy et Clyde Martin, *Sexual Behavior in the Human Male*, Philadelphia, W. B. Saunders, 1948.

Kooden, J. D., S. F. Morin, D. I. Riddle, M. Rogers, B. E. Sand, F. Strassburger, « Removing the stigma : Final report, task force on the status of lesbian and gay male psychologists », American Psychological Association, *APA Monitor*, 1979.

Kübler-Ross, Elizabeth, *On Death and Dying*, New York, Macmillan, 1969.

Lauman, Edward O., John H. Gagnon, Robert T. Michael et Stuart Michaels, *The Social Organization of Sexuality : Sexual Practices in the United States*, Chicago, University of Chicago Press, 1994.

Lee, John Alan, *Gay Midlife and Maturity*, New York, Harrington Park Press, 1991.

Lerner, Harriet G., *The Dance of Anger*, New York, HarperCollins, 1989.

LeVay, Simon, « A difference in hypothalamic structure between heterosexual and homosexual men », dans *Science*, 253, 1991, 1034-1037.

Lever, Janet, « Sex differences in the games children play », dans *Social Problems,* 23, 1976, 478-487.

Lindenbaum, Joyce P., « The shattering of an illusion : The problem of competition in lesbian relationships », dans *Feminist Studies* 11, n° 1, printemps, 1985.

Loulan, JoAnn, *The Lesbian Erotic Dance*, San Francisco, Spinsters Book Company, 1990.

McCaffrey, Joseph A. (éd.), *The Homosexual Dialectic*, Englewood Cliffs, NJ, Prentice Hall Inc., 1972.

McDaniel, Judith, *The Lesbian Couples' Guide*, New York, Harper Collins, 1995.

McKirnan, D. J., et P. L. Peterson, « Alcohol and drug use among homosexual men and women : Epidemiology and population characteristics », dans *Addictive Behaviors*, 14, 1989, 545.

McWhirter, David, Stephanie Sanders et June Reinisch (éds.), *Homosexuality/Heterosexuality : Concepts of Sexual Orientation*, New York, Oxford University Press, 1990.

Martel, Frédéric, *Le Rose et le Noir*, Paris, éditions du Seuil, 1996.

Messiah, Antoine, Emmanuelle Mouret-Fourme, « Homosexualité, bisexualité. Éléments de sociobiographie sexuelle », dans *Population*, vol. 48, septembre-octobre 1993.

Michael, Robert T., John H. Gagnon, Edward O. Laumann, Gina Kolata, *Sex in America*, New York, Warner Books, 1994.

Mondimore, Francis Mark, *A Natural History of Homosexuality*, Baltimore, The Johns Hopkins University Press, 1996.

Murray, S. O. (éd.), *Latin American Male Homosexualities*, Alburquerque, University of New Mexico Press, 1995.

National Gay and Lesbian Survey, *What a Lesbian Looks Like*, Londres, Routledge, 1992.

Nichols, Margaret, « Lesbian sexuality : Issues and developing theory », dans Boston Lesbian Psychologies Collective, *Lesbian Psychologies : Explorations and Challenges*, Illinois, University of Illinois Press, 1987.

Partners Task Force for Lesbian and Gay Couples, *Partners National Survey of Gay and Lesbian Couples*, 1995.

Powers, Bob, et Alan Ellis, *A Family and Friends' Guide to Sexual Orientation*, New York, Routledge, 1997.

Prieur, Annick, *Mema's House, Mexico City : On Transvestites, Queens, and Machos*, Chicago, University of Chicago Press, 1998.

Proust, Marcel, *À la recherche du temps perdu*, Paris, éditions Gallimard, 1954.

Remafedi, Gary, *Death by Denial : Studies of Gay and Lesbian Youth Suicide*, Boston, Alyson Publications, 1995.

Rosario, Vernon A. (éd.), *Science and Homosexualities*, New York, Routledge, 1997.

Rowse, A. L., *Homosexuals in History*, New York, Carroll & Graf Publishers, Inc., 1977.

Schiltz, Marie-Ange, « Les homosexuels masculins face au sida, enquêtes 1991-1992 », rapport CNRS-EHESS, décembre 1993.

Spencer, Colin, *Histoire de l'homosexualité*, Paris, Le Pré aux Clercs, 1998.

Spira, Alfred, et Nathalie Bajos, *Les Comportements sexuels en France*, Paris, La Documentation française, 1993.

Stein, Arlene, *Sex and Sensibility*, Berkeley, University of California Press, 1997.

Stein, Terry S., et Cohen, Carol J., eds., *Contemporary Perspectives on Psychotherapy with Lesbians and Gay Men*, New York, Plenum Publishing Corporation, 1986.

Sullivan, Andrew, *Same-Sex Marriage : Pro and Con*, New York, Vintage Books, 1997 ; *Virtually Normal*, New York, Alfred A. Knopf, Inc., 1995.

Tannen, Deborah, *You Just Don't Understand*, New York, Ballantine Books, 1990.

Task Force on the Status of Lesbian and Gay Male Psychologists, « Removing the stigma », dans *APA Monitor*, 1977.

Taylor, Clark L., « Mexican male homosexual interaction in public contexts », dans *Journal of Homosexuality*, 14, 1986, 117-136.

Tucker, Naomi (ed.), *Bisexual Politics : Theories, Queries, and Visions*, New York, Harrington Park Press, 1995.

Unks, Gerald (ed.), *The Gay Teen*, New York, Routledge, 1995.

U.S. Department of Health and Human Services, *Report of the Secretary's Task Force on Youth Suicide*, Washington, D.C., U.S. Government Printing Office, 1989.

Vaid, Urvashi, *Virtual Equality*, New York, Anchor Books, 1995.

Valdés, Alisa, « Coming Out in Spanish », dans *The Boston Globe*, 23 juillet 1998.

Weinberg, Martin S., Colin, J. Williams y Douglas W. Pryor, *Dual Attraction*, New York, Oxford University Press, 1994.

Whisman, Vera, *Queer by Choice*, New York, Routledge, 1996.

White, Edmund, *The Farewell Symphony*, Londres, Vintage, 1997.

Remerciements

J'aimerais exprimer ma gratitude profonde au Dr Victor Simon, ami et collègue à l'Institut de médecine psychosomatique, d'hypnose clinique et de thérapie brève à Lille ; la publication de ce livre en France n'aurait pas été possible sans son soutien moral et logistique.

Je remercie de tout cœur Mme Josette Pacaly, dont j'ai eu le privilège de suivre les cours à l'École normale supérieure, pour sa révision du manuscrit, sa largesse d'esprit et, surtout, son amitié depuis vingt ans.

Ce livre n'aurait jamais vu le jour sans les conseils et le travail de correction apportés par M. Abel Gerschenfeld, et le Dr Sylvie Angel, directeurs de la collection « Réponses ».

Ma reconnaissance, enfin, aux patients et amis qui ont été si généreux de leur temps et de leur confiance, en acceptant d'être interviewés pour ce livre.

Table

La composition de cet ouvrage
*a été réalisée par l'***Imprimerie Bussière**
l'impression et le brochage ont été effectués
sur presse Cameron dans les ateliers
de **Bussière Camedan Imprimeries**
à Saint-Amand-Montrond (Cher)
pour le compte des éditions Robert Laffont
24, avenue Marceau, 75008 Paris
en octobre 2000

N° d'édition : 41264/02. N° d'impression : 004436/4.
Dépôt légal : septembre 1999.
Imprimé en France